Richard Hemmer & Daniel Meßner
Geschichten aus der
Geschichte

Richard Hemmer & Daniel Meßner

Geschichten aus der Geschichte

Eine Reise um die Welt zu
außergewöhnlichen Persönlichkeiten,
vergessenen Ereignissen und
sagenhaften Entdeckungen

Mit 20 Schwarz-Weiß-Abbildungen

PIPER

Mehr über unsere Autorinnen, Autoren und Bücher:
www.piper.de

Inhalte fremder Webseiten, auf die in diesem Buch (etwa durch Links) hingewiesen wird, macht sich der Verlag nicht zu eigen.
Eine Haftung dafür übernimmt der Verlag nicht.
Wir behalten uns eine Nutzung des Werks für Text und Data Mining im Sinne von § 44b UrhG vor.

ISBN 978-3-492-06363-0
15. Auflage 2025
© 2023 Piper Verlag GmbH, Georgenstraße 4,
80799 München, *www.piper.de*
Für einen direkten Kontakt und Fragen zum Produkt
wenden Sie sich bitte an: *info@piper.de*
Satz: Nadine Clemens, München
Gesetzt aus der Meret Pro
Litho: Lorenz & Zeller, Inning am Ammersee
Druck und Bindung: CPI books GmbH
Printed in the EU

Inhalt

Einleitung	7
Die Jagd nach der exakten Uhrzeit	11
Mit dem Fahrrad in die Freiheit	21
Xuanzang und seine Reise nach Westen	33
Von der Warteschleife in den Tod	43
Über Vogelkot und Brot aus der Luft	57
Auf Bratkur und Pinguindiät mit Amundsen	69
Ada Blackjack – Einsame Heldin der Arktis	83
Tödliche Abkürzung	95
Kleine Geschichte eines kaiserlichen Aussteigers	107
Eine Weltreise auf vier Rädern, mit drei Gängen, fünfzig PS und 128 Eiern	123
Die Seekuh, die kam und verschwand	137
Inselverzwergung im Dinosaurierland und albanische Abenteuer	149
Die Piratin, die in den Ruhestand ging	159
Zar und Zimmermann	169
Mit dem Finger auf der Landkarte	181
Der meistgereiste Mann des Mittelalters	191
Rheinland oder Tirol, Hauptsache, Peru	205
Hurra für das letzte große Abenteuer!	217
Wie das Floß der Medusa entstand	229
Unsinkbar, wer alle Schiffe der Olympic-Klasse überlebt	243
Dank	253
Bildnachweis	255

Einleitung

Eigentlich hat alles recht harmlos begonnen, vor mittlerweile acht Jahren an Richards Küchentisch in Wien. Unser Geschichtsstudium hatten wir seit längerer Zeit abgeschlossen, arbeiteten aber beide nicht als Historiker, und entschlossen uns daher, regelmäßig »Geschichten aus der Geschichte« in ein Mikrofon zu sprechen.

Kurz sollten diese Geschichten sein und so erzählt, dass sie auch Menschen Freude bereiten, die sonst wenig Bezug zur Geschichte haben. Etwa diejenigen, die in der Schule vom Auswendiglernen von Jahreszahlen und Kriegsschauplätzen gelangweilt wurden. Und weil wir keine Zeit hatten, alle Folgen gemeinsam vorzubereiten, stand auch schon bald unser Konzept, das sich als großer Glücksfall für den Podcast herausstellte: Der eine weiß nicht, was der andere ihm erzählen wird.

Seither hat sich einiges getan: Über 400 Folgen sind veröffentlicht worden und die Anzahl derer, die uns mittlerweile zuhören, passt schon lange nicht mehr um den Küchentisch. Was wiederum dafür gesorgt hat, dass wir mit unseren Geschichten etwas erreicht haben, von dem wir nie zu träumen gewagt hätten: Wir bestreiten mit dem Podcast nun unseren Lebensunterhalt. Was über die Jahre allerdings gleich geblieben ist, ist unsere Begeisterung für Geschichte und die Freude, sie unserem Publikum und einander zu erzählen.

Wenn Sie also dieses Buch in Händen halten, dann vielleicht, weil Sie uns ohnehin schon kennen und öfter mal im Ohr hatten oder weil eine wohlmeinende Person der Meinung war, auch Sie könnten sich für unsere Geschichten interessieren. Oder Sie haben in der Auslage einer Buchhandlung unser Cover gesehen und sich gedacht: »Interessant, Geschichten aus der Geschichte, das klingt drollig.«

Wie dem auch sei, was Sie hier in Händen halten, ist eine Geschichtensammlung, mit der wir den Versuch wagen, Geschichte, auf unsere Art erzählt, auch zu Papier zu bringen. Ein Versuch, bei dem wir hoffen, dass unsere Faszination für Geschichte auf und zwischen den Zeilen überspringt. Denn so, wie wir Geschichte verstehen, geht es nicht um das Auswendiglernen von Jahreszahlen oder die Aneinanderreihungen von Königinnen und Königen (okay, das lässt sich manchmal nicht vermeiden). Am Ende des Buchs gibt es zwar kein Diplom, aber vielleicht ein paar Erkenntnisse, die zu einem besseren Verständnis der Welt führen, in der wir leben. Denn schlussendlich kreist alles um die Frage: Warum wurde sie so, wie sie heute ist?

Was uns im Zuge der Vorbereitungen für Geschichten häufig beschäftigt, sind jene Menschen, die die Welt bereist haben, aus welchen Gründen auch immer. Von solchen Menschen erzählen wir in diesem Buch. Von Menschen, die gefahren, gegangen, gesegelt oder geflogen sind – und die Welt mit ihrem neuen Wissen verändert haben, mal mehr und mal weniger.

Wir haben für diesen Band zwanzig Geschichten ausgesucht, die in ebendiese Kategorie fallen. Es geht um Frauen, die die Welt auf unterschiedlichste Arten umrundeten, um Forscher, die neue Spezies entdeckten, und auch um die ewig Reisenden, die schon im Mittelalter die Grenzen der ihnen damals bekannten Welt ausloteten.

Das hier ist aber kein gewöhnliches »Geschichtsbuch«, so wie wir wohl auch keine gewöhnlichen Historiker sind. Wir stützen uns in unseren Erzählungen auf die Arbeit jener, die seit Tausenden Jahren Dinge aufschreiben, und auf jene, die beinahe ebenso lang diese Texte studieren, auswerten, katalogisieren, übersetzen und uns allen verständlich machen. Wie auch in unserem Podcast üblich, gibt es daher nach jeder Geschichte einen Literaturtipp, der uns selbst bei der Recherche geholfen hat, der die Möglichkeit bieten soll, sich noch tiefer mit dem Thema auseinanderzusetzen. Zusätzlich haben wir aus unserem Podcastarchiv zu jeder Geschichte eine passende Folge ausgesucht, die entweder mit dem Thema selbst zu tun hat oder zumindest in dieselbe Kerbe schlägt.

Sie können dieses Buch von Anfang bis Ende lesen oder so wie viele, die unseren Podcast zum ersten Mal entdecken, einfach mal mit jenen Geschichten starten, die Sie persönlich am meisten interessieren. Geschichte ist für uns ein Flickenteppich, der mit jedem Buchkapitel und jeder Podcastfolge ein kleines bisschen größer und dichter wird. Wie auch immer Sie es handhaben wollen, wir hoffen, Sie werden dabei gut unterhalten. Tauchen Sie mit uns ein in die Vielfalt an faszinierenden Themen, Ereignissen und Anekdoten, die die Geschichte so mit sich bringt. In diesem Sinne:

»Lernen S' a bisserl Geschichte!«

Daniel und Richard

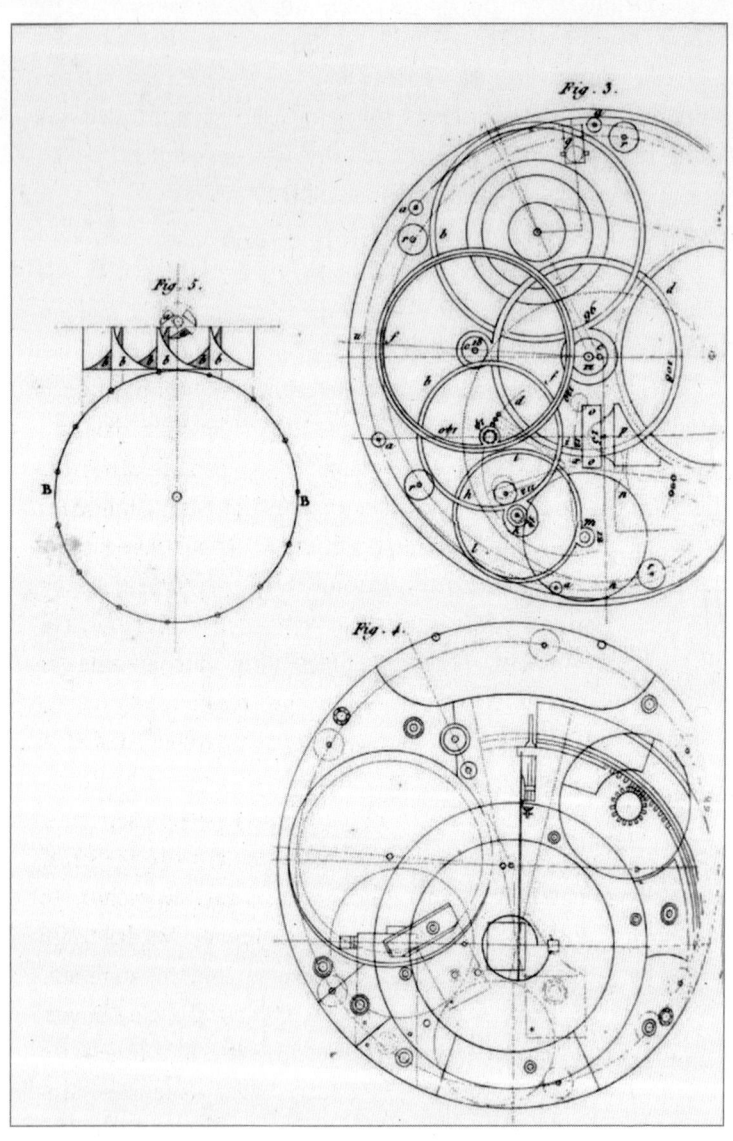

Die Jagd nach
der exakten Uhrzeit

Am 22. Oktober 1707 befindet sich eine Flotte des Vereinigten Königreichs auf dem Weg von Gibraltar zurück nach England. Es regnet und stürmt die gesamte Fahrt über – was sich als fatal herausstellen wird. Die 21 Schiffe der Royal Navy, angeführt von Admiral Sir Cloudesley Shovell, segeln auf dem Atlantik Richtung Norden und sollen dann in den Ärmelkanal einbiegen, die Meeresstraße, die die britischen Inseln von Kontinentaleuropa trennt. Shovell befiehlt, den Kurs zu halten. Am Abend geschieht dann die Katastrophe – eine der größten Schiffskatastrophen in der Geschichte Englands.

Wie es dazu kam? Die Position wurde falsch berechnet, und statt Richtung Nordsee in den Ärmelkanal zu steuern, nimmt die Flotte unwissentlich Kurs auf die Felsen der Scilly-Inseln. Über 90 Felsen ragen hier vor der Südwestspitze Englands aus dem Wasser. Das erste Schiff, das an ihnen zerschellt, ist die »Association«, das Flaggschiff. An Bord: Admiral Shovell. Es dauert nur wenige Minuten, bis das Schiff vollständig untergeht. Der Besatzung bleibt keine Zeit, sich zu retten.

Nacheinander fahren noch drei weitere Schiffe gegen die Klippen, schlagen leck und sinken. Erst dann sind die anderen Schiffe gewarnt und können ihren Kurs gerade noch ändern. Mehr als tausend Seeleute sterben bei dem Unglück. Und sie sind bei Weitem nicht die einzigen Opfer, die die Inselgruppe im Laufe der Geschichte gefordert hat: Das Gebiet rund um die Scilly-Inseln ist unter den Seefahrern berüchtigt für seine gefährlichen Gewässer. Mehr als 800 Wracks befinden sich hier auf dem Meeresgrund, ein ganzer Schiffsfriedhof.

Das neue Unglück löst im Vereinigten Königreich Entsetzen aus. Das Land befindet sich mitten im Spanischen Erbfolgekrieg gegen Frankreich und Spanien, da verlieren sie durch einen Navigationsfehler – nicht etwa durch Kampfhandlungen – zahlreiche Matrosen und teure, wichtige Kriegsschiffe.

Aber was war die Ursache? Warum haben Shovell und seine Mannschaft ihre Position falsch berechnet? Schlechte Sicht war sicherlich einer der Gründe, aber auch bei klarstem Himmel und freiem Blick auf Sonne, Mond und Sterne hätten sie ihre genaue Position aus Breiten- und Längengrad nicht bestimmen können. Segelschiffe fahren nicht mit konstanter Geschwindigkeit über die Meere, weil sie vom Wind abhängig sind. Das macht genaue Aussagen über die bereits zurückgelegte Strecke oft unmöglich, insbesondere wenn weitere Navigationshilfen aufgrund von Stürmen, Wolken oder generell schlechten Sichtverhältnissen nicht zur Verfügung stehen.

Der Breitengrad lässt sich mithilfe des Polarsterns recht einfach bestimmen, der fällt nämlich zufällig fast mit der Polarachse der Erde zusammen. Alles, was für die Berechnung gebraucht wird, sind eine Formel, ein Instrument zur Höhenmessung der Mittagssonne und freie Sicht auf den Himmel. Der Längengrad hingegen lässt sich nicht so einfach bestimmen, weil ein Bezugspunkt fehlt.

Ein Problem, das sich allerdings mit der genauen Uhrzeit lösen lässt. Die Betonung liegt auf *genau*, also exakt, präzise, ohne große Abweichungen. Und davon sind die Uhrmacher um 1707 technisch noch meilenweit entfernt. Zumal auf See für das Messen der Uhrzeit an sich schon ungünstige Bedingungen herrschen: Es ist immer unruhig wegen der Wellen und die Temperaturen sind recht unbeständig. Doch warum lässt sich der Längengrad überhaupt mithilfe der Uhrzeit bestimmen? Das liegt daran, dass sich der Abstand zweier Orte durch den Vergleich der jeweiligen Ortszeiten errechnen lässt. Denn die Sonne wandert gleichmäßig von Osten nach Westen und steht an jedem Ort entlang des Längengrades gleichzeitig im Zenit. Wer sekundengenau die Zeitdifferenz des Sonnenhöchststands zu einem anderen Ort bestimmen kann, kann daraus die Entfernung berechnen – und damit auf den Längengrad schließen.

Die Uhrzeit wird also nach dem Ort des Startpunkts festgelegt. Fährt ein Schiff in London los, wird die Uhr nach der von der königlichen Sternwarte vorgegebenen offiziellen Zeit gestellt. Auf hoher See wird dann die Ortszeit der Schiffsposition bestimmt und mit der Londoner Ortszeit verglichen. Diese Berechnung funktioniert aber nur mit einer Uhr, die nach mehreren Wochen auf See keine Gangabweichung von mehreren Minuten aufweist.

Im Alltag der Menschen spielt damals eine sekundengenaue Uhrzeit allerdings noch keine große Rolle; über Jahrhunderte hinweg macht es keinen Unterschied, ob es im Nachbarort ein paar Minuten früher oder später ist. Die Uhrzeit ist daher lange Zeit auch nicht standardisiert. Das heißt, an allen Orten gilt noch eine lokale Zeit, die sich am Sonnenverlauf orientiert. Wer die exakte Uhrzeit wissen will, muss zur nächstgelegenen Sternwarte reisen. Manche hatten auch die Möglichkeit, sich die korrekte Uhrzeit in der Stadt zu kaufen. Heutzutage eine seltsame Vorstellung, wo doch Geräte, ob am Handgelenk oder in der Hosentasche, die die Uhrzeit auf Millisekunden genau anzeigen, allgegenwärtig sind.

Der Uhrzeitverkauf ist ein spezieller Service, den John Henry Belville ab 1836 in London anbietet. Er arbeitet am Royal Greenwich Observatory, der königlichen Sternwarte, durch die der Nullmeridian verläuft. Und genau dort wird die offizielle Uhrzeit berechnet. Belville stellt täglich ein Chronometer und beliefert anschließend seine Uhrzeit-Abonnenten, darunter etwa einige Uhrmacher. Ihnen sagt er gegen Gebühr die Uhrzeit. Später übernehmen seine Frau und seine

Tochter Ruth Belville den Service – bis ins Jahr 1939, als Ruth, bekannt als »Greenwich Time Lady«, das Chronometer an den Nagel hing.

Das Chronometer bringt uns nun gewissermaßen zurück zum Ausgangspunkt dieser Geschichte, denn eine solche präzise Uhr steht Admiral Sir Cloudesley Shovell 1707 auf dem Weg von Gibraltar nach England noch nicht zur Verfügung. Die Ironie der Geschichte: Sie hätte ihm auch nichts genützt. Denn den Längengrad hat der Admiral tatsächlich korrekt bestimmt, aber da die Flotte aufgrund der bescheidenen Wetterlage seit über zehn Tagen keine Sterne mehr zu Gesicht bekommen hat, schätzt Shovell ihren Standort ein kleines Stück zu weit nördlich ein und vertut sich also im eigentlich leichter zu bestimmenden Breitengrad.

Dennoch ist die Schiffskatastrophe bei den Scilly-Inseln der Startschuss für die Entwicklung der präzisesten Uhr der Welt. 1712 wird durch Queen Anne das »Board of Longitude« einberufen, das zwei Jahre später erstmals zusammenkommt: eine Kommission bestehend aus hochrangigen Mitgliedern der Marine und Wissenschaftlern. Unter ihnen befindet sich auch der Präsident der Royal Society, was zum damaligen Zeitpunkt niemand Geringeres als Sir Isaac Newton ist – der vielleicht bedeutendste Wissenschaftler aller Zeiten. Das Ziel dieses Gremiums: eine Antwort auf das Längenproblem zu finden. Das Board of Longitude lobt ein Preisgeld aus, »nützlich und praktikabel« soll die Lösung laut Ausschreibung sein. Explizit von einer Uhr ist nicht die Rede, die Kommission ist offen für Ideen aller Art. Dreimal im Jahr treffen sich die Mitglieder und beraten über eingereichte Vorschläge. Das Preisgeld ist exorbitant: 20 000 Pfund soll die Person erhalten, die den Schiffsstandort mit einer Abweichung von weniger als 30 Seemeilen bestimmen kann. Das entspricht, inflationsbereinigt, einem Preisgeld von mehr als 3 Millionen Euro.

Diese hoch dotierte Ausschreibung ruft auch den bisher unbekannten Tischler John Harrison auf den Plan, der sich an die Arbeit macht, den ersten Zeitmesser zu bauen, der geeignet ist, auf hoher See den Längengrad zu ermitteln. Eine Aufgabe, die von nun an sein ganzes Leben bestimmen soll. Ob er am Ende erfolgreich ist und das Preisgeld einstreichen kann? Ein eindeutiges Jein!

Den Vorschlag, eine Längenuhr mit auf Reisen zu nehmen, die die Ortszeit eines Referenzortes anzeigt, hat bereits 1530 der Universalgelehrte Gemma Rainer Frisius vorgeschlagen, der außerdem Leibarzt von Kaiser Karl V. war. Aber weder 1530 noch 1714 gibt es eine Uhr, die nach mehreren Wochen Wellengang und unter ständigen Temperaturschwankungen die Zeit noch mit der notwendigen Genauigkeit anzeigt.

Lässt sich ein so präziser Zeitmesser also überhaupt konstruieren? Die Längengradkommission ist skeptisch – und wird es lange Zeit bleiben. Mechanische Uhren haben immer eine Gangabweichung von mehreren Sekunden am Tag, und das ist schon zu viel für die Längengradbestimmung. Eine Uhr als Lösung für das Längengradproblem steht daher zu Beginn erst einmal nicht im Fokus, zumal sich die Positionsbestimmung auch durch astronomische Berechnungen lösen lässt. Dafür braucht es nur den Mond – also eigentlich Abstand und Winkel vom Mond zu einem Fixstern und natürlich klare Sicht auf die Gestirne. Und dank eines neuen nautischen Instruments, des Oktanten (und später des Sextanten), sollte die genaue Berechnung möglich sein. Allerdings erfordert diese Methode einige mathematische Kenntnisse und ist komplizierter als der Uhrenvergleich.

John Harrison jedenfalls hält an der Zeitmesser-Idee fest und begibt sich 1728 zur königlichen Sternwarte in Greenwich. Der Tischler, der sich das Uhrmachen selbst beigebracht hat, behauptet, eine Uhr, die »Time-Keeper«, entworfen zu haben, die das Längenproblem löst. Nun sei er auf der Suche nach finanzieller Unterstützung. Die bekommt er durch die Kommission auch, und so macht er sich mit dem Vorschuss gleich an die Arbeit. Das Ergebnis: Nach sechs Jahren akribischer Tüftelei präsentiert Harrison endlich seine erste Längenuhr. H1, wie sie inzwischen liebevoll genannt wird. Sie sieht ungewöhnlich aus für eine Uhr, ist aber unschlagbar präzise und bewährt sich gleich bei ihrer ersten Fahrt von London nach Lissabon und wieder zurück.

Für die Längengradkommission ist dieser Test zwar noch nicht ausreichend, aber sie gewähren Harrison weitere 500 Pfund, um ein verbessertes Modell bauen zu können. Ohne weiter auf die Prüfung von H1 zu drängen, macht er sich daran, die nächste Uhr herzustellen. 1739 ist die sogenannte H2 fertig. Doch Harrison bleibt rastlos, verfolgt eine Idee nach der anderen, um seine Uhren präziser zu machen, und entwickelt lieber weitere Uhren, bevor er sie zur offiziellen Überprüfung an die königliche Kommission gibt. 1742 kündigt er an, eine dritte, noch präzisere Längenuhr zu konstruieren. Das Board of Longitude gewährt ihm wieder 500 Pfund. Und dann herrscht erst mal Funkstille. Die nächsten 17 Jahre lässt Harrison nichts mehr von sich hören. Baut er noch an der Uhr? Ist er am Ende nur ein Hochstapler, der sich Geld erschleichen wollte?

Das Gegenteil ist der Fall – Harrison bastelt detailversessen an H3. Inzwischen steht er nicht mehr allein in seiner Werkstatt, sein Sohn William ist jetzt immer an seiner Seite. Erst im Jahr 1759 wagt sich Harrison mit einer neuen Uhr aus der Deckung. Er tritt wieder vor die Längengradkommission und bittet sie darum, sein neuestes Werk zu testen. Und die Kommission? Lehnt ab. Allerdings nicht, um den Uhrmacher auszubremsen. Eine Testfahrt kommt für die Marine zu dieser Zeit wegen des Siebenjährigen Kriegs nicht infrage, in dem sich seit 1756 auch britische und französische Kriegsschiffe gegenüberstanden. 1761, nach der Niederlage der französischen Flotte, gibt es schließlich grünes Licht für den Test. Und inzwischen ist auch die nächste Harrison-Uhr fertig: H4. Ein ganz besonderes Stück, denn sie hat das Design einer Taschenuhr und ist ein wahres Meisterwerk ihrer Zeit.

Über dreißig Jahre nachdem Harrison das erste Mal in London aufgetaucht ist, um seine Pläne für eine Längenuhr vorzustellen, kann die Längenuhr also endlich richtig getestet werden. Der Tischler ist inzwischen zu alt für die geplante Reise nach Jamaika, sodass sein Sohn William mit H4 im Gepäck an Bord geht. Im November 1761 starten sie, H4 wird in einer Kiste aufbewahrt, die nur einmal täglich und unter Beobachtung von vier Personen geöffnet werden darf, um die Uhr aufzuziehen. Als das Schiff im Januar 1762, nach 81 Tagen auf hoher See, in Jamaika ankommt, beträgt die Abweichung der Uhr nur fünf Sekunden zur Ortszeit in London. Ein sensationeller Wert! Umgerechnet auf den Längengrad entspricht das einer Abweichung von etwas mehr als einer Seemeile. Für den Erhalt des Preisgeldes sind laut Statuten des Board of Longitude sogar bis zu 30 Seemeilen Abweichung erlaubt. Harrison fordert daher jetzt die Prämie.

Die Längengradkommission ist begeistert, zahlt Harrison das gesamte Preisgeld aus und lässt die Uhr für alle britischen Schiffe in Serie produzieren, das Längenproblem ist endgültig gelöst – nein, so reibungslos läuft es nicht. Ganz im Gegenteil, für Harrison beginnt ein jahrelanger Kampf um Anerkennung.

Das Board of Longitude ist nämlich keineswegs restlos überzeugt und fordert die Entwürfe für die Uhren, eine Erklärung für den Mechanismus und eine weitere Atlantikfahrt, um auszuschließen, dass es sich um einen Zufallstreffer handelt. Auch nach der erneuten Prüfung würde die Kommission Harrison zwar nicht die volle Prämie zugestehen, aber immerhin 5000 Pfund.

Es gibt also eine weitere Testfahrt in die Karibik, diesmal nach Barbados. Und H4 bewährt sich wieder glänzend. Jetzt zahlt die Längengradkommission doch sicher die Prämie? Weit gefehlt: Ein neues Mitglied, Nevil Maskelyne, gewinnt immer mehr Einfluss. Er ist Verfechter der Monddistanzmethode und hält die Uhrenmethode für nicht praktikabel. Im Mai 1765 kommt es zum Eklat: In der Sitzung des Board of Longitude wird Harrison erneut aufgefordert, die Pläne der Uhr offenzulegen, die Uhr vor einer Delegation von Fachleuten zu zerlegen und weitere drei Exemplare anzufertigen. Harrison ist empört. Hat er nicht längst bewiesen, dass seine Uhren die Anforderungen der Kommission erfüllen? Wütend verlässt er die Sitzung noch vor deren Ende.

Nachdem sich die Gemüter wieder beruhigt haben, erklärt Harrison sich bereit, die Uhr im Detail zu präsentieren. Im Sommer 1766 findet sich daher eine Delegation in seiner Werkstatt ein. Vor den interessierten Augen der Fachleute zerlegt Harrison H4 und baut sie sechs Tage lang wieder zusammen. Die Längengradkommission gewährt dem inzwischen über Siebzigjährigen nun immerhin 7500 Pfund. Eine Summe, mit der er sich entspannt zur Ruhe setzen könnte. Aber sein Kampf geht weiter. Harrison will die volle Prämie!

Es folgt der Auftritt der nächsten beiden Uhren: H5 und K1. H5 ist, wie unschwer zu erraten, die nächste Harrison-Uhr. K1 ist eine Kopie von H4, die Larcum Kendall, Mitglied der Delegation in Harrisons Werkstatt, im Auftrag der Längengradkommission nachbaut.

Und K1 verhilft der Uhrenmethode zur Berechnung der Längenposition schließlich zum endgültigen Durchbruch. Denn die Uhr begleitet James Cook bei seiner zweiten Weltumsegelung, und er ist begeistert von ihrer Genauigkeit. Als er 1775 nach London zurückkehrt, betrachten die meisten Astronomen das Längenproblem als gelöst.

Doch was ist mit H5? Die Uhr bleibt in London und wird von der Längengradkommission nicht geprüft. Das bringt das Fass für Harrison endgültig zum Überlaufen. Es kommt zum Bruch zwischen dem Uhrmacher und dem Board of Longitude. Eine Chance sieht er aber noch, um an die gesamte Prämie zu kommen: Er wendet sich an den König, das ist inzwischen George III., der sich für Uhren begeistern kann. Dieser willigt ein, das neueste Harrison-Werk, H5, auf seiner Privatsternwarte prüfen zu lassen. Der König lässt es sich auch nicht nehmen, bei den Tests persönlich anwesend zu sein. Mit der Unterstützung des Monarchen wendet sich Harrison an das House of Commons. Es folgt ein später Triumph für Harrison, denn das Parlament beschließt 1773, dass ihm auch der Rest der Prämie zusteht.

Es soll das einzige Mal bleiben, bei dem das Board of Longitude die volle Prämie auszahlt. Und das, obwohl die eigentliche Revolution bei den Längenuhren erst noch bevorsteht. Harrison hat daran keinen Anteil mehr. Er stirbt 1776.

Harrison hat den Weg geebnet und gezeigt, dass es möglich ist, Uhren so präzise zu bauen, dass sie für die Bestimmung des Längengrades auf hoher See eingesetzt werden können. Zu den eigentlichen Längenuhren werden dann die Chronometer, die noch einmal ein eigenes Level an Präzision erreichen und die sich an den Konstruktionen anderer wegweisender Uhrmacher wie etwa John Arnold, Pierre Le Roy und Thomas Earnshaw orientieren.

Bis Ende des 18. Jahrhunderts ist die Entwicklung der Chronometer mehr oder weniger abgeschlossen, und die Uhren setzen sich in der Navigation durch. Weil sie anfangs so teuer sind, dauert es jedoch eine ganze Weile, bis die meisten Schiffe mit den präzisen Zeitmessern ausgestattet sind. 1828 wird das Board of Longitude schließlich aufgelöst. Das seit Jahrhunderten bestehende Problem, auf längeren Schiffsreisen die genaue Position bestimmen zu können, ist gelöst.

ZUR VERTIEFUNG

Felix Lühning: Längengrad. Kritische Betrachtung eines Bestsellers. In: *Beiträge zur Astronomiegeschichte*, Band 10. Frankfurt a. M. 2010, S. 104–186.

GESCHICHTEN AUS DER GESCHICHTE
Folge 235: Die Quarzkrise.

Mit dem Fahrrad in die Freiheit

Boston, 25. Juni 1894: Eine junge Frau steht vor dem Massachusetts State House, bereit für das Abenteuer ihres Lebens; eine große Menschenmenge bejubelt sie, die Presse ist ganz aus dem Häuschen. Eigentlich heißt sie Anna Kopchovsky, doch von nun an wird ihr Name Annie Londonderry lauten. Sie hat eine Wette angenommen, die sie in 15 Monaten um die Welt führen soll. Die Bedingungen: Sie muss ohne finanzielle Mittel starten und mit 5000 Dollar im Gepäck zurückkehren – aber vor allem muss sie die Strecke auf einem Fahrrad zurücklegen! Eine Flasche Londonderry Lithia Spring Water in der Hand, das Logo der Firma auf ihrer Kleidung und ein neuer Nachname – Londonderry – sind der Beginn ihrer ungewöhnlichen Reise.

Wer ist diese Frau, die sich anschickt, die Welt auf zwei Rädern zu erobern? In Riga, Lettland, geboren, ist sie im Jahr 1875 mit ihren Eltern und ihren beiden Geschwistern in die Neue Welt gekommen. Damals noch Anna Cohen, waren sie und ihre Familie eine Art Vorhut der jüdischen Community in Boston, die sich vor allem ab den 1880er-Jahren aus europäischen Immigranten bildet.

Annie wächst unter schwierigen Umständen auf. Als sie 16 Jahre alt ist, stirbt ihr Vater, nur zwei Monate später verliert sie auch ihre Mutter. Sie muss nun die Verantwortung für ihre jüngeren Geschwister Rosa und Jacob übernehmen. Kurze Zeit später, mit 18 Jahren, hei-

ratet sie, sie heißt jetzt Anna Kopchovsky, und neun Monate später kommt schon ihr erstes Kind zur Welt. Zwei weitere folgen bald.

Doch Anna Kopchovsky sieht sich nicht nur als Mutter und Hausfrau; sie arbeitet, ist Anzeigenverkäuferin für mehrere Tageszeitungen. Das allein erfüllt sie aber nicht, und so beschließt sie, eine Weltreise mit dem Rad zu bestreiten. Angeblich tut sie dies aufgrund einer Wette zweier Bostoner Geschäftsmänner, die überzeugt seien, dass es keine Frau schaffe, auf dem Rad die Welt zu umrunden.

Zwei Aspekte sollten in diesem Zusammenhang aber genauer betrachtet werden. Zum einen die Wette selbst; wie der Autor Peter Zheutlin, der die Geschichte Annie Londonderrys in einem biografischen Roman festhielt und selbst ein entfernter Verwandter ist, erklärt, ist es sehr wahrscheinlich, dass diese beiden Geschäftsleute nie existierten und dass es tatsächlich Kopchovsky selbst war, die mit der Idee aufkam, mit dem Rad die Welt zu umrunden, sie aber in eine Art Wette verpackte, um mehr Aufmerksamkeit zu erlangen.

Tatsächlich fügt sich diese Theorie gut in die damalige Zeit und ihre gesellschaftlichen Debatten, was uns zum zweiten Punkt führt.

Wir befinden uns am Ende des 19. Jahrhunderts, und das Fahrrad ist seit den 1890er-Jahren beliebt wie nie zuvor. Mittlerweile schon sehr nahe an der Art Fahrrad, wie wir es heute kennen, dem sogenannten Safety Bike, werden in den USA bereits Millionen Räder verkauft.

Immer beliebter wird das neue Verkehrsmittel auch bei Frauen. Im Jahr 1896 gibt es allein in Boston vier Radclubs mit ausschließlich weiblichen Mitgliedern. Das Fahrradfahren wird zu einem Massenphänomen. Wir müssen uns vor Augen führen: Das viktorianische Zeitalter, in dem wir uns in dieser Geschichte befinden, war, moralisch betrachtet, streng reglementiert, vor allem für Frauen. Angefangen bei der Kleidung, den engen Korsetts und langen Kleidern mit hochgeschlossenen Krägen, aber auch, was die Abhängigkeit von

Männern und die fehlende Handlungsfreiheit angeht. Das Fahrrad kann hier gewissermaßen Abhilfe schaffen.

Frauen haben nun die Möglichkeit, längere Strecken ganz ohne Aufsicht von Männern zurückzulegen. Sie sind mobil, sie können die Welt, in der sie leben, erkunden. Da die viktorianische Kleidung aber äußerst ungeeignet ist, um damit loszuradeln, löst die Fahrradbegeisterung der 1890er-Jahre auch gleichzeitig eine Diskussion über Kleidung aus. Eine Diskussion, die sich gut in die Kleiderreformbewegung der Zeit einbetten lässt, und deren Gegenargumente nicht selten paternalistisch daherkommen. Wie die Historikerin Patricia Marks schreibt, wurde zum Beispiel behauptet, dass die enge Schnürung eines Korsetts den Rücken stütze und daher äußerst wichtig für das schwache Geschlecht sei. Dass es bei dieser Kleidung, wie bei Kleidung generell, aber tatsächlich darum geht, zu signalisieren, wo sich die Frau in der Hierarchie der viktorianischen Gesellschaft befindet, das wird meist insinuiert, aber nicht ausgesprochen.

Jetzt, in den 1890ern, werden sich aber manche Frauen aus diesem Korsett – sowohl wortwörtlich als auch metaphorisch – befreien. Und Annie Londonderry ist eine davon.

Wie wenig sie sich für herkömmliche Frauenbilder interessiert, ist schon daran ersichtlich, dass sie die drei gemeinsamen Kinder bei ihrem Mann lässt, als sie sich auf ihre 15-monatige Reise begibt. Ein Verhalten, das für Männer zu jener Zeit eine Selbstverständlichkeit ist, für eine verheiratete junge Frau hingegen eine Ungeheuerlichkeit.

Der erste Teil ihrer Reise führt sie nach New York City, wo sie einen Monat bei Freunden verbringt. Dort wirft sie die langen, schweren viktorianischen Kleider ab und hängt ihr Korsett an den Nagel. Stattdessen trägt sie jetzt Bloomers, benannt nach Amelia Bloomer, auch bekannt als türkische Hosen. Ihr Fortschritt wird von der Presse begleitet, und der Aufschrei, als sie die Kleidung wechselt, ist natürlich groß. Angeführt von denselben konservativen Vertretern der bestehenden Ordnung, die auch schon gegen das Fahrrad als Fortbewegungsmittel für Frauen wettern, sehen die Kritiker in der Aufweichung der Kleiderordnung einen weiteren Schritt in die falsche Richtung.

Vom Aufschrei konservativer Kräfte lässt sie sich nicht beirren; was ihr jedoch zu schaffen macht, ist ihr Rad. Das Fahrrad, ein »Columbia«, ist ihr im Rahmen eines Sponsorings der Pope Manufacturing Company zur Verfügung gestellt worden. Wie diese Zusammenarbeit zustande kam, ist übrigens, wie so viele Details ihrer Geschichte, nicht ganz sicher. Es ist allerdings gut möglich, dass Londonderry im Zuge ihrer Arbeit als Anzeigenverkäuferin Kontakte zur Werbeabteilung des Unternehmens hatte.

Mit seinen beinahe 20 Kilogramm ist dieser geschenkte Drahtesel allerdings ein recht schweres Gefährt, weshalb Annie nun auf ein neues Rad wechselt. Die Sterling Cycle Company hatte angeboten, ihr ein »Expert Model E Light Roadster« zur Verfügung zu stellen – ein Männerrad. Im Gegenzug soll sie das Banner des Unternehmens um die Welt tragen. Das Rad wiegt nur halb so viel wie ihr vorheriges und hat nur einen Gang, verfügt aber über eine Sache nicht, die wir bei Rädern eigentlich erwarten würden: Bremsen! Für Londonderry kein Problem, denn sie muss ohnehin Kilometer machen, will sie die Wette gewinnen. Drei Monate sind inzwischen nämlich schon vergangen.

Sie verlässt am 24. September 1894 Chicago, aber nicht um wie geplant weiter in Richtung Westen zu radeln. Angedacht war nämlich zuerst durch die USA bis nach San Francisco zu fahren und von dort aus dann den Pazifik zu queren. Um ein bisschen Fahrt in die Sache zu bringen, beschließt sie, stattdessen von New York City aus die Überfahrt über den Atlantik nach Europa anzutreten. Und genau das tut sie.

In New York City besteigt sie also das französische Passagierschiff »La Touraine«. Ziel ist die Stadt Le Havre an der Nordwestküste Frankreichs, die zu jener Zeit einer der wichtigsten Häfen sowohl für Handel als auch Reisende ist.

Bei ihrer Ankunft in Le Havre am 3. Dezember 1894 muss sie gleich mal einige unvorhergesehene Schwierigkeiten bewältigen. In der Passagierliste des Dampfers erscheint sie nur als »A. Kopchovsky«, die französische Presse und die zuständigen Behörden wissen nichts von der Prominenz der Dame, die sich angeschickt hat, auf dem Rad die Welt zu umrunden. So wird ihr treues Gefährt von den französischen Zollbeamten beschlagnahmt, und ihr gesamtes Geld wird gestohlen (allerdings nicht von den Zollbeamten). Da die Regeln der Wette auch besagen, dass sie kein Französisch sprechen darf, und die meisten Menschen in Le Havre kein Englisch können, muss sie auf die Hilfe eines gewissen Dr. Chancellor zurückgreifen. Mit ihrem einnehmenden Wesen hat sie an Bord der »Touraine« glücklicherweise schnell Bekanntschaften geschlossen, Dr. Chancellor ist eine davon. Er hilft ihr so weit aus, dass sie schließlich mit dem Zug nach Paris weiterfahren kann, ihr Fahrrad wird nachgeschickt.

In Paris, wo die Fahrradmanie der 1890er-Jahre ebenfalls schon angekommen ist, wird sie endlich auch wieder von der Presse wahrgenommen. Ihr von der Reise gestählter Körper wird in den Zeitungen diskutiert. Kombiniert mit ihrem Männeroutfit entspricht sie so gar nicht der französischen Vorstellung einer femininen Frau: »Sie scheint nur aus Muskeln und Sehnen zu bestehen und vermittelt trotz ihrer zierlichen Größe den Eindruck bemerkenswerter Energie.«

Unabhängig davon sind die Berichte über ihr Vorhaben an sich durchweg positiv. Sie mag vielleicht nicht den stereotypen Vorstellungen entsprechen, aber dass sie ein solches Vorhaben wagt, verschafft ihr in der Öffentlichkeit einiges an Respekt.

Mit diesem grundlegenden Wohlwollen im Rücken radelt Londonderry weiter, ihr nächstes Etappenziel ist die Hafenstadt Marseille im Süden Frankreichs. Um sicherzustellen, dass sie auch trotz ihrer Verständigungsschwierigkeiten dort ankommt, lässt sie sich eine Nachricht auf Französisch in ihr Trikot nähen:

> »Miss Annie Londonderry aus Boston (Amerika) reist auf ihrem ›Sterling‹-Fahrrad [...] mit nur einem Penny um die Welt. Bitte zeigen Sie ihr den Weg nach Marseille.«

Nötig ist das eigentlich nicht. Anfangs wird sie nämlich von Victor Sloan, einem Verkäufer der Sterling Company, später beinahe den ganzen Weg lang von begeisterten Mitgliedern diverser Fahrradclubs begleitet.

Über Lyon, Valence und Avignon erreicht Londonderry am 13. Januar 1895 Marseille. Die Ankunft wird von Hunderten begeisterten Menschen gefeiert, Radfahrerinnen und Radfahrer säumen die Straße, als sie in die Stadt rollt. Mehr schlecht als recht; ein Knöchel ist geschwollen, das Bein bandagiert über ihren Lenker gelegt. Mit dem anderen tritt sie in die Pedale und wird so in einer Prozession von Dutzenden Schaulustigen zu ihrem Hotel geleitet.

Während der knappen Woche, die sie in Marseille verbringt, wird sie gefeiert wie nie zuvor. So viele Leute wollen mit ihr sprechen, dass das Hotel in der Lokalzeitung die Besuchszeiten veröffentlicht.

Als Londonderry am 20. Januar auf der »Sydney« den Hafen von Marseille in Richtung Suezkanal verlässt, jubeln ihr Tausende Menschen zu. Für die Radfahrerin beginnt jetzt die abenteuerlichste Zeit ihrer Reise um die Welt. Ihre bemerkenswerte Route führt sie durch zahlreiche Länder und Regionen. Alexandria, Port Said, Jerusalem und Aden stattet sie einen Besuch ab. Sie durchquert Indien von Mumbai (damals noch Bombay) bis nach Kalkutta. Immer wieder hat sie mit Unannehmlichkeiten zu kämpfen, vor allem Insekten machen ihr zu schaffen.

Während ihres Aufenthalts in Indien beteiligt sie sich auch an Jagden, vor allem an jenen auf die berühmten bengalischen Tiger. Begleitet wird sie dabei unter anderem von Mitgliedern des deutschen Hochadels.

Auch als Kriegsreporterin wird sie tätig und begleitet Journalisten, die über die Wirren des Krieges zwischen China und Japan berichten, der seit 1894 wütet. Das ist natürlich nicht ungefährlich, einmal wird sie sogar an der Schulter angeschossen, landet in einem japanischen Gefängnis und wird Zeugin einiger grauenhafter Vorfälle.

Sie fährt schließlich über die koreanische Halbinsel, landet in Sibirien und bringt auch von dort allerlei abenteuerliche Geschichten mit.

All das tut sie innerhalb weniger Monate. Das Problem dabei? Der Großteil ist wohl erfunden. Die meiste Zeit verbringt sie nämlich auf der »Sydney«, dem Schiff, das sie gemütlich über die Ozeane transportiert.

Sie geht zwar an den verschiedensten Häfen an Land, legt aber die großen Distanzen auf dem Wasser zurück. Über Hafenstädte in Ägypten, Sri Lanka, Singapur, China und Korea legt die »Sydney« schließlich im japanischen Yokohama an. Genügend Zeit, um sich an Bord allerlei spannende und gefährliche Geschichten für die Zeitungen zu Hause zu überlegen.

Das Geld auf der Reise um den Globus ist allerdings rar, und um sich nun die Überfahrt von Yokohama nach San Francisco leisten zu können, bittet Londonderry den dortigen amerikanischen Konsul John McLean um Hilfe. Dieser zeigt sich von den Leistungen der Radlerin wenig beeindruckt, zum Glück findet sich aber mit dem französischen Konsul eine hilfreiche Seele. Dieser bringt die benötigten

250 Yen auf, damit sich Londonderry an Bord der »Belgic« am 9. März in Richtung Heimat aufmachen kann.

Der Empfang in San Francisco ist zwar nicht annähernd so begeistert wie der Abschied, den sie in Marseille genossen hat; was die Berichterstattung der Zeitungen angeht, ist sie aber in eine neue Sphäre vorgedrungen.

Ihre Geschichte ist nun nicht mehr nur die einer Frau, die mit dem Rad um die Welt fuhr. Sie ist jetzt eine »New Woman«: eine Frau, die sich den geltenden Wertvorstellungen widersetzt und im Geiste des aufkeimenden Feminismus eine neue Ära heraufbeschwört.

Ganz in diesem Sinne gibt Londonderry Interviews und wird zu Vorträgen eingeladen. Einer davon soll in Stockton, einer Stadt knapp 150 Kilometer östlich von San Francisco, stattfinden. Beinahe wird es nicht dazu kommen. Auf dem Weg nach Stockton, sie hatte eine Nacht im Ort Tracy in der San Francisco Bay Area verbracht, kollidiert sie nämlich mit einem außer Kontrolle geratenen Pferdefuhrwerk. Trotz blauem Auge und Schürfwunden hält sie den Vortrag, am nächsten Tag muss sie sich jedoch mit Fieber ins Bett legen.

Das hält sie aber nicht davon ab, der lokalen »Stockton Evening Mail« ein Interview zu geben. Es ist dieses Interview, in dem schon ein gewisses Selbstverständnis aufblitzt, das sie nun auch an ihre Geschlechtsgenossinnen weitergeben will:

»Nicht nur sollten Frauen Rad fahren, sondern sie sollten auch keine schweren, sackartigen Hosen tragen, die die Arbeit zur Qual machen und nicht gut aussehen. Sie müssen auch nicht ins andere Extrem gehen und unweiblich aussehen. Es gibt genauso die richtige Kleidung für das Radfahren wie die Damenkleidung beim Reiten, und das Tragen von etwas, das nicht das Richtige ist, sieht auf einem Fahrrad genauso fehl am Platz aus wie auf einem Pferd. Ein schwerer Pullover, eine ordentliche Hose, Gamaschen und eine

schicke Mütze bilden die angemessene Kleidung. Es sieht einfach lächerlich aus, eine Frau auf einem Rad mit einem schweren Kleid und einem Matrosenhut strampeln zu sehen.«

Die folgenden Monate wird Londonderry begleitet von Mitgliedern diverser Fahrradclubs aus dem ganzen Land durch die USA radeln. Arizona, Texas, New Mexico, Colorado, Iowa und schließlich, am 12. September, Chicago, Illinois. Eine entspannte Reise hatte die Abenteurerin wohl nicht; wie eine Lokalzeitung berichtet, sieht sie etwas abgekämpft aus, ihr Arm, nach einem Sturz am Handgelenk gebrochen, steckt in einer Schlinge.

Wie Autor Peter Zheutlin schreibt, ist es etwas verwunderlich, wie gering die Aufmerksamkeit für die Frau, die die Welt umrundete, zu der Zeit nur noch ist. Keine der großen Chicagoer Zeitungen berichtet über ihre Ankunft. Sie wird dort aber von Vertretern der Sterling Company empfangen, die ihr ihr weit gereistes Sterling zu Werbezwecken abkaufen. Für den letzten Teil ihres Trips nach Boston erhält sie ein völlig neues Modell.

Ähnlich verhalten ist die Reaktion der Öffentlichkeit, als Londonderry schließlich am 24. September 1895 – auf den Tag genau 15 Monate nach ihrem Aufbruch in Chicago – wieder in Boston ankommt. Der Erlös aus dem Verkauf des Sterling hat ihr Einkommen auch über die benötigte Schwelle von 5000 Dollar gehoben. Damit ist die Wette gewonnen. Die US-Öffentlichkeit nimmt das allerdings kaum wahr, im Gegensatz dazu vermelden internationale Zeitungen, zum Beispiel aus Mailand oder Honolulu, die erfolgreiche Beendigung der Weltreise und Wette.

Annie Londonderry – mittlerweile wieder Anna Kopchovsky – nimmt das Angebot an, einen Artikel über ihre Abenteuer zu schreiben. Es wird der einzige Bericht über ihre Reise bleiben, der von ihr persönlich verfasst wurde. Sie selbst verschwindet bald aus dem Licht der Öffentlichkeit und wird den Rest ihres Lebens als Journalistin arbeiten. Sie stirbt in relativer Vergessenheit im Jahr 1947.

Zwar gibt es keine Möglichkeit, herauszufinden, welchen Einfluss sie tatsächlich auf andere Frauen hatte oder wie viele sich von ihrer Reise inspiriert fühlten, mehr zu verlangen: mehr Freiheit, mehr Mitspracherecht, mehr Teilhabe am öffentlichen Leben. Die Verknüpfung der Popularisierung des Fahrrads mit den Freiheiten, die dieses Fahrrad Frauen eben verlieh, macht ihre Geschichte aber zu einem aufschlussreichen Nebenschauplatz jener Entwicklung, die zumindest in den USA ihren vorläufigen Höhepunkt im Jahr 1919 findet. In diesem Jahr wird nämlich das 19. Amendment, also ein Zusatzartikel zur US-Verfassung verabschiedet. Er verleiht Frauen das Wahlrecht.

ZUR VERTIEFUNG

Peter Zheutlin: *Around the World on Two Wheels*. New York 2007.

GESCHICHTEN AUS DER GESCHICHTE
Folge 320: In 72 Tagen um die Welt – Journalistin Nellie Bly.

Xuanzang und seine Reise nach Westen

Wie wurde die Welt, in der wir leben, eigentlich zu der Welt, in der wir heute leben? Wir stellen uns diese Frage sehr oft, und manchmal, wenn wir Glück haben, stoßen wir in unserem Podcast »Geschichten aus der Geschichte« auch auf Antworten. In diesem Kapitel springen wir nun weiter zurück als üblich, um ebendiese Frage zu beantworten, denn es geht um nichts Geringeres als um eine der am weitesten verbreiteten Religionen der Welt.

Es ist das Jahr 600 n. d. Z., als in der heutigen Stadt Luoyang, in der chinesischen Provinz Henan, ein Junge auf die Welt kommt. An sich noch nicht so außergewöhnlich, allerdings wird dieser Junge in späteren Jahren einer der am weitesten gereisten Menschen Chinas werden. Als Xuan Chen geboren, tritt er bereits mit dreizehn Jahren einem buddhistischen Kloster bei. Die Legende besagt, dass er, nicht unähnlich dem aus der Bibel bekannten Propheten Moses, in einem Flechtenkorb am Ufer eines Flusses ausgesetzt worden ist und schließlich von Mönchen entdeckt wurde. Tatsächlich hat er den Beitritt seinem Bruder zu verdanken, der zu jener Zeit bereits Mönch war.

Mit zwanzig Jahren wird Xuan Chen in Chengdu, einer Stadt in der Provinz Sichuan, zum Mönch geweiht und gelangt schließlich nach Chang'an, einer Stadt, die unter der Herrschaft des damaligen Kaisers Taizong aus der Tang-Dynastie steht.

Xuanzang, wie er nun gemäß buddhistischer Tradition nach seiner Mönchsweihe genannt wird, ist schon von Anbeginn seiner Laufbahn als Mönch an den originalen buddhistischen Texten interessiert. Es ist ja so: Der Buddhismus hat einige Jahrhunderte zuvor in Indien seinen Ursprung genommen und ist dann unter anderem über die Seidenstraße nach China gelangt. Diese Handelsroute war nicht nur für Waren aller Art, sondern auch für Ideen und eben Religionen ein hervorragendes Verbreitungsmittel.

Das Problem, auf das Xuanzang nun allerdings stößt und das der Grund dafür ist, dass er die ursprünglichen Texte studieren will: Die chinesischen Übersetzungen der buddhistischen Texte sind nicht einheitlich, und er erkennt, dass das früher oder später zu großen Problemen, wie zum Beispiel Abspaltungen innerhalb des Buddhismus in China, führen kann. Also macht er es sich zur Aufgabe, nach Indien zu reisen, dort die heiligen Orte des Buddhismus aufzusuchen, die Originaltexte mitzunehmen und schließlich zurück nach China zu bringen.

Das ist jedoch leichter gesagt als getan: Abgesehen davon, dass eine solche Reise zu dieser Zeit lang und gefährlich ist, ist es ihm schlichtweg nicht erlaubt, das Kaiserreich zu verlassen. Zu jener Zeit ist die Tang-Dynastie nämlich in kriegerische Auseinandersetzungen mit nördlichen Nachbarn verwickelt, weshalb ein komplettes Ausreiseverbot gilt.

Dennoch, Xuanzang lässt sich nicht beirren und nutzt im Jahr 627 (oder im Jahr 629 – wie so oft sind sich die Quellen hier nicht ganz einig) die Gunst der Stunde. Aufgrund einer Hungersnot, die die Hauptstadt heimsucht, wird es den Bewohnerinnen und Bewohnern erlaubt, Chang'an zu verlassen. Xuanzang mischt sich unter die vor Hunger Fliehenden und reist nun allein und ohne kaiserliche Erlaubnis Richtung Westen.

Als er nach einem Monat im Verwaltungsbezirk Liangzhou in der

Provinz Gansu ankommt, scheint es, als würde seine Reise ein baldiges Ende finden. Die Grenzen sind dicht, aufgrund des Krieges mit den Turkvölkern des Westens ist die Stimmung so angespannt, dass ein Weiterkommen immer unmöglicher wird. Xuanzang bleibt also erst einmal vor Ort und betätigt sich als Tutor, in der Hoffnung, bald eine Möglichkeit zu finden, über die Grenzen zu kommen.

So richtig schwierig wird es dann, als seine Pläne an die Ohren des örtlichen Verwalters gelangen. Er befiehlt ihm, nach Chang'an zurückzukehren. Natürlich befolgt Xuanzang diese Anordnung nicht. Stattdessen gelingt es ihm eines Nachts, mithilfe zweier Mönche der Stadt zu entfliehen, bis er schließlich Guazhou erreicht, die westlichste Stadt des Tang-Reichs. Doch wieder findet seine Reise in den Westen beinahe ein vorschnelles Ende.

Xuanzangs Bildnis ist nämlich mittlerweile an alle Grenzorte verschickt worden, mit der Anweisung, ihn keinesfalls passieren zu lassen. So kommt es, dass ihn ein örtlicher Verwalter erkennt, aber Xuanzang hat wieder Glück: Der Verwalter ist ein praktizierender Buddhist, ignoriert daher seine Anweisungen und lässt den Gesuchten gehen. Ein Muster, das sich in den nächsten Monaten wiederholen wird. Bevor Xuanzang aber weiterzieht, erhält er von einem alten Mann ein Geschenk: ein Pferd, das nun seine Lasten tragen wird. Es ist der Zeitpunkt, an dem Xuanzang verspricht: Was auch immer kommen möge, er wird sich nicht davon abhalten lassen, den Zweck seiner Reise zu erfüllen – auch wenn es ihn das Leben koste.

Und es ist kein leeres Versprechen, schon bald wird es auf die Probe gestellt werden. Nachdem er die fünf Wachtürme, die die westliche Grenze Chinas säumen, passiert hat, kommt es zu Zwischenfällen, aber immer wieder rettet ihn die Tatsache, dass er ein buddhistischer Gelehrter ist.

Auf seinem Weg gelangt er schließlich in die Wüste Mo-kia-Yen Gobi, und auch dort ist er völlig allein. Bald setzt ihm die Hitze zu, er verliert seine Wasserflasche aus Ziegenleder, er hat Halluzinationen, und letzten Endes ist er kurz davor umzukehren. Doch da erinnert er sich an sein Versprechen – und trottet weiter gen Westen. Die Wüste jedoch ist gnadenlos, und es ist nur dem Pferd, das Xuanzang vor seinem Marsch erhalten hatte, zu verdanken, dass er überlebt. Es führt ihn nämlich zu einer Oase, wo sich beide an frischem Wasser laben können. Ausgeruht und erfrischt durchqueren Reiter und Pferd jetzt den Rest der Wüste.

Der gnadenlosen Hitze der Wüste entkommen, geht die Reise weiter. Xuanzangs Name ist mittlerweile bekannt, denn die Kunde des Mönchs reist schneller als er selbst. Und so wird er vom König von Gaochang, einem der größten Königreiche Chinas zu jener Zeit, an dessen Hof gerufen.

Der tiefgläubige Buddhist bietet Xuanzang an, an seinem Hof als religiöser Lehrer zu bleiben. Das ist allerdings keine Option für ihn, denn wir erinnern uns: Er will und muss nach Indien, um dort mehr über die ursprünglichen Lehren des Buddhismus zu erfahren. Er schlägt das Angebot also aus – wahrscheinlich wissend, dass der König wohl auch davon motiviert war, mehr über die Han-Kultur, aus der Xuanzang entstammt, zu lernen.

So leicht lässt sich der König jedoch nicht abspeisen. Er besteht darauf, dass Xuanzang an seinem Hof bleibt, und droht ihm nun sogar damit, ihn wieder zurück ins Tang-Reich zu schicken. Der einzige Ausweg für Xuanzang: ein Hungerstreik. Mehrere Tage und Nächte verweigert er die Aufnahme von Flüssigkeiten und Nahrung. Ein Akt, der den König so beeindruckt, dass er nicht nur nachgibt, sondern Xuanzang sogar ewige Bruderschaft schwört.

Es ist ein ziemlicher Glücksfall für unseren Reisenden, denn der König stellt ihm nun mit Mönchen eigene Schüler und mit Soldaten eigene Bewacher zur Seite und stattet ihn mit Pferden und diversen Reichtümern aus. Diese sind zwar nicht für ihn bestimmt, sondern als Geschenke für die Königreiche, durch die er im Laufe seiner Reise noch ziehen wird – aber nichtsdestotrotz eine hilfreiche Geste. Unter den Geschenken sind auch Seide und Geld zu finden, die mindestens zwanzig weitere Jahre der Reise finanzieren sollen. Das klingt für uns heute natürlich nach einer langen Zeit; gemessen an der doch eher übersichtlichen Geschwindigkeit, mit der eine solche Reise vonstattenging, war das aber wohl eine realistische Einschätzung.

Bevor es für Xuanzang weitergeht, ringt der König ihm allerdings noch das Versprechen ab, dass er bei seiner Heimreise zumindest für drei Jahre als Lehrer in Gaochang bleiben möge.

So gut ausgerüstet, ist es für Xuanzang jetzt einfacher, die Gefahren einer solchen Pilgerreise zu meistern. Banditen und Wegelagerer, die eine große Bedrohung für Handelskarawanen darstellen, lassen nämlich ab, sobald sie erkennen, dass es sich um Mönche handelt.

Schließlich, im Jahr 628, passieren Xuanzang und seine neuen Gefährten das Kunlun-Gebirge, das ans heutige Tibet grenzt. Eine Durchquerung, die sich als gefährlich und mühsam herausstellt: Als sie in der Steppe Zentralasiens ankommen, ist die Hälfte der Reisegruppe an Kälte oder Krankheit verstorben, darunter auch zwei Schüler Xuanzangs.

Doch die Reise gen Westen geht weiter, und Xuanzang trifft nun entlang der Seidenstraße auf diverse Machthaber, die er mit den ihm anvertrauten Reichtümern beschenken kann.

Als sie Samarkand erreichen, verlaufen aufgrund des dort vorherrschenden Mazdaismus – einer alten persischen Religion, die in Konflikt mit den Lehren des Buddhismus steht – nicht alle Treffen immer harmonisch. Bewohner der Stadt greifen weitere Schüler Xuanzangs an, erst als dieser mit dem König spricht, beruhigt sich die Lage. Es heißt sogar, dass er in nur einer Nacht den König davon überzeugte, zum Buddhismus zu konvertieren.

Gegen Ende des Jahres 628 erreichen Xuanzang und seine Prozession endlich Indien. Man sollte meinen, Xuanzang wäre nun hocherfreut, doch was ihn in Gandhara, einem der ehemals wichtigsten buddhistischen Königreiche, erwartet, trübt diese Freude sehr.

Nicht zuletzt die Feldzüge Alexanders des Großen, die ihn bis weit ins indische Reich führten, hatten dafür gesorgt, dass der Buddhismus durch die kulturellen Einflüsse Griechenlands, Roms und Persiens verdrängt worden war. Ein Grund, weshalb die in Gandhara vorgefundenen Buddhastatuen große Ähnlichkeit mit hellenischen Figuren aufweisen. Den lebendigen Buddhismus, der ihn neue Erkenntnisse lehren könnte, findet Xuanzang hier nicht vor.

Allerdings gibt es zu jener Zeit neben Gandhara noch eine Vielzahl anderer Königreiche in Indien, und so reist Xuanzang mit seinen Begleitern von Königreich zu Königreich. Als sie im Jahr 631 den Ganges erreichen, wird Xuanzang für kurze Zeit von Anhängern der hinduistischen Gottheit Durga, der wohl wichtigsten Vertreterin von Shakti, der weiblichen Urkraft des Universums, festgehalten. Der Plan, ihn der Göttin zu opfern, wird durch einen starken Sturm vereitelt. Die Anhänger sehen es als ein Zeichen Durgas, die anscheinend mit dem Plan nicht ganz so einverstanden ist. Xuanzang, natürlich, ist hingegen überzeugt davon, dass ihn seine eigenen Gebete zu Buddha gerettet haben.

Die weiteren Monate verlaufen weniger turbulent, sodass Xuanzang endlich die heiligsten Orte des Buddhismus besuchen kann: Kapilavastu, den Geburtsort Siddharta Gautamas, also jenes Gelehrten, der die Ehrbezeichnung des Buddha erhalten hatte, Kushinagar, den Ort, an dem der Buddha starb, und auch Bodhgaya, jenen Ort, an dem Siddhartha die Erleuchtung erlangte.

Der große Auftritt des chinesischen Gelehrten im buddhistischen Indien steht zu diesem Zeitpunkt allerdings noch bevor, denn in Nalanda, jenem Ort, der im vergangenen Jahrhundert zum neuen großen akademischen Zentrum des Buddhismus geworden ist, ist die Ankunft Xuanzangs bereits in einem Traum vorhergesagt worden. Eine Vision, die dem damals kurz vor dem selbst gewählten Tod stehenden Mann, der sie empfing, neue Hoffnung gab. Diese Hoffnung wird erfüllt, als im Herbst des Jahres 631 Xuanzang mit Gefolge in Nalanda eintrifft.

Mit großer Ehrfurcht wird er begrüßt und sofort als Schüler des ehrwürdigen Abts aufgenommen. Etwas, das Xuanzang endlich das gibt, was er ausgezogen war zu finden: die Möglichkeit, buddhistische Texte zu studieren, die es so nirgendwo in China gibt.

Fünf Jahre bleibt Xuanzang in Nalanda und vertieft dort sein buddhistisches Wissen. Dieses Wissen hilft ihm schließlich bei mehreren großen religiösen Debatten, zu denen Tausende Vertreter des Buddhismus anreisen. Er wird als Vertreter zweier buddhistischer Schulen, der Mahayana und Hinayana, anerkannt, und sein Einfluss soll sich in weiterer Folge auch auf die Verbreitung des Buddhismus in Indien auswirken. Man würde es nicht meinen, aber der Buddhismus ist im 7. Jahrhundert in Indien bereits im Niedergang. Eine Entwicklung, die auch dem Wiederaufleben des Brahmanismus zu verdanken ist; die Kaiser der Gupta-Dynastie hingegen hatten während der zwei vorherigen Jahrhunderte den Hinduismus gestärkt. Die Kunde vom gelehrten buddhistischen Mönch aus China trifft währenddessen also auf die Machthaber Indiens. Einer der mächtigsten zu jener Zeit ist König Harsha. Der König, dessen Beiname »Siladitya« so viel bedeutet wie »Sonne der Tugend«, wird auf Xuanzang aufmerksam.

Gemeinsam mit dem König von Assam, dem Xuanzang bereits durch seine tiefe Kenntnis des Buddhismus imponiert hat, reisen unser Protagonist und seine Gefährten also zu König Harsha, der über beinahe ganz Nordindien herrscht. Es muss eine außergewöhnliche Prozession gewesen sein, mit über zwanzigtausend Elefanten und Zehntausenden Booten, wie es heißt.

König Harsha ist von Xuanzang derart beeindruckt, dass er mehrere Wochen mit ihm verbringt, und beschließt, ein Treffen abzuhalten, bei dem Xuanzang die wahren Lehren des Buddhismus gegenüber, wie er es nennt, Häretikern, vertreten soll.

Dieses Treffen, bei dem 18 indische Könige mit ihren Vasallen und insgesamt über 6000 Vertreter verschiedener Religionen anwesend sind, wird den Aufenthalt Xuanzangs in Indien krönen. Er setzt sich in den Debatten durch, und König Harsha erweist ihm die höchstmöglichen Ehrerbietungen. Er überschüttet ihn mit Geld – 10 000 Goldstücke, 30 000 Silberstücke –, schenkt ihm über hundert Kleidungsstücke aus feinster Seide und lässt ihn schließlich noch auf einem prächtig geschmückten Elefanten reiten. Als Folge dieser großen Versammlung wird Harsha in den nächsten Jahren den Buddhismus in Indien fördern wie kein anderer indischer Machthaber.

Im Jahr 641, also über vierzehn Jahre (oder zwölf, wir wissen es tatsächlich nicht sicher) nachdem Xuanzang aufgebrochen ist, um die wahren Lehren des Buddhismus kennenzulernen, tritt er nun seine Heimreise mit Ziel Chang'an an. Dabei erinnert er sich, trotz der mittlerweile vielen Jahre, die ins Land gezogen sind, an das Versprechen, das er dem König von Gaochang gegeben hatte. Er nimmt daher nicht die einfachere Route über den Seeweg, sondern macht sich daran, denselben Weg, den er gekommen ist, zu beschreiten. In Gaochang angekommen, muss er allerdings feststellen, dass der König, dem er das Versprechen gegeben hat, bereits drei Jahre zuvor verstorben ist. Das Königreich ist nun Teil des Tang-Reichs.

Xuanzang reist also weiter und erreicht im Jahr 643 schließlich Khotan, die Hauptstadt des buddhistischen Königreichs Hotan, das im Nordwesten des heutigen Chinas liegt. Hier verweilt er vorerst, denn er weiß, dass es eine ganz bestimmte Sache gibt, die er erledigen muss, bevor er tatsächlich nach Chang'an zurückkehren kann. Wir erinnern uns: Seine gesamte Reise war nach dem damals geltenden Recht illegal. Um sicherzugehen, dass er nicht sofort bei seiner Ankunft in Chang'an verhaftet wird, schreibt er einen Brief an den Tang-Kaiser Taizong. Sechs lange Monate muss er auf eine Antwort warten, doch als sie ihn schließlich erreicht, muss ihm ein Mühlstein der Erleichterung vom Herzen gefallen sein: Der Kaiser vergibt ihm und organisiert sogar seine Rückreise in die Hauptstadt.

Dort kommt Xuanzang in den frühen Monaten des Jahres 645 an, er wird mit großem Getöse empfangen. Nach über 15 Jahren und Tausenden zurückgelegten Kilometern ist Xuanzang nun mitsamt 657 buddhistischen Schriften nach Chang'an zurückgekehrt.

Doch ganz vorbei ist seine Geschichte damit noch nicht! Für den Kaiser – und das war wahrscheinlich auch der Grund, weshalb er ihm so leichtherzig vergeben hatte – sind die Erfahrungen Xuanzangs Gold wert. Er ruft den Mönch an seinen Hof und gibt ihm den Auftrag, all seine Erlebnisse aufzuschreiben. Das Werk, das daraus entsteht, erhält den Titel *Aufzeichnungen über die westlichen Gebiete aus der großen Tang-Dynastie* und war nicht nur damals bahnbrechend, sondern ist uns auch heute noch eine wichtige Quelle.

Damit aber noch nicht genug: Xuanzang richtet, mithilfe des Kaisers, eine Art Übersetzungsbüro ein. Gemeinsam mit Mönchen, die aus dem ganzen Land herbeigerufen werden, übersetzt er die wichtigsten buddhistischen Texte, was die Verbreitung des Buddhismus in China noch mal um einiges weiterbringt.

Als Xuanzang am 5. Februar 664 zum letzten Mal die Augen schließt, hinterlässt er nicht nur 47 übersetzte Sutras in über 1300 Bänden, sondern mit der Geschichte seines Lebens auch die Vorlage für *Die Reise nach Westen* (16. Jahrhundert), den wohl populärsten Pilgerroman Chinas.

Und er war wohl auch ein Vorbild für einen Reisenden des Mittelalters, dem wir gegen Ende dieses Buches noch begegnen werden.

ZUR VERTIEFUNG

René Grousset: *Die Reise nach Westen: oder wie Hsüan-tsang den Buddhismus nach China holte.* München 2007.

GESCHICHTEN AUS DER GESCHICHTE
Folge 319: Ashoka der Große.

Von der Warteschleife
in den Tod

Im Juni 1520 sitzt eine kleine portugiesische Gesandtschaft in Nanking und hofft auf ein Treffen mit dem chinesischen Kaiser. Zhengde ist der zehnte chinesische Kaiser der Ming-Dynastie und einer, der durchaus Kontakt zu ausländischen Botschaften sucht. Vom portugiesischen König Manuel I. hört er zum ersten Mal, denn bei der portugiesischen Gesandtschaft handelt es sich um die erste diplomatische Mission einer europäischen Großmacht, die nach Peking / Beijing geschickt wird, und Tomé Pires ist der erste europäische Botschafter, der den Kaiser treffen soll.

Die Geschichte der europäischen Expansion ist längst im Gange und die Handels- und Seemacht Portugal auf dem Weg, das erste Weltreich zu werden. Anfang des 16. Jahrhunderts nähert sich das portugiesische Königreich langsam dem Großreich China an, und es kommt zu ersten Kontakten. China ist zwar eine wichtige Handelsmacht, aber der Warentausch mit dem Ausland wird dort streng kontrolliert. Ohne die Genehmigung der chinesischen Behörden laufen keine Geschäfte, denn der private Außenhandel ist verboten.

Die Mission um Tomé Pires ist fast völlig in Vergessenheit geraten, weil sie als katastrophales Missverständnis in die Geschichte eingehen wird. Pires trifft zwar den Kaiser im Juni 1520, es bleibt allerdings bei einer Privataudienz in Nanking / Nanjing, wo sie sich mit Brettspielen und Essen die Zeit vertreiben. Pires wurde jedoch nicht zum

Vergnügen nach China geschickt. Er soll auf diplomatischem Wege die Erlaubnis zur Errichtung von Handelsstützpunkten einholen. Doch die erhoffte offizielle Einladung an den kaiserlichen Hof in Peking verzögert sich. Am Ende bleibt der Brettspielnachmittag im Sommer 1520 politisch folgenlos, der Ausgang der Mission hingegen stellt sich als richtungsweisend für die nächsten Jahrhunderte heraus.

Um die Geschichte zu verstehen, müssen wir allerdings erst einmal noch ein paar Jahre weiter zurück: Im Jahr 1511 nimmt die portugiesische Flotte unter Afonso de Albuquerque die Stadt Malakka ein. Malakka liegt an der Westküste des heutigen Malaysias und ist für Portugal das Sprungbrett für den Handel im Indischen Ozean – gleichzeitig ist es die Drehscheibe für den internationalen Gewürzhandel. Das gilt insbesondere für Muskat und Gewürznelken; die Muskatnuss etwa wächst im frühen 16. Jahrhundert ausschließlich auf den Banda-Inseln, die zur Inselgruppe der Molukken, auch bekannt als Gewürzinseln, gehören. Heute sind sie Teil Indonesiens. Diese Gewürze sind es, worauf die Portugiesen es abgesehen haben und was sie überhaupt nach Südostasien treibt, als sie den Seeweg nach Indien erkunden – mehr noch als Gold und Silber.

Die portugiesischen Expeditionen werden – angelockt durch die kostbaren Aromen – auch von bedeutenden Handelsfamilien, wie den Fuggern, finanziert. Sie versprechen sich große Gewinne durch den Aufbau von Handelsstützpunkten und die Umgehung des Zwischenhandels. Mit Blick auf die Geschichte der Kolonialisierung ist das eine Rechnung, die am Ende für die europäischen Großmächte aufgeht.

Zu Beginn des 16. Jahrhunderts scheint Eile geboten zu sein. Denn Manuel I. befürchtet, das Wettrennen um die Molukken gegen die spanische Kriegs- und Handelsflotte zu verlieren. Die Sorge ist letztlich unbegründet, aber auf den Weltkarten dieser Zeit sind der amerikanische Kontinent und Asien miteinander verbunden und der Pazifik –

eigentlich der größte Ozean auf der Welt – überwiegend nur sehr klein eingezeichnet. Zeitgleich mit der portugiesischen Kontaktaufnahme mit dem Kaiser von China erobert Hernán Cortés für die spanische Krone große Teile Südamerikas. Und von dort ist es vielleicht nur ein Katzensprung zu den Molukken – niemand kann es zu der Zeit mit Sicherheit sagen.

Das erste Ziel Portugals auf dem Weg zur Handelsmacht im Indischen Ozean sind jedenfalls die Gewürzinseln, nachdem der Seeweg um das Kap der Guten Hoffnung an der südlichen Spitze Afrikas durch die portugiesische Krone beherrscht wird. Das Königreich unter Manuel I. ist erkennbar auf Expansionskurs und hat einen deutlichen Vorsprung vor den anderen europäischen Seemächten. 1498 landen portugiesische Schiffe in Indien; die Einnahme von Malakka ist das bislang letzte Puzzlestück zum Weltreich, als Afonso de Albuquerque mit 18 Schiffen und 1200 Soldaten 1511 dort ankommt. Sie erobern die Stadt und errichten eine Festung. Der malaiische Sultan, der über die Region herrscht und von China gestützt wird, Sultan Mahmud Shah, flieht aus der Stadt.

Schnell entwickelt sich Malakka zum von den Portugiesen erhofften Wirtschaftszentrum für den Südostasienhandel. Die Eroberung zählt zu den folgenreichsten in der frühen Phase der portugiesischen Expansion. Die Besatzer lernen in Malakka viele chinesische Kaufleute kennen und knüpfen erste Handelskontakte. Es dauert daher nicht lange, da tauchen ab 1513 auch schon die ersten portugiesischen Schiffe an der chinesischen Küste auf. Doch hier Fuß zu fassen ist ungleich schwieriger.

Was es nun braucht, ist Kontakt zu chinesischen Behörden und die Erlaubnis des Kaiserhofs, auch an der chinesischen Küste Handelsstützpunkte zu bauen. Daher entsendet Manuel I. eine diplomatische Mission nach Peking. Es ist, wie gesagt, die erste europäische Gesandtschaft, die zu einem Treffen mit dem Kaiser nach China geschickt wird – mit Ausnahme des päpstlichen Legaten Giovanni de Marignolli, der bereits in den 1340er-Jahren einige Zeit am Kaiserhof verbringt. Das war allerdings während der mongolischen Yuan-Dynastie, die kurz danach aus Peking vertrieben wird.

Im Herbst 1515 jedenfalls wird Fernão Pires de Andrade, ein portugiesischer Diplomat, der unter Afonso de Albuquerque segelte, mit einer Flotte losgeschickt, um mehr über China zu erfahren. Er selbst behält die militärische Leitung, hat aber den Auftrag, einen Gesandten zu berufen, der offiziell mit den chinesischen Behörden Kontakt aufnehmen soll.

Fernão Pires de Andrade entscheidet sich für Tomé Pires, und das ist kein Zufall, denn Pires ist inzwischen einer der profiliertesten Südostasien-Experten der Portugiesen. Eigentlich ist er, wie bereits sein Vater, königlicher Apotheker, 1511 bricht er jedoch nach Indien auf, um dort den Gewürzkauf für die Monarchie zu überwachen. So landet er auch in Malakka, von wo aus er 1513 zu einer großen Seereise nach Java startet. Er kehrt mit 1200 Doppelzentnern Gewürznelken zurück – genug, um sich nach dem Verkauf in Lissabon zur Ruhe zu setzen, was wohl auch der Plan ist.

Pires, der sich inzwischen wieder in Indien befindet, bereitet nun nicht nur seine Rückkehr nach Portugal vor, sondern schreibt auch ein Buch, *Suma Oriental*, in dem er all sein Wissen, das er auf seinen Reisen angesammelt hat, zusammenträgt. Es ist ein außergewöhnliches Buch, das zu den ersten Werken eines Europäers zählt, in dem die Molukken beschrieben werden. Und er berichtet darin als erster Europäer davon, dass in China mit Stäbchen gegessen wird.

Aus dem Plan, nach Portugal zurückzukehren und den Ruhestand zu genießen, wird allerdings nichts, denn Pires wird wieder nach Malakka berufen, wo er als Botschafter an der portugiesischen Gesandtschaft teilnehmen soll. Im Juni 1517 geht es los. Acht Schiffe machen sich von Malakka aus auf den Weg Richtung Kanton, das heutige

Guangzhou, im Süden Chinas, wo sich der wichtigste Hafen des Landes befindet. Es ist ein Tross von insgesamt achtzig Personen, darunter befinden sich auch fünf Dolmetscher. Doch die Gruppe wird von ihrer Reise nicht mehr lebend zurückkehren, dafür sorgt am Ende auch ein Missverständnis.

Im August 1517 legt die portugiesische Delegation auf der Insel Tunmen an. Wo genau sie an Land geht, wissen wir nicht, aber es handelt sich dabei ziemlich sicher nicht um das heutige Tuen Mun. Jedenfalls richten die Seefahrer sich jetzt in einem kleinen Fischerdorf in der Nähe von Hongkong am Südchinesischen Meer ein. An diesem Ort sollen sie nun warten, bis sie die Erlaubnis erhalten, auf dem Perlfluss / Zhu Jiang weiter nach Kanton zu segeln. An diese Anweisung halten sich allerdings nicht alle Seeleute, und ein Teil der Gruppe segelt schon mal weiter, womit die Probleme in dieser Geschichte ihren Anfang nehmen.

Der Rest der Gesandtschaft auf Tunmen beginnt gleich einmal damit, eine Handelsniederlassung zu bauen und Baracken aufzustellen – natürlich alles ohne Genehmigung der chinesischen Behörden. Diese versuchen aber, die Situation nicht eskalieren zu lassen, lassen die Gruppe in Tunmen daher gewähren und weisen den ungebetenen Besuchern, die schon weiter nach Kanton gesegelt sind, außerhalb der Stadtmauern Unterkünfte zu, wo sie erst einmal in das offizielle Protokoll eingewiesen werden.

Auf Tunmen wartet der zweite Teil der Gruppe in der Zwischenzeit auf eine Nachricht aus Peking. Die Nachricht kommt schließlich auch, aber sie fällt für Pires und seine Begleiter nicht besonders zufriedenstellend aus. Die Portugiesen erhalten nämlich lediglich die Erlaubnis, ihre mitgebrachten Waren zu verkaufen, sollen sich aber danach verabschieden. Das entspricht nicht dem, was sie hören wollen. Sie sollen schließlich dem Kaiser die Erlaubnis abringen, feste Handelsstationen errichten zu dürfen.

Doch die Gesandten bleiben hartnäckig, finden einen Beamten, den sie bestechen können, und nach einem weiteren Jahr des Wartens kommt die Zusage, dass sie in die Hauptstadt Peking reisen dürfen. Endlich geht es für Pires ins Landesinnere. Einige Portugiesen bleiben derweil in Tunmen, wo sie den Handelsstützpunkt weiter aufbauen. Die übrigen starten am 23. Januar 1520 zum nächsten Zwischenstopp. Nach etwas mehr als tausend Kilometern erreichen sie Nanking. Die Stadt ist lange Zeit die Hauptstadt, liegt am Jangtse, dem längsten Fluss Chinas, und verfügt über den wahrscheinlich wichtigsten Binnenhafen des Reichs.

In Nanking sollen sie wieder warten, weil sich wohl die Gelegenheit ergibt, den Kaiser dort schon zu treffen – dafür sorgt ihr Kontakt zum Hof, der Beamte, den sie zuvor bestochen haben. Zhengde ist in den letzten Jahren durch das Land gereist und befindet sich gerade auf dem Rückweg nach Peking, vorher ist ein Halt in Nanking geplant. Das Treffen zwischen der portugiesischen Gesandtschaft und dem Oberhaupt des chinesischen Reichs ist allerdings nicht offiziell, das ist nur in Peking möglich. Aber ein informelles Kennenlernen scheint eine gute Möglichkeit, schon einmal vorzufühlen und Optionen auszuloten.

Ebenfalls in Nanking ist der Gesandte Tuan Muhammad. Er ist im Auftrag des malaiischen Sultans Mahmud Shah unterwegs, der von den Portugiesen aus Malakka vertrieben wurde. Der Bote soll den Kaiser vor der aggressiven Expansionspolitik der Europäer warnen und Beschwerde einlegen, gleichzeitig soll er um militärische Unterstützung für die eingenommene Stadt bitten, um die Portugiesen wieder aus Malakka zu vertreiben.

Die Monate vergehen, Tomé Pires und seine Begleiter verbringen viel Zeit mit Warten, doch im Mai 1520 gibt es einen ersten Lichtblick: Es kommt tatsächlich zu einem Treffen zwischen der Gesandtschaft und Zhengde – jedoch in aller Diskretion. Sie vertreiben sich die Zeit mit einem gemeinsamen Brettspiel, vielleicht Schach, aber vermutlich ist es Dame. Der Kaiser isst mit der Gesandtschaft und besucht ihre Schiffe. Dieser zwanglose Empfang ist äußerst ungewöhnlich und steht in völligem Gegensatz zum üblichen Hofzeremoniell, das nach strengen Regeln abläuft. Politisch ist noch nichts gewonnen, denn das Treffen hat offiziell nie stattgefunden.

Immerhin erlaubt Zhengde Pires und der Gesandtschaft, weiter nach Peking zu reisen, um dort ihr Anliegen formell vorzubringen. So zieht die portugiesische Delegation weiter, es sind noch etwas mehr als tausend Kilometer bis in die Hauptstadt. Im Sommer 1520 kommen Pires und seine Begleiter schließlich an. Sie hätten sich allerdings Zeit lassen können, denn sie machen da weiter, wo sie in Tunmen und Nanking aufgehört haben: mit Warten.

Die Angelegenheit zieht sich. Sie erfahren nicht, ob und wann sie zum Kaiser vorgelassen werden, und dann kommt es zu einem großen Missverständnis. Pires übergibt nämlich mehrere Briefe an die Hofbeamten. Darunter befindet sich ein offizielles Schreiben des portugiesischen Königs, Manuels I., an Kaiser Zhengde. Der Brief ist noch versiegelt und wird erst jetzt geöffnet. Ein weiterer Brief stammt vom militärischen Befehlshaber der Mission, Fernão Pires de Andrade. Dieser Brief wurde zuvor in Malakka ins Chinesische übertragen. Die Übersetzer haben den Text dabei allerdings etwas freier interpretiert und Phrasen hinzugefügt, von denen sie wissen, dass die chinesischen Beamten sie erwarten. In der Übertragung versichern die Portugiesen nämlich ihre Demut vor dem Kaiser. Sie machen aus dem König von Portugal einen ergebenen Vasallen des Kaisers von China. Und Pires ist nun für einen Moment unachtsam, er protestiert vor den Beamten: Von Unterwerfung könne ja wohl keine Rede sein. Das wiederum irritiert die chinesischen Hofbeamten. Wieso unterscheiden sich die Briefe an dem Punkt so sehr? Der Brief von Manuel I. ist diplomatisch höflich formuliert, aber er enthält kein Wort der Ergebenheit. Handelt es sich bei den Briefen vielleicht um Fälschungen? Haben sie es gar nicht mit einer offiziellen Gesandtschaft zu tun, sondern mit Spionen? Wo liegt Portugal oder »fo-lang-ki«, wie die Chinesen am Hof es nennen, eigentlich? Die Beamten halten sie jedenfalls für Hochstapler und vielleicht sogar für Spione – aber das soll der Kaiser entscheiden.

Ihr Benehmen, seit sie auf Tunmen gelandet sind, hat jedenfalls nicht geholfen, das Verfahren zu beschleunigen. Der schlechte Ruf der Gesandtschaft eilt ihr voraus, und so werden sie erst einmal abgewiesen. Sie müssen warten, bis sich Zhengde der Sache annimmt – und das kann dauern. Pires bleibt nun jedenfalls genug Zeit, sich mit dem Hofzeremoniell vertraut zu machen. Unnützes Wissen an dieser Stelle für ihn, denn zum Kaiser wird er am Ende nicht vorgelassen. Im Januar 1521 sieht es zwar danach aus, als bestünde die Möglichkeit für eine Audienz, aber einen konkreten Termin bekommt der portugiesische Botschafter weiterhin nicht zugesichert.

Was die Gesandtschaft nicht weiß: Der Grund für die lange Wartezeit ist der Gesundheitszustand des Kaisers. Auf seiner Rückreise von Nanking nach Peking über den Kaiserkanal, die längste von Menschen geschaffene Wasserstraße der Welt, soll er betrunken vom Boot gefallen sein und sich eine Infektion zugezogen haben. Ein paar Monate später, am 20. April 1521, stirbt Zhengde, vermutlich an einer Lungenentzündung. Damit ergibt sich eine völlig neue Lage. Denn jetzt endet die portugiesische Mission von einem Tag auf den anderen, ohne dass die Portugiesen offiziell mit dem Kaiser gesprochen hätten. Das betrifft nicht nur sie; alle ausländischen Gesandten werden aus Peking fortgeschickt.

Pires macht sich jetzt auf den Weg zurück nach Guangzhou, wo er die Nachricht erhält, dass der neue Kaiser, Jiajing, am 27. Mai in Peking einzieht. Jiajing ist ein Cousin des verstorbenen Kaisers, und er steht für einen radikalen Politikwechsel. Der neue Machthaber will die Spuren Zhengdes völlig auslöschen. Die neue Hofbürokratie verjagt auch die geschmierten Unterstützer der Portugiesen, weshalb diese von nun an keine Chance mehr haben, zu den inneren Kreisen vorzudringen. Pires und seine Begleiter sind jetzt bereits seit fast vier Jahren unterwegs und stehen wieder ganz am Anfang ihrer Mission.

In der Situation hilft es der Delegation, die wieder nach Guangzhou zurückkehrt, gewiss nicht, dass ihre Landsleute, die im Hafen von Tunmen weiter die Handelsniederlassung ausbauen, die Lage zuspitzen. Im Februar 1521 verhängen die Behörden nämlich ein Anlegeverbot für alle ausländischen Schiffe an der chinesischen Küste. Kurz darauf landen einige portugiesische Schiffe jedoch in Tunmen und verkaufen ihre Waren. Das lassen die Beamten noch durchgehen, aber als kurz darauf weitere Schiffe ankommen, errichten sie eine Seeblockade.

Doch es wird noch schlimmer kommen. Denn statt die angespannte Lage zu deeskalieren, durchbricht Duarte Coelho, der bereits bei der Einnahme von Malakka eine entscheidende Rolle gespielt hat, mit seinen Schiffen die Blockade. Es kommt zum Seekrieg, in dem die Portugiesen hoffnungslos unterlegen sind. Vierzig Tage lang ziehen sich die Kämpfe hin, bis die europäischen Aggressoren am 7. September 1521 beschließen, das Feld zu räumen. Ihrer Flotte gelingt knapp die Flucht ins offene Meer.

Für die Gesandtschaft um Pires hingegen bedeutet diese Auseinandersetzung in Tunmen letztlich ihr Todesurteil. Der Kaiser entscheidet nämlich, Sultan Mahmud Shah zu unterstützen und Malakka von den Portugiesen zu befreien. Pires wird in Guangzhou jetzt festgesetzt und von den chinesischen Behörden als Verhandlungsführer ausgewählt – schließlich hat er sich als portugiesischer Botschafter vorgestellt. Sie übergeben ihm im Oktober 1521 ein Schreiben für den portugiesischen König. Die Forderungen sind eindeutig: Sie sollen unverzüglich die Stadt Malakka an den Sultan übergeben und das illegal errichtete Fort in Tunmen abreißen. Pires allerdings lehnt ab und antwortet, dass er überhaupt kein Mandat für solche Verhandlungen habe.

Das Fass zum Überlaufen bringt letztendlich eine weitere, kleine portugiesische Flotte unter Martim Afonso de Melo Coutinho, die im August 1522 Tunmen erreicht. Sie wagen einen Angriff, merken aber schnell, dass sie überhaupt keine Chance haben, und ziehen sich nach zwei Wochen wieder zurück. Die Gesandtschaft in Guangzhou um Pires landet jetzt im Kerker. Die Expedition von Martim Afonso de Melo Coutinho hat das Schicksal der Gesandten endgültig besiegelt. Ihnen wird der Prozess gemacht. Der Brief von Manuel I. wird verbrannt, die Gruppe verliert ihren diplomatischen Status, und sie werden wegen Spionage angeklagt. Im Dezember 1522 werden sie schuldig gesprochen: Sie werden als Piraten, als »Diebe des Meeres«, zum Tode verurteilt. Ein Vorwurf gegenüber den portugiesischen Seefahrern, der schon länger kursierte, schließlich betrieben sie mehrfach ohne Erlaubnis Handel und versuchten, das Handelsverbot zu umgehen. Das Urteil wird am 23. September 1523 vollstreckt.

Und so findet der erste europäische Botschafter am chinesischen Hof schließlich den Tod – ohne je offiziell eine Audienz erhalten zu haben. Auch wenn sich bis heute Gerüchte halten, dass Pires der Hinrichtung entgangen sei: Der Seefahrer Fernão Mendes Pinto berichtet nämlich in seinen Memoiren *Peregrinação* (deutsch: *Pilgerreise*), dass Pires in den Norden Chinas verbannt wurde, dort eine Familie gründete und erst im Alter von 70 Jahren verstarb. Pinto will das erfahren haben, als er fünf Tage in einem Haus verbrachte, wo er die angebliche Witwe von Pires traf, die ihm von seinem Schicksal erzählt hat.

Ob Pires die Haft tatsächlich überlebt hat, lässt sich nicht mit Sicherheit sagen. Die politischen Konsequenzen der Angelegenheit hingegen kennen wir: Johann III., seit 1521 König von Portugal und Nachfolger von Manuel I., sieht über die Affäre hinweg und verzichtet auf

Vergeltungsmaßnahmen – auch weil der chinesische Kaiser seine Drohungen nicht umsetzt und keine Anstalten macht, Malakka militärisch zu befreien. Damit endet die Mission als katastrophaler Fehlschlag. Für Portugal beginnt die Geschichte als erste diplomatische Kontaktaufnahme mit China, für China endet sie als Auseinandersetzung mit Piraten. Und damit misslingt es Portugal erst einmal, in China Fuß zu fassen.

Im Gegensatz zu seinen Nachbarstaaten wird China während der europäischen Expansion nie kolonisiert, wenngleich die Portugiesen sich doch ab 1554 illegal in Macau ansiedeln, um das Handelsverbot zu umgehen. Das Gebiet blieb übrigens Kolonie bis 1999, seither ist Macau eine Sonderverwaltungszone Chinas. Es markiert das endgültige Ende des portugiesischen Kolonialreichs. Malakka hingegen bleibt nur noch bis 1641 unter portugiesischer Herrschaft – dann übernimmt die Niederländische Ostindien-Kompanie.

Die eigentlichen Pläne der Gesandtschaft unter Pires, den Handel in China zu übernehmen, werden erst ab 1840 im Zuge der Opiumkriege für die Europäer Wirklichkeit: Nach einem blutigen Konflikt mit über 200 000 Toten erzwingen die Briten einen freien Handel mit dem Vereinigten Königreich und die Öffnung der chinesischen Häfen. China muss sich im Ersten (1839–1842) und Zweiten (1856–1860) Opiumkrieg den Bedingungen der europäischen Großmächte beugen und 1842/43 Hongkong an die Briten abtreten – anders als dreihundert Jahre zuvor, als China die portugiesischen Diplomaten und ihren Expansionsdrang in die Schranken wies und sie aus Tunmen vor der Küste Hongkongs wieder vertrieb.

ZUR VERTIEFUNG

Serge Gruzinski: *Drache und Federschlange: Europas Griff nach Amerika und China 1519/20*. Frankfurt a. M. 2014.

GESCHICHTEN AUS DER GESCHICHTE
Folge 322: Portugal und der Seeweg nach Indien.

Über Vogelkot und Brot aus der Luft

Wenn wir über die Entwicklung unserer Ernährungsgewohnheiten nachdenken, werden die meisten wohl nicht als Erstes an Vogelkot denken. Dabei sollten wir das tun, denn das Bevölkerungswachstum beinahe aller westlichen Nationen des 19. Jahrhunderts ist ihm zu verdanken. Erst zu Beginn des 20. Jahrhunderts wird ein findiger Wissenschaftler dafür sorgen, dass die stetig wachsende Weltbevölkerung auch ohne den Abbau von Vogelkot ernährt werden kann. Ein Wissenschaftler, der trotz dieses wichtigen Beitrags auch eine dunkle Seite hatte, die ihn schon damals zum wahrscheinlich umstrittensten Forscher der Welt machte.

Unsere Geschichte über den Stoff, der die Welt verändern sollte, beginnt mit zwei unterschiedlichen Disziplinen, die aber doch eng miteinander verwoben sind: der Chemie und der Biologie. Oder einfacher ausgedrückt: Pflanzen benötigen für ihr Wachstum eine Menge unterschiedlicher Nährstoffe, einer der wichtigsten unter ihnen ist Stickstoff. Und ebendieser Stickstoff bildet das Rückgrat nicht nur dieser Geschichte, sondern vor allem der Landwirtschaft, und zwar von Anbeginn an.

Jetzt ist es so: Mit der immer weiter um sich greifenden Industrialisierung im 17. und 18. Jahrhundert – vor allem in Ländern wie Großbritannien, Frankreich oder Deutschland – steigt auch der Bedarf an ertragreicheren Ernten. Warum? Weil es durch den übergreifenden

Fortschritt immer mehr Menschen gibt. Menschen, die vom Land in die Städte ziehen, um dort zu arbeiten, und die nun fehlen, wenn es darum geht, die Felder zu bestellen.

Der bis dahin übliche Ertrag, eingefahren durch jahrhundertealte Agrartechniken, reicht also nicht mehr aus. Hinzu kommt, dass die Erde der Felder, die über Jahre oder Jahrzehnte bestellt werden, auch immer weniger Stickstoff enthält. Es wird also mehr Stickstoff benötigt, vor allem in Form von Dünger, als in Äckern vorhanden ist.

Die Antwort auf dieses Problem findet sich tatsächlich im Kot. Klingt anfangs komisch, ist es aber eigentlich gar nicht, denn Kot wird schon seit Jahrhunderten in der Landwirtschaft verwendet. Neben weiteren Möglichkeiten, den Pflanzen mehr Stickstoff zuzuführen – zum Beispiel durch Symbiose mit stickstofffixierenden Hülsenfrüchtlern –, war die Verwendung organischer Abfälle als Düngemittel Standard in der vorindustriellen Landwirtschaft. Dabei wurde nicht nur auf Kot zurückgegriffen, sondern durchaus auch auf andere organische Abfälle. Eine aktuelle Studie zur Schlacht bei Waterloo 1815 hat zum Beispiel ergeben, dass höchstwahrscheinlich ein großer Teil der Überreste der 20 000 verstorbenen Soldaten in den kommenden Jahren und Jahrzehnten unter anderem als Dünger benutzt wurde.

Die Idee, Felder mit organischen Stoffen wie Kot zu düngen, war zu jener Zeit nichts Neues. Nur gibt es bessere und schlechtere Kote – und Anfang des 19. Jahrhunderts werden die großen Industriestaaten der Welt auf den wohl besten aufmerksam.

Es beginnt mit dem Naturforscher Alexander von Humboldt. Als dieser im Jahr 1802 in Peru weilt, fallen ihm am Hafen der Stadt Callao die Lastkähne auf, die mit einer gelblich braunen Substanz befüllt sind. Auf die Frage nach dem Namen dieser Substanz wird ihm mitgeteilt, dass sie in der lokalen Sprache, Quechua, »wanu« genannt wird – wir kennen sie heute vor allem als Guano. Es ist nicht das erste

Mal, dass von Humboldt dieses geheimnisvolle Mittel sieht. Bereits bei seinem Besuch der Hauptstadt Lima hatte er beobachtet, wie dieses »wanu« auf den Feldern nördlich der Stadt verteilt wurde. Und schon dort war ihm der stechende Ammoniakgeruch aufgefallen.

Ein Dünger also, aber was für einer? Von Humboldt wird erklärt, dass es auf den Chincha-Inseln, etwa 20 Kilometer von der Küste entfernt, abgebaut wird. Die abgebaute Substanz enthält hohe Konzentrationen an Stickstoff, Phosphor und Kalium – alles Elemente, die für das Wachstum von Pflanzen unerlässlich sind. Weitere in Guano enthaltene Nährstoffe und Mikroorganismen sind auch förderlich für die Bodenfruchtbarkeit. Und das trockene Klima Perus sorgt dafür, dass der Kot rasch erhärtet, sodass der Stickstoff auch nicht entweichen kann. Die Chincha-Inseln waren seit Jahrtausenden beliebte Nistplätze diverser Vogelarten, und der Kot, den sie dort hinterließen, hatte sich über die Zeit zu kleinen Hügeln verfestigt.

Für die indigene Bevölkerung war Guano daher schon seit Jahrhunderten ein beliebter Dünger, vor allem in jenen Gebieten, die ohne dieses Hilfsmittel einfach nicht genügend Ertrag geliefert hätten.

Für von Humboldt ist dieser Fund allerdings eine Sensation. Als er im Jahr 1804 wieder nach Europa zurückkehrt, hat er Guanoproben im Gepäck und lässt diese von einem befreundeten Chemiker, Louis-Nicolas Vauquelin, analysieren. Das Resultat dieser Analyse wird bald darauf vor den wissenschaftlichen Gremien des napoleonischen Frankreichs präsentiert. Vauquelin zeigt, dass Guano zu einem Viertel aus Harnsäure besteht – eine außerordentlich hohe Konzentration dieser stickstoffreichen Verbindung für solch eine alte organische Substanz.

Damit ist Guano also auch offiziell durch die westliche Wissenschaft entdeckt worden, was den Beginn dessen markiert, das gern als das »Guanozeitalter« bezeichnet wird: eine Phase, in der zwar die westlichen Mächte nun ihre immer größer werdenden Bevölkerungen ernähren können, die gleichzeitig aber auch massive Ausbeutung bedingt.

Anfangs sieht die Sache noch recht gut aus, vor allem für Peru. Nachdem das Land in den 1820er-Jahren seine Unabhängigkeit von Spanien erkämpft hat, öffnen sich seine Häfen nun auch für andere europäische Mächte.

In der Zwischenzeit hat auch der deutsche Chemiker Justus von Liebig hochoffiziell und wissenschaftlich belegt die Effektivität Guanos als Düngemittel bewiesen.

Angespornt von diesen Ergebnissen gelangen nach 1840 die ersten kommerziellen Lieferungen nach Europa, ein Gemeinschaftsprojekt eines peruanischen und eines britischen Händlers.

Dabei zeichnen sich schon jene Muster ab, die den Handel mit Guano in den nächsten Jahrzehnten bestimmen werden. Peru, das für seinen Unabhängigkeitskrieg jede Menge Geld gebraucht hat, hat auch jede Menge Schulden gemacht – vor allem bei britischen Gläubigern. Nicht in der Lage, diese rechtzeitig wieder zurückzuzahlen, stimmt das südamerikanische Land im Jahr 1849 zu, die ausstehenden Schulden durch den Verkauf von Guano nach Europa zu begleichen. Für Peru ein vermeintlich guter Tauschhandel, sitzt es mit seinen Inseln voller Guano doch auf einem, wie es scheint, nicht enden wollenden Schatz.

Die nächsten Jahrzehnte werden allerdings zeigen, dass dieser Schatz eben sehr wohl endlich ist, vor allem, weil es natürlich nicht bei jenen Ladungen nach Europa bleibt.

Beinahe über Nacht entsteht eine eigene Industrie aus dem Handel mit Guano, mit einer Infrastruktur, die aus Tausenden Schiffen besteht, sowie etlichen Importunternehmen, die ihre Chance auf schnellen Profit sehen.

Vor allem britische, aber auch US-amerikanische Unternehmen werden in den folgenden Jahrzehnten nicht nur die guanoreichen

Chincha-Inseln vor Peru, sondern auch etliche weitere Inseln im Pazifikraum beinahe wortwörtlich leer fegen.

Die Knochenarbeit des Abbaus leisten allerdings peruanische und polynesische, vor allem aber auch chinesische Arbeiterinnen und Arbeiter. Dabei hat ein Großteil von ihnen Verträge, die sie mehr oder weniger zu Sklavinnen und Sklaven der Guanoindustrie machen. Viele kommen beim kräftezehrenden Abbau letztendlich sogar um. Dieser Umstand löst tödliche Unruhen aus, unter anderem im Inselstaat Nauru, zu Zeiten des Guanorauschs von Australien verwaltet.

In Europa und den USA findet Guano reißenden Absatz und sorgt für die erhofften ertragreichen Ernten. Der Preis für den wertvollen Dünger steigt aber immer weiter an. Nicht selten wird das Mittel gestreckt, denn neben dem Preis steigt auch die Nachfrage.

Im Jahr 1856 wird von den USA sogar der »Guano Islands Act« verabschiedet: ein Gesetz – heute übrigens noch immer in Kraft –, nach dem jede unbewohnte Insel, auf der Guano gefunden wird, die nicht Teil eines anderen Staatsgebiets ist und die von einem US-Bürger entdeckt wurde, automatisch Teil des US-Staatsgebiets wird. Mit dieser imperialistischen Maßnahme sind die USA allerdings nicht allein. Großbritannien beispielsweise annektiert in jener Zeit das Atoll Kiritimati und die Malden Islands im Zentralpazifik, aber eigentlich sind fast alle größeren und kleineren Kolonialmächte dabei! Frankreich, Japan, Mexiko, Deutschland und Australien: Alle versuchen, sich wertvolle Guanoinseln unter den Nagel zu reißen.

Neben den üblichen Exportprodukten wie Rum, Zucker oder Baumwolle ist Guano jetzt ein wichtiger Bestandteil der Weltwirtschaft. Dieser Guanoimperialismus, in den neben den bereits genannten Nationen vor allem auch Peru, Bolivien und Chile involviert sind, wird schließlich sogar im sogenannten Guano-Krieg oder auch Spanisch-Südamerikanischen Krieg münden, der zwischen 1864 und 1866 geführt wird.

Aber wir wissen ja aus Erfahrung: Jeder Boom geht mal zu Ende. Im Fall des Guanobooms ist es recht einfach, zu erkennen, weshalb: Obwohl Guano ja eigentlich ein erneuerbares Gut ist – schließlich nisten die Vögel weiterhin und hinterlassen entsprechend auch weiterhin Kot an den Küsten –, reicht das für die Weltwirtschaft nicht aus. Innerhalb weniger Jahrzehnte werden die Kotberge auf den Pazifikinseln abgetragen, der Preis wird in schwindelerregende Höhen getrieben.

Als die Guanobestände zur Neige gehen, stehen also immer mehr Bauern der großen Industrienationen wieder vor derselben Frage: Wie kann der Ertrag erhöht werden, um all die hungrigen Menschen zu ernähren?

Eine Frage, die auch einen deutschen Chemiker zu Beginn des 20. Jahrhunderts beschäftigt: Fritz Haber. Seit dem Jahr 1898 ist er außerordentlicher Professor für Technische Chemie an der Technischen Hochschule Karlsruhe (heute KIT – Karlsruher Institut für Technologie).

In ebendiesem Jahr schlägt der britische Wissenschaftler William Crookes Alarm. Er ist der Präsident der British Association for the Advancement of Science und ist selbst ein echter Freigeist, der aufgrund seines Privatvermögens auch von keiner Institution abhängig ist.

Es ist wahrscheinlich diese Freiheit, die es ihm erlaubt, beim jährlichen Treffen seiner Association eine beinahe apokalyptische Prognose zu verkünden: England und eigentlich auch alle anderen größeren Länder der Welt seien der größten Gefahr ausgesetzt, bald nichts mehr zu essen zu haben.

Gleichzeitig macht er aber Hoffnung, denn in seinen Augen sei es die Aufgabe oder vielleicht sogar die Mission der Chemie, eine Lösung zu finden:

*»Es ist durch das Laboratorium,
dass Hungersnot letztendlich in Überfluss
verwandelt werden kann!«*

Er wird sogar noch spezifischer, denn seine Antwort auf Äcker, die nicht mehr genug Ertrag erzielen, lautet: Stickstoff! Und er ist mit dieser Einschätzung nicht allein; schon seit den 1840er-Jahren vertrat der deutsche Chemiker Justus von Liebig, der auch die Wirksamkeit von Guano als Dünger bewies, diese Meinung.

Und wie Crookes weiter ausführt, ist bereits bekannt, dass Stickstoff in Hülle und Fülle zur Verfügung steht, nur eben nicht in einer Form, in der er auch in den Boden kommt. Denn Stickstoff liegt in der Luft in Form von Stickstoffgas, also N_2, vor. Eine Verbindung, die den meisten Pflanzen nicht hilft. Nur wenn diese Verbindung aufgebrochen werden kann, ist es möglich, den in der Luft enthaltenen Stickstoff auch tatsächlich zu verwerten.

Doch Crookes ist davon überzeugt, dass die Chemie mittlerweile über das Rüstzeug verfügt, auch dieses Problem zu lösen. Seine Rede und die daraus gezogenen Schlüsse verbreiten sich wie ein Lauffeuer, denn das alles entspricht dem Zeitgeist: Der Jahrhundertwechsel naht, und der Technikglaube, der das 20. Jahrhundert antreiben wird, ist bereits jetzt stark ausgeprägt.

Schon bald scheinen die Anstrengungen diverser Chemiker Früchte zu tragen. Wilhelm Ostwald, einem der führenden Chemiker der Zeit, gelingt im Jahr 1900 ein vermeintlicher Durchbruch. Er meldet ein Patent an, das ein Verfahren zur »einfachen« Herstellung von Ammoniak aus Stickstoffgas unter Anwendung einer Elektrolyse-Technik beschreibt.

Tatsächlich wäre das eine riesige Sensation gewesen, denn Ammoniak hätte nun, neben anderen Anwendungsbereichen, auch für Kunstdünger verwendet werden können.

Allerdings wird sich bald herausstellen, dass das alles doch zu schön ist, um wahr zu sein. Ein junger Ingenieur und Chemiker, angestellt bei der deutschen BASF, der Badischen Anilin- & Soda-Fabrik, einem der weltweit ersten großen Chemieunternehmen, gegründet im Jahr 1865, wird beweisen, dass das Ammoniak in Wirklichkeit Bestandteil des Katalysatorstoffes war und Ostwald mitnichten Ammoniak aus Stickstoffgas erzeugt hatte.

Ostwald wird sein Patent zurückziehen und weiter grundlegend und auch durchaus erfolgreich an anderen katalytischen Prozessen forschen, während der BASF-Chemiker am Anfang seiner Arbeiten zur Herstellung von Ammoniak steht. Der Name des jungen Talents ist Carl Bosch, und er wird nicht nur in dieser Geschichte noch eine wichtige Rolle spielen.

Vorher widmen wir uns aber dem bereits kurz erwähnten Fritz Haber, der sich im Jahr 1904 nun intensiver mit diesem Thema auseinandersetzt. Anstoß dazu gibt die Einladung der Wiener Brüder Robert und Otto Margulies. Die beiden studierten Chemiker und Söhne des Chemiefabrikanten Benedikt Margulies sind in jenem Jahr gerade dabei, ihre eigene Chemiefabrik, die Österreichischen Chemischen Werke, kurz ÖCW, zu gründen.

Weitsichtig sehen sie in der Fixierung des Stickstoffs aus der Luft die große Chance: die Chance nicht nur für ihr Unternehmen, sondern auch für den Fortgang der Menschheit. Und so heuern sie also Fritz Haber an, der den Vorschlag, Luftstickstoff katalytisch mit Wasserstoff umzusetzen, realisieren soll.

Allerdings muss Haber ihnen bald mitteilen, dass ihm dieses Vorhaben als hoffnungslos erscheint; die Zusammenarbeit mit den Margulies-Brüdern wird im Jahr 1906 beendet.

Warum genau Haber die Zusammenarbeit aufgibt, wissen wir nicht, denn seine Versuche verlaufen nicht ganz so im Nichts, wie er es den beiden Unternehmern wohl vermittelt hat. Während die Brüder sich von der Idee einer Ammoniaksynthese verabschieden, widmet sich Haber dieser weiterhin.

Er tut das nun auch mit weit mehr Mitteln, denn mittlerweile hat er – auf Betreiben seines Mentors Carl Engler an der Universität Karlsruhe – einen neuen Partner: die BASF.

Mit großindustrieller Unterstützung gelingt es Fritz Haber schließlich doch, das scheinbar Unmögliche möglich zu machen. Sein Verfahren basiert auf einer Reaktion zwischen Stickstoffgas und Wasserstoffgas bei hohen Temperaturen und Drücken. Im ersten Schritt wird Wasserstoff aus Methan oder anderen Brennstoffen hergestellt. Dann wird er gemeinsam mit Stickstoffgas in einen Reaktor gegeben, der hohe Temperaturen und Drücke aufrechterhält. Unter diesen Bedingungen findet eine Reaktion statt, bei der Ammoniak gebildet wird.

Grundsätzlich unterscheidet sich dieses Verfahren nicht sonderlich von seinen früheren Versuchen, doch er sieht erst jetzt die technischen Möglichkeiten als gegeben, dieses Verfahren auch industriell umzusetzen. Habers Versuchsanlage war eine kleine experimentelle Einrichtung, die dazu gedacht war, die Machbarkeit der Ammoniaksynthese aus Stickstoff- und Wasserstoffgasen zu testen. Sie beinhaltete die Verwendung eines Katalysators, hohen Druck und hohe Temperaturen, um die Bildung von Ammoniak zu erleichtern. Diese Anlage konnte nur eine geringe Menge Ammoniak produzieren, da sie hauptsächlich für Forschungszwecke und zum Nachweis des Konzepts gedacht war. Im Gegensatz dazu war die Fabrikausrüstung für die großtechnische Ammoniakproduktion darauf ausgelegt, die Herstellung im industriellen Maßstab zu erlauben: technisch fortgeschrittenere Maschinen, größere Reaktionskammern und effizientere Katalysatoren, um das erhöhte Volumen an Gasen sowie die höheren Drücke und Temperaturen, die für den Prozess benötigt wurden, zu bewältigen. Die Fabrikausrüstung sollte damit in der Lage sein, Tausende Tonnen Ammoniak pro Tag zu produzieren, im Gegensatz zu den kleinen Mengen, die von Habers Versuchsanlage produziert wurden. Ein Prozess, bei dem nun wieder Carl Bosch ins Spiel kommt.

Selbst bereits bei BASF tätig, arbeitet er ab 1909 gemeinsam mit Haber daran, das Verfahren zur industriellen Produktion von Ammoniak zu optimieren. Bosch verbessert die Technologie und entwickelt einen Prozess, der sicher, effizient und kosteneffektiv ist.

Als die industrielle Produktion im Jahr 1913 anläuft, ist das der wichtigste landwirtschaftliche Meilenstein des 20. Jahrhunderts. Das gewonnene Ammoniak kann jetzt zur künstlichen Düngung verwendet werden, um die rasant steigende Weltbevölkerung des 20. Jahrhunderts zu ernähren. »Brot aus der Luft« titeln die Zeitungen, die Wissenschaftler werden als die Sieger über den Hunger auf der Welt ausgerufen.

Doch mit diesem Triumph endet diese Geschichte nicht. Leider.

Denn der im Jahr 1914 beginnende Erste Weltkrieg wird sowohl das Haber-Bosch-Verfahren als auch Haber und Bosch selbst in ein ganz anderes Licht rücken.

Zunächst gibt Carl Bosch zu Beginn des Krieges das »Salpeterversprechen«. Das gewonnene Ammoniak eignet sich nämlich nicht nur für die Herstellung von Kunstdünger, sondern vor allem auch für die Herstellung von Sprengstoff. Der vor dem Krieg verwendete natürliche Salpeter aus Chile kann wegen Seeblockaden Großbritanniens nicht mehr importiert werden, und Boschs Versprechen sorgt nun dafür, dass Deutschland auch während des Ersten Weltkriegs nicht die Munition ausgeht.

Das ist aber noch nicht alles. Fritz Haber, der mit seinem Verfahren zur Gewinnung von Ammoniak Schätzungen zufolge die Ernährung der halben Weltbevölkerung während des 20. Jahrhunderts ermöglicht hat, wendet sein Wissen und seinen Forschergeist nun der Auslöschung von Menschenleben zu.

Es tritt das ein, was Habers ehemaliger Freund Albert Einstein im Jahr 1917 so beschreiben wird:

> »*Technischer Fortschritt ist wie eine Axt in den Händen eines pathologischen Kriminellen.*«

Denn Haber widmet sich nicht nur der Entwicklung von Giftgas, unter anderem Chlor und Phosgen, als glühender Patriot ist er sogar an der Front, als mittels eines von ihm entwickelten Verfahrens in Ypern der erste deutsche Gasangriff des Ersten Weltkriegs stattfindet.

Wie eine Biografin Habers schreibt, kann der Chemiker ohne Weiteres als der Begründer des modernen Gaskriegs betrachtet werden. Außerdem leistete er Vorarbeit zur Entwicklung des – ebenfalls von BASF produzierten – Zyklon-B, des von den Nazis im Zweiten Weltkrieg in den Gaskammern der Konzentrationslager eingesetzten Giftgases.

Als Fritz Haber im Jahr 1919 der Chemienobelpreis für das Haber-Bosch-Verfahren verliehen wird – nachträglich für das Jahr 1918 –, löst die Entscheidung scharfe Proteste der Alliierten aus, wird aber nicht zurückgenommen.

Heute gilt Fritz Haber als jener Mann, der zwar Milliarden Menschen das Leben überhaupt erst ermöglichte, gleichzeitig aber auch Millionen von Menschen das Leben kostete.

ZUR VERTIEFUNG

Daniel Charles: *Master Mind: The Rise and Fall of Fritz Haber, the Nobel Laureate Who Launched the Age of Chemical Warfare*. New York 2014.

GESCHICHTEN AUS DER GESCHICHTE
Folge 157: Salpeter – Aufstieg und Fall
einer chemischen Verbindung.

Auf Bratkur und Pinguindiät mit Amundsen

Im März 1898 ist ein Expeditionsschiff, die »Belgica«, auf dem Weg Richtung Südpol. Inzwischen haben sie den 71. Breitengrad passiert, und die Mannschaft um den Belgier Adrien de Gerlache befindet sich damit so südlich wie nur wenige Forschungsreisende zuvor. Allerdings hat wohl niemand vor ihnen so lange Zeit dort verbracht – denn plötzlich stecken sie fest. Wobei »plötzlich« eigentlich falsch ist, die missliche Lage zeichnete sich zuvor schon ab. Das Packeis um die »Belgica« wurde in den vergangenen Wochen immer dichter, bis sie schließlich Anfang März 1898 gänzlich umschlossen sind und nicht weiterfahren können.

Das war so natürlich nicht geplant. Es sollten zwar einige Männer in der Antarktis überwintern, aber das Schiff mit der internationalen Besatzung sollte den Winter in Australien verbringen. Denn welches Unglück ihnen durch das Packeis drohen konnte, war ihnen bewusst. Zahlreiche Expeditionen vor ihnen endeten in einer Katastrophe, nachdem die Schiffe vom Eis eingeschlossen und manchmal auch zerquetscht worden waren.

Ob die »Belgica« auf dem Weg in die Antarktis dem immensen Druck des Packeises würde standhalten können? Niemand wusste es. Zumal das Schiff – ein ehemaliges Robbenfängerschiff mit drei Masten und einer Länge von über dreißig Metern – zwar für die Expedition umgebaut worden war, aber genügte das, um eismeertüchtig zu

sein? Der Rumpf des Schiffes war mit Holz ummantelt worden und die Schiffsschraube ließ sich einklappen, damit sie nicht zu Schaden kam, falls sie im Eis eingeschlossen wurden. Niemand ahnte zu dem Zeitpunkt, dass sie mehrere Tausend Kilometer, ohne die Möglichkeit zu steuern, würden zurücklegen müssen. Sie konnten nur hoffen, dass der antarktische Frühling in ein paar Monaten die Fahrrinne wieder freigeben würde. Andernfalls drohte ihnen das Schicksal der USS Jeanette, die 1879 im arktischen Ozean festfror und vom Eis so stark gequetscht wurde, dass das Schiff 1881 sank.

Die Eisdrift der USS Jeanette inspirierte allerdings einen der berühmtesten Polarforscher zu einem waghalsigen Experiment. Fridtjof Nansen ließ sich mit seiner Mannschaft absichtlich auf der »Fram« im Polarmeer einfrieren, um sich mit der Meeresströmung über den Nordpol treiben zu lassen. Drei Jahre war das Schiff fest in der Hand des Packeises, ehe sie 1896 bei Spitzbergen wieder auf offenes Wasser stießen. Nansen und Fredrik Hjalmar Johansen waren da allerdings nicht mehr an Bord, weil sie sich zu Fuß auf den Weg zum Nordpol gemacht hatten. Den erreichten sie zwar nicht, aber beide überlebten äußerst beschwerliche Monate in einem Winterlager.

Doch zurück zur »Belgica«, deren Weg in den Süden Anfang März 1898 durch das Packeis gestoppt wurde. An Bord des Schiffes können die Männer jetzt nur noch warten, sich auf eine monatelange Nacht vorbereiten und darauf hoffen, im nächsten Frühjahr weiterfahren zu können. Mit der Polarnacht stand ihnen eine lange Phase der Dunkelheit bevor, und jeden Tag wuchs die Unsicherheit, ob sie dieses Abenteuer überleben werden. Sie waren schließlich die Ersten, die den Winter in der Antarktis verbrachten. Und das führte zu ungeahnten Problemen.

Aber von Anfang an – wie kommt die Mannschaft um de Gerlache überhaupt in diese vertrackte Situation? Die »Belgica«-Expedition leitet den Beginn des Goldenen Zeitalters der Forschung in der Antarktis ein. Ein Kontinent übrigens, der auch Ende des 19. Jahrhunderts noch ziemlich unbekannt war und in den nächsten Jahrzehnten viele Abenteurer das Leben kosten sollte, aber auch einigen Forschern einen festen Platz in den Geschichtsbüchern sicherte. Einer davon ist der wohl bekannteste und erfolgreichste Entdeckungsreisende beider Polarregionen: der norwegische Polarforscher Roald Amundsen. Als Zweiter Offizier ist er ebenfalls an Bord der »Belgica« und Teilnehmer dieser Forschungsreise. Eine Reise, die zu seiner ersten großen Bewährungsprobe werden soll. Doch die ganze Unternehmung fußt auf der Initiative eines Mannes, der auch die Leitung der Expedition innehaben wird: Adrien de Gerlache de Gomery. Der Belgier, ausgebildet in der Marine, träumt von einem großen Polarmeer-Abenteuer. Die Antarktis hat es ihm angetan, seitdem er von einem geplanten Expeditionsprojekt nach Grahamland, einem Teil der Antarktischen Halbinsel im Westen Antarktikas, erfahren hatte. Aus dieser Reise wurde jedoch nichts, und es dauerte im Übrigen bis 1936, ehe erstmals Menschen Grahamland betraten.

Für seine Antarktispläne fehlt es de Gerlache allerdings erst mal an einer Mannschaft, einem Schiff und überhaupt an Geld, um eine solche Expedition zu finanzieren – keine besonders guten Voraussetzungen also. Und so dauert es tatsächlich einige Jahre, bis er die notwendigen Mittel stellen kann. Deklariert wird das Unternehmen als Forschungsreise, eine Expedition zur Erkundung des Südpolarmeers. De Gerlache will die bislang unbekannten Küsten der Antarktis kartieren und den magnetischen Südpol finden, denn die Antarktis war bis dahin weitestgehend unerforscht. Es gab überhaupt nur drei Expeditionen, die vor der »Belgica« den 70. Breitengrad überquerten. Der Polarforscher James Clark Ross hielt seit 1841 den Südrekord mit 78 Grad.

Mehr als drei Jahre braucht de Gerlache schließlich für die Vorbereitung, und es kommt ihm zugute, dass auf dem Internationalen Geographischen Kongress 1895 in London der Entschluss gefasst wird, alles dafür zu tun, mehr über den bislang unbekannten Kontinent im Süden zu erfahren. Jetzt stellt auch König Leopold II. Geldmittel zur Verfügung, der eigentlich mehr auf belgische Kolonien in Afrika setzte, wo er später im Kongo zur Kautschukgewinnung ein grausames Regime etablieren wird, dem durch Sklaverei und Zwangsarbeit Millionen Menschen zum Opfer fallen. Einen weiteren Teil des Geldes bekommt de Gerlache durch eine landesweite Spendenkampagne zusammen.

Die »Belgica«-Expedition ist ein nationalistisches Projekt, das Belgien einen festen Platz in der künftigen Verteilung des südlichsten der Kontinente sichern soll. Ein Ausrufezeichen für das noch junge Land, das sich erst 1830 von den Niederlanden unabhängig machen konnte. Der entsprechende Name für das Schiff ist daher auch schnell gefunden. Aber lassen sich in Belgien überhaupt genug erfahrene Seeleute für so ein Abenteuer finden? Vermutlich kaum, zumindest ist de Gerlache froh um einige Bewerbungen, die ihn aus Norwegen erreichen. Darunter befindet sich ein gewisser Amundsen, der sich um einen Posten als Matrose bemüht. Neben erfahrenen Seeleuten fehlt de Gerlache außerdem noch ein Schiffsarzt, doch Zeit für eine weitere Ausschreibung bleibt nicht. Daher entscheidet er sich für den Mann, der vor ein paar Monaten ein Telegramm aus New York sendete und seine eigene Ausrüstung samt Schlittenhunden mitbringen will – und der auch noch Expeditionserfahrung im Nordpolarmeer vorweisen kann! Er hatte schon einen Winter in der Arktis überlebt und dabei Erfahrungen gesammelt, die dem »Belgica«-Trupp noch das Leben retten sollten. Frederick Cook, der US-amerikanische Seefahrer, Polarforscher und Arzt will in Südamerika zusteigen. Seine eigenen Antarktis-Pläne einer amerikanischen Expedition sind zuvor gescheitert, also versuchte er sein Glück, als er in der Zeitung von der bevorstehenden belgischen Unternehmung las.

Am 16. August 1897 geht es endlich los: Das Schiff verlässt den Hafen von Antwerpen über den Atlantik Richtung Südamerika, mit an Bord befinden sich 23 Männer, davon 13 aus Belgien, und zwei Katzen. Doch die Reise in den Süden ist eine einzige Unglücksserie. Die »Belgica« wird mehrfach durch Stürme beschädigt, sie läuft auf Grund, und einige Zeit sieht es sogar so aus, als würde sie es nicht einmal schaffen, die Spitze Südamerikas zu umschiffen. Und nicht nur mit dem Schiff an sich gibt es Probleme: Teile der ohnehin recht unerfahrenen Mannschaft verlassen die Gruppe, ehe es überhaupt richtig losgeht. In Chile, wo sie in Punta Arenas an der Magellanstraße haltmachen, kommt es zum Streit innerhalb der Besatzung. Die Lösung? Vier Männer werden zurückgelassen, darunter auch der Koch, was sich später noch negativ auf die Stimmung an Bord auswirken soll. Und ein Matrose stirbt sogar, als er bei einem Unwetter über Bord geht.

Weitere Streitigkeiten und Reparaturarbeiten verzögern die Fahrt Richtung Antarktis, inzwischen liegt die Expedition Monate hinter dem Zeitplan. Dennoch nehmen sich die Männer Zeit für zahlreiche Ausflüge in Gegenden, die vor ihnen noch kein Mensch betreten hat. Sie wollen schließlich ihrem Ruf als Forschungsreisende gerecht werden. Dabei entdecken sie das größte dauerhaft in der Antarktis lebende Landtier, das auch nach der Expedition benannt wurde: Belgica antarctica. Wer hinter diesem Namen Pinguine vermutet, liegt falsch; es handelt sich tatsächlich um Mücken – wer hätte gedacht, dass sie sogar die Antarktis bewohnen!

Im März 1898 ist es dann endlich so weit: Die »Belgica« überschreitet den 71. Breitengrad, und de Gerlache ist entschlossen, weiter in den Süden zu fahren als je ein Mensch zuvor. Er nimmt dafür in Kauf, dass sie vom Packeis eingeschlossen werden – ohne das jedoch mit der Mannschaft abgesprochen zu haben, die davon ausgeht, dass sie demnächst wieder Richtung Norden fahren werden. Denn die Männer sind mehrheitlich dagegen, die Polarnacht im Packeis zu verbringen – doch der Kapitän will den Südrekord. Der ursprüngliche Zeitplan war ohnehin nicht mehr einzuhalten, nachdem sie bereits im Dezember die Antarktis erreicht haben wollten, um bis zur Polarnacht die Küsten kartografieren zu können. Die Geräuschkulisse muss gespenstisch gewesen sein, während das Eis um sie herum immer dichter wurde. Es knarrt und knirscht an allen Ecken.

Noch gibt es ein paar eisfreie Rinnen, also lässt de Gerlache die »Belgica« weiter Richtung Süden fahren. Selbst wenn sie die Polarnacht gut überstehen – niemand kann wissen, ob sie das Packeis im antarktischen Sommer dann auch wieder freigibt. Wenige Jahre zuvor plante der Polarforscher Nansen beim Versuch, über den Nordpol zu treiben, auf der »Fram«-Expedition eine fünfjährige Drift mit dem Polareis ein. Es wurden schließlich drei Jahre. Für so einen langen Zeitraum würden aber die Vorräte auf der »Belgica« nicht ausreichen.

Am 5. März 1898 notiert de Gerlache im Logbuch: »Die Segel sind aufgerollt. Das Schiff rührt sich nicht vom Fleck.« Es ist so weit, sie stecken fest. Viel Zeit für Vorwürfe an den Leiter der Expedition bleibt den Männern an Bord allerdings nicht, denn die »Belgica« muss schnellstens winterfest gemacht werden. Im Mai wird die Sonne untergehen und für drei Monate nicht mehr über den Horizont kommen. Erst dann ist es möglich, an eine Rückreise zu denken – falls die »Belgica« in der Zwischenzeit nicht zerquetscht wird, womit sie jederzeit rechnen müssen. Das Packeis ist nämlich kein einheitlicher Block, sondern besteht aus vielen Eisschollen, die aneinanderschlagen, zerbrechen oder sich auftürmen. Von allen Seiten schlagen die Eismassen gegen das Schiff. Es dröhnt aus allen Richtungen, die Holzbalken stöhnen unaufhörlich und sorgen für eine unheimliche Stimmung an Bord.

Trotz allem bleibt die Mannschaft nicht untätig. Wenn sie schon eingeschlossen sind, wollen sie wenigstens ihre Forschungen weiterführen. Dafür bauen sie sich zwei Wellblechhütten auf das Eis, die sie als Observatorien nutzen. Aber das kann nicht darüber hinwegtäuschen, dass sie schleichend die Kälte und Langeweile befällt. Heftige Stürme sorgen dafür, dass die Männer tagelang das Schiff nicht verlassen können.

Es dauert nicht lange, bis sich die andauernde Dunkelheit bemerkbar macht. »Polaranämie« nennt Cook, der sich als Schiffsarzt um die Besatzung kümmert, die Krankheit, an der nun die Expedition zu scheitern droht. Er ist der Einzige, der bereits einen Polarwinter an Bord eines Schiffes erlebt hat. Ein »Irrenhaus« nennt es Henryk Arctowski, der als Ozeanograf an Bord der »Belgica« ist, zahlreiche Messungen durchführt und dabei feststellt, dass die Antarktis ein eigenständiger Kontinent sein müsse.

Die nächsten Monate werden nun zu einem unfreiwilligen sozialen und medizinischen Experiment: Welche Auswirkungen haben monatelange Dunkelheit und einseitige Ernährung auf eine Gruppe, die eng an eng zusammenlebt und die nicht absehen kann, wann sie jemals wieder ihre Heimat erreichen wird? Und wer hätte gedacht, dass am Ende Pinguinfleisch die Eingeschlossenen retten sollte!

Schon bald fordert die Expedition ihr zweites Todesopfer. Diesmal ist es kein Unfall, sondern eine Folge der »Polaranämie«, wie Cooks Diagnose lautet. Émile Danco, der als Geophysiker an Bord ist, bekommt Atem- und Herzprobleme und stirbt Anfang Juni 1898. Damit sind noch 17 Männer an Bord, und die Wirkung der Polarnacht macht auch vor den anderen Expeditionsteilnehmern nicht halt. Sie werden antriebslos, sind niedergeschlagen, klagen über Schmerzen in der Brust und fühlen sich geschwächt. Alle Matrosen seien von Herz-Kreislauf-Beschwerden befallen, schildert Cook die prekäre Situation. Und nun trifft es auch noch den Ersten Offizier der »Belgica« und stellvertretenden Leiter der Expedition Georges Lecointe. Täglich geht es ihm schlechter, sein Puls wird schwächer, das Atmen fällt ihm schwer, dazu kommen noch Schwellungen an den Augenlidern und Knöcheln. Er selbst hält seine Lage für aussichtslos, aber Cook entwickelt in diesen Wochen eine Therapie gegen die »Polaranämie«. »Zu ihrer Bekämpfung habe ich mir nun ein Verfahren zurechtgelegt, welches die Matrosen die ›Bratkur‹ nennen«, beschreibt Cook sein Vorgehen später.

Er erklärt in seinem Reisebericht, der 1903 erscheint, die Therapie folgendermaßen: »Sobald der Puls unregelmäßig wird und auf 100 in der Minute steigt, Schwellungen an Augen und Knöcheln auftreten, wird der Patient täglich eine Stunde in entkleidetem Zustand der direkten Bestrahlung durch ein offenes Feuer ausgesetzt.« Seine Patienten, die Expeditionsteilnehmer, müssen sich also nackt vor den Schiffsofen setzen und in das Feuer schauen. Zudem erkennt er, dass es wichtig ist, die Betroffenen bei Laune zu halten und sie aufzumuntern.

Der Belgier Lecointe wird so zu Cooks erster Versuchsperson, an der er die ungewöhnlichen Behandlungsmethoden gegen die »Polaranämie« durchführt. Er war ein dankbarer Patient, nachdem Cook ihm zugesichert hatte, dass er nach einer Woche das Bett verlassen könne, wenn er sich strikt an seine Vorgaben halte. Daran geglaubt hat Cook zwar selbst nicht, aber tatsächlich: Lecointe erholt sich und übernimmt nach kurzer Zeit wieder seine Aufgaben an Bord.

Entscheidenden Einfluss auf seine Genesung hat die »Bratkur« aber wohl weniger. Zwar gibt es Lichttherapien, aber ob die Helligkeit eines Ofens für einen Effekt ausreicht, müsste wohl in einer Studie noch bewiesen werden. Einen Placeboeffekt wird die Maßnahme in jedem Fall gehabt haben. Medizinisch bedeutender ist allerdings der von Cook vorgeschriebene Ernährungsplan. Denn der Schiffsarzt verordnet seinen Patienten, nur mehr frisches Pinguin- oder Robbenfleisch zu essen. Das Fleisch solle so roh wie möglich verzehrt werden.

Denn woran die Männer an Bord eigentlich leiden, ist Skorbut. Seit Monaten haben sie keine Nahrungsmittel mehr zu sich genommen, die Vitamin C enthalten, obwohl de Gerlache sogar an Limettensaft gedacht hatte. Der hat zwar weniger Vitamin C als Zitronen, aber setzte sich im 19. Jahrhundert zur Prophylaxe gegen Skorbut durch. Auch wenn man damals noch nicht wusste, warum Zitrusfrüchte gegen die Krankheit helfen – dass Zitrusfrüchte helfen, war längst bekannt. Der Limettensaft an Bord mag zwar noch sauer geschmeckt haben, Vitamin C enthielt er aufgrund falscher Lagerung aber nicht mehr.

Damit erklären sich auch die Symptome der Expeditionsteilnehmer: Erschöpfung, Müdigkeit, Herzschwäche und Depressionen. Sie hatten wohl Glück, dass sie nicht im Nordpolarmeer unterwegs waren, denn dann hätte ihnen Cook vielleicht rohes Eisbärenfleisch verordnet. Und das hätte ihnen zu ihrem ohnehin geschwächten Zustand noch Magenprobleme bereitet, weil Eisbärenfleisch häufig von Fadenwürmern (Trichinen) befallen ist.

Wie hilft aber jetzt der Verzehr von möglichst rohem Pinguinfleisch? Wie die meisten Wirbeltiere bilden Pinguine ihre eigene Ascorbinsäure. Erhitzen zerstört jedoch die Vitaminverbindung, weshalb ein roher Genuss zur Aufnahme von deutlich mehr Vitamin C führt. Allerdings zählt das sicher nicht zu den kulinarischen Höhepunkten der Expedition. Der verstorbene Danco soll Cooks Ernährungsplan sogar mit den Worten »Lieber sterben« zurückgewiesen haben. Mit der Zeit gewöhnen sich die meisten Besatzungsmitglieder dennoch an die fleischlastige Ernährung, außer ihrem Leiter. De Gerlache verbringt die meiste Zeit geschwächt und von quälenden Kopfschmerzen geplagt in seiner Kabine.

Vielleicht lässt sich die anfängliche Abneigung der Männer gegenüber dem neuen Ernährungsplan auch mit dem Expeditionskoch erklären, der in Südamerika als Ersatz einspringen musste. Zwar gibt er sich Mühe, aber Lecointe sprach aus, was alle dachten: »Er bereitete fast jedes Gericht auf dieselbe Weise zu.« So oder so bleibt das Pinguinfleisch speziell, auch wenn sie sich an den Geschmack gewöhnen, denn aus dem Fleisch ist der beißende Geruch von Guano, also Vogelkot, nicht wegzubekommen. Doch Cooks Bemühungen zeigen schnell Erfolge: Alle verbliebenen Besatzungsmitglieder überleben die Expedition, den Skorbut bekommen sie mit dem Pinguinfleisch unter Kontrolle.

Während sich an Bord des Schiffs menschliche Dramen abspielen, steht die »Belgica« aber nicht still. Die Seefahrer können das Schiff zwar nicht mehr steuern und sitzen im Packeis fest, doch getrieben durch Strömungen driftet das Eis zusammen mit der »Belgica« und ihrer Besatzung mehrere Tausend Kilometer.

Nach drei Monaten nähert sich endlich das Ende der vollständigen Dunkelheit während der Polarnacht. Siebzig Tage lang hat es die Sonne nicht über den Horizont geschafft.

Alle Überlebenden an Bord hoffen, möglichst schnell weiterfahren zu können, doch es passiert nichts. Die Helligkeit kommt zurück, aber die »Belgica« bleibt fest im Griff der Eismassen. Die Zeit vergeht, Monat um Monat. Würden sie ein weiteres Jahr im Eis überleben? Vermutlich nicht. Nahrung können sie rationieren, aber gesundheitlich bleiben einige Männer angeschlagen. Daran ändern auch Bratkur und Pinguinfleisch nichts.

Langsam werden sie ungeduldig. Doch dann, Anfang Oktober, zu Beginn des antarktischen Sommers, sieht es endlich gut aus. Die Temperaturen steigen, das Packeis bricht an einigen Stellen auf, und es bilden sich erste kleine Fahrrinnen. Es kann losgehen. Die Mannschaft bereitet sich auf die Weiterfahrt vor – und wird bitter enttäuscht. Es wird bald schon wieder deutlich kälter, und die Fahrrinnen überfrieren. Auch wenn untertags die Sonne die Oberfläche zum Tauen bringt, friert das Wasser in der Nacht wieder zu.

Gegen Jahresende, als der Expeditionstrupp bereits das zweite Weihnachtsfest gefangen in der Kälte feiert, ist ihnen klar: Das Eis wird sie nicht freiwillig vor der nächsten Polarnacht freigeben. Und viele Besatzungsmitglieder sind davon überzeugt, dass sie einen weiteren Winter auf der »Belgica« nicht überleben würden.

Verzweifelt versuchen die Seemänner, das Schiff vom Eis zu befreien. Sie hacken, schaufeln und sägen, de Gerlache hatte sogar an Sprengstoff gedacht. Eine halbe Tonne Tonit befindet sich an Bord. Sie füllen ein leeres Ölfass mit dem explosiven Gemenge, versenken es im Wasser und unter dem Eis und erwarten, die Eisscholle damit aufzubrechen. Aber nichts. Nur ein kleines Loch können sie ins Eis sprengen, das nach ein paar Stunden schon wieder zugefroren ist.

Mit letzter Kraft schaffen sie es, bis Ende Januar einen Kanal zur nächsten Fahrrinne freizulegen. Doch das nächste Unglück lässt nicht lange auf sich warten. Das Eis schlägt schnell zurück, der Kanal ist wieder komplett zugefroren, bevor sie losfahren können. Und noch schlimmer: Das Schiff droht jetzt zwischen zwei Eisplatten zerdrückt zu werden. Der Entschluss ist gefasst: Die Crew packt schon mal ihre Sachen und bereitet sich auf einen langen Marsch übers Eis vor, den sie vermutlich nicht überleben wird.

Verzweiflung und Zuversicht der Mannschaft sind im ständigen Wechsel, ein frustrierendes Hin und Her. Sämtliche Hoffnung ist mal wieder verflogen, als sich, wie aus heiterem Himmel, Mitte Februar plötzlich ein Riss im Eis auftut. Die Platten beginnen zur Seite zu driften, und auf einmal sehen die Männer eine Fahrrinne vor sich. Sofort setzen sie die Segel, befreien den Rumpf des Schiffs vom Eis und schlängeln sich von Fahrrinne zu Fahrrinne. Sie eilen, denn die Gefahr bleibt bestehen, ein weiteres Mal eingeschlossen zu werden. Während die Besatzung die »Belgica« zwischen den Packeisschollen hindurchmanövriert, muss das Schiff seine letzte Bewährungsprobe bestehen. Denn das Eis schlägt mit solch einer Wucht gegen das Schiff, dass jederzeit damit zu rechnen ist, leckzuschlagen. Ständig knallt es bedrohlich gegen die Bordwand. Am 14. März, endlich, durchbricht die »Belgica« Richtung Norden endgültig die Meereis-Linie und die Crew ist erst einmal gerettet. Für einen neuen Südrekord hat es nicht gereicht, aber immerhin sind sie die Ersten, die einen Winter in der Antarktis überlebt haben. Nach über einem Jahr im Packeis ist die Mission zu Ende. Die Mannschaft segelt zurück Richtung Europa. Und so erreicht die »Belgica« am 5. November 1899 wieder den Hafen von Antwerpen. Nicht so der Expeditionsleiter de Gerlache: Er hat im Streit mit Amundsen in Südamerika aus Protest das Schiff verlassen.

Die »Belgica«-Expedition schreibt schon allein deshalb Geschichte, weil sie für die Ausbildung des Mannes sorgt, der bald zum Superstar der Polarexpeditionen werden sollte: Roald Amundsen. Sein Freund Frederick Cook sollte auch für Schlagzeilen sorgen, aber trotz seiner medizinischen Leistungen an Bord der »Belgica« ging er doch vor allem als Nordpol-Hochstapler in die Geschichte ein. Er behauptete nämlich, als Erster den 90. Grad nördlicher Breite erreicht zu haben, was bereits damals stark bezweifelt wurde. Und nachdem ihm nachgewiesen worden war, dass er den Denali, mit 6190 Metern der höchste Berg Nordamerikas, anders als behauptet, gar nicht bestiegen hatte, und er wegen Aktienbetrugs zu fünf Jahren Haft verurteilt worden war, war seine Reputation am Ende seines Lebens gänzlich dahin.

Nach seiner Rückkehr gibt de Gerlache übrigens den Bau eines Schiffs in Auftrag, das inzwischen eines der bekanntesten überhaupt ist. Mit der »Polaris« plant er, Polarkreuzfahrten anzubieten, muss das Unternehmen jedoch aufgeben und verkauft das Schiff an Ernest Shackleton, der es in »Endurance« umbenennt. Das Schicksal der »Endurance« blieb der »Belgica«-Expedition erspart. Denn nach fast

300 Tagen im antarktischen Eis wurde das Schiff zerdrückt und sank 1915. Die Besatzung unter Shackleton überlebte nach einer abenteuerlichen Rettungsaktion. Mehr als hundert Jahre später wurde im März 2022 das erstaunlich gut erhaltene Wrack der »Endurance« entdeckt. Aber das ist eine andere Geschichte.

ZUR VERTIEFUNG

Julian Sancton: *Irrenhaus am Ende der Welt. Die Reise der Belgica in die dunkle antarktische Nacht. Die Belgica-Expedition von 1897–1899.* München 2021.

GESCHICHTEN AUS DER GESCHICHTE
Folge 152: Ernest Shackleton und die Endurance-Expedition.

Ada Blackjack – Einsame Heldin der Arktis

»Ich denke, dass jeder mit gutem Sehvermögen und einem Gewehr auf unbestimmte Zeit überall in den Polarregionen leben kann.«

Es ist um das Jahr 1920, als der kanadische Entdecker Vilhjálmur Stefánsson diese Worte äußert. Er ist überzeugt davon, dass es möglich sei, jede Polarregion zu bewohnen – egal ob arktisch oder antarktisch. Nicht nur das, er ist sogar der Meinung, dass das relativ ungefährlich und ohne größere Schwierigkeiten zu bewerkstelligen sei.

»Mit einem gesunden Körper und einem fröhlichen Gemüt«, erklärte er gern, »kann eine Familie heute am Nordpol so bequem leben wie auf Hawaii.«

Dass seine Behauptung nur wenige Monate später auf katastrophale Art und Weise widerlegt werden wird, zeigt unsere nächste Geschichte. Eine Geschichte, die allerdings nicht Stefánsson selbst, sondern eine junge Iñupiatfrau als Protagonistin und Heldin wider Willen hervorbringen wird.

Wir beginnen diese Etappe im Kanada der frühen 1920er-Jahre. Stefánsson – eigentlich Nachkomme isländischer Auswanderer – ist ein beliebter Gast als Lehrer im sogenannten Chautauqua Circuit. Im

Zuge dieser Bewegung werden, im Stil einer fahrenden Volkshochschule, kleinere Orte in Nordamerika bereist, um Erwachsenenbildung zu betreiben.

Der charismatische Stefánsson berichtet in diesem Lernzirkel von seinen diversen Expeditionen. Dass seine letzte Expedition, die Kanadisch-Arktische Expedition von 1913 bis 1916, in einem Desaster endete, scheint das Publikum und potenzielle Nachahmer nicht zu stören. Im Gegenteil: Als Stefánsson im Jahr 1921 damit beginnt, eine neue Forschungsreise vorzubereiten, finden sich mit den Amerikanern Frederick Maurer, Errol Lorne Knight, Milton Galle und dem Kanadier Allan Crawford vier junge Männer, die in der Arktis ihr Glück versuchen wollen.

Zwischen 19 und 28 Jahren alt und, was Arktisexpeditionen angeht, völlig unerfahren, wollen diese vier Männer nun die von Stefánsson erdachte Expedition durchführen. Was sie anfangs nicht wissen: Stefánsson selbst plant gar nicht, die Forschungsgruppe anzuführen. Stattdessen agiert er einzig als Organisator mit dem folgenden Plan: Die nach dem deutschbaltischen Offizier Ferdinand von Wrangel benannte Insel im Arktismeer vor Sibirien soll mit dieser Expedition unter die Hoheit Großbritanniens gestellt werden. Stefánsson vertritt die Meinung, dass eine Insel, die länger als fünf Jahre unbewohnt ist, allein durch das Besetzen unter die Herrschaft eines beliebigen anderen Landes fallen kann.

Allerdings sind wenige andere von dieser Idee überzeugt: Die kanadische Regierung, die Stefánssons katastrophale letzte Forschungsfahrt nicht vergessen hat, weigert sich, das Vorhaben zu unterstützen. Also soll, zumindest wenn es nach Stefánsson geht, stattdessen eben Großbritannien der neue »Eigentümer« der Insel werden. Allerdings zeigt die britische Regierung ebenso wenig Interesse daran, sich an dem etwas waghalsigen Unterfangen zu beteiligen. Ohne staatliche Rückendeckung versucht Stefánsson nun, die Reise von einer eigens dafür gegründeten Expeditionsgesellschaft durchführen zu lassen.

Und so kommt es, dass sich im September 1921 die vier Männer – Maurer, Knight, Galle und Crawford – in der Stadt Nome im Osten Alaskas versammeln, dem idealen Ausgangspunkt, um die Wrangelinsel zu erreichen.

Nome ist auch jener Ort, an dem wir nun auf unsere eigentliche Protagonistin Ada Blackjack treffen. Geboren am 10. Mai 1898 als Ada Delutuk, in einer Siedlung nahe der Stadt Solomon in Alaska, hat Ada jetzt, mit Anfang zwanzig, bereits ein tragisches Leben hinter sich. Der Vater starb, als sie acht Jahre alt war, an einer Lebensmittelvergiftung, woraufhin Adas Mutter sie und ihre Schwester in ein christlich geführtes Internat schickte. Das hat unter anderem zwei Folgen: Einerseits wird Ada dadurch nicht die traditionellen Fähigkeiten der Iñupiat, eines indigenen Volks in Alaska, wie Fischfang, Fallenstellen, Jagen oder das grundsätzliche Überleben in freier Natur erlernen.

Andererseits lernt sie dafür die üblichen Dinge, die Mädchen in Einrichtungen weißer Missionare beigebracht werden: Sie lernt zu lesen und zu schreiben, Englisch anstatt der eigenen indigenen Sprache zu sprechen, zu beten, zu kochen und zu nähen. Letzteres wird schließlich auch der Grund sein, weshalb sie einige Jahre später Teil der Expedition zur Wrangelinsel wird.

Bevor das jedoch passiert, heiratet Ada mit sechzehn Jahren. Sie bekommt mit ihrem Mann Jack Blackjack drei Kinder, von denen jedoch nur eines überlebt. Die Ehe ist nicht glücklich, Jack stellt sich bald als ein brutaler Charakter heraus. Nach sechs gemeinsamen Jahren verlässt Jack Ada über Nacht und lässt sie allein mit ihrem an Tuberkulose erkrankten Sohn zurück.

Ada sieht darin ihre Chance: Wie viele Ehen zwischen Mitgliedern der Iñupiat war auch die zwischen Ada und Jack eine ohne Trauschein. Grundsätzlich waren solche Verbindungen also loser und einfacher aufzulösen als herkömmliche Ehen. Und genau das tut Ada nun und trennt sich von Jack. Ihren Sohn Bennett gibt sie in die Obhut eines Waisenhauses, um in der Zwischenzeit Arbeit zu finden, die es ihr erlaubt, genug Geld für die Behandlung des Sohns zu finden.

Und wie der Zufall nun will, handelt es sich bei der Stadt, in der sich das Waisenhaus befindet, eben um Nome. Ein Ort übrigens, der, um es milde auszudrücken, keine Traumdestination ist. Im Jahr 1899 von Minenarbeitern gegründet, sind die Straßen schlammig, Bäume rar und Verbrechen allgegenwärtig. Doch Ada findet Arbeit, als Putzfrau und als Näherin, und eines Tages bekommt sie vom Polizeichef der Stadt den Tipp, dass eine Expedition auf der Suche nach einer Näherin sei. Mit einem Monatslohn von 50 US-Dollar ein lukratives Angebot und ein Betrag, der für Ada bedeuten würde, dass sie nach der zweijährigen Forschungsreise in der Lage sein würde, ihren Sohn wieder aus dem Waisenhaus zu holen und ihm die wegen seiner Tuberkulose notwendige Behandlung zukommen zu lassen.

Ada zögert zwar – ihre Todesangst vor Eisbären war wohl ein Grund –, doch sie lässt sich überzeugen. Nicht zuletzt, weil ihr gesagt wird, dass weitere Inuitfamilien die Forschungsgruppe begleiten würden, um in den kommenden Wintermonaten das Jagen der Bären und anderer Tiere zu übernehmen.

Ihre Aufgabe sollte einzig und allein das Fertigen von Kleidungsstücken aus den Fellen und Häuten erlegter Tiere sein.

Es kommt dann, wie so häufig, aber doch alles anders.

Als Maurer, Knight, Galle, Crawford, Blackjack und Expeditionskatze Vic am 9. September 1921 mit der »Silver Wave« vom Hafen Nomes ablegen, ist der Plan, im sibirischen Kap Deschnjow die weiteren Inuitfamilien abzuholen und ein sogenanntes Umiak zu erwerben: ein leichtes Boot, das zum Beispiel für den Fang von Robben gedacht ist. Beides wird allerdings nicht passieren.

Die für die Unternehmung engagierten Familien lassen vergeblich auf sich warten – es ist nicht klar, weshalb, aber wahrscheinlich war die Vorstellung, zwei Jahre lang mit vier unerfahrenen Männern, einer Näherin und einer Katze in der Arktis zu verbringen, doch nicht attraktiv genug. Der Preis für das Umiak, das sie für das Jagen von Walrössern nahe der Küste erwerben wollen und das ihnen vor Ort für 120 Dollar angeboten wird, ist der Truppe zu hoch. Knight, der etwas Jagderfahrung hat, hält es für unnötig. Sie legen also unverrichteter Dinge in Richtung Wrangelinsel ab.

Ausgerüstet sind sie zwar besser als viele andere Europäer, die in den Jahrzehnten zuvor in die Arktis aufgebrochen sind. Nahrungsmittel allerdings haben sie nur für sechs Monate dabei. Sie gehen davon aus, auf der tierreichen Insel genug Nahrung zu finden. Und auch diese Annahme wird sich in den nächsten Monaten noch als falsch herausstellen.

Am 15. September 1921 landet die Gruppe schließlich in Rodgers Harbour, am Südteil der Wrangelinsel. Sie verbringen noch eine Nacht an Bord der »Silver Wave«, und am nächsten Tag begibt sich der gesamte Trupp an Land, wo die Männer nun das tun, was Stefánsson von Anfang an geplant hat: Sie hissen die britische Flagge und verlesen stellvertretend für König Georg V. eine Proklamation, dass die Insel nun unter britischer Hoheit stehe.

Den ersten Teil ihrer Mission vollbracht, beginnen sie das Camp aufzubauen, während die »Silver Wave«, wie geplant, wieder zurück nach Nome fährt.

Dass bis auf Ada und die Expeditionskatze Vic keiner von ihnen wieder in die Zivilisation zurückkehren wird, ahnt zu jenem Zeitpunkt noch niemand.

Das erste Jahr verläuft mehr oder weniger nach Plan: Sie errichten ein Camp mit mehreren Hütten, und die Männer verbringen viel Zeit damit, die Insel zu erkunden. Die Tierwelt auf der Wrangelinsel ist üppig und die Männer kehren regelmäßig mit erlegten Bären ins Camp zurück. Während der Wintermonate leben sie dann von ihren mitgebrachten Vorräten, und Ada näht sich und den Männern warme Kleidung aus den Fellen und Häuten der erlegten Tiere. So weit also alles wie erwartet!

Doch die Probleme beginnen mit dem einbrechenden Winter im Jahr 1922. Eigentlich hätte die »Teddy Bear«, ein gechartertes Versorgungsschiff, noch im Herbst eintreffen sollen, um ihre Vorräte wieder aufzustocken. Was sie nicht wissen: Aufgrund des Eises, das schneller als erwartet den Zugang zur Insel unmöglich gemacht hat, musste das Schiff wieder umkehren.

Mit Beginn des Jahres 1923 wird ihnen klar, dass sie auf sich allein gestellt sind. Die Nahrungsvorräte sind so gut wie aufgebraucht, und der 28-jährige Lorne Knight ist schwer erkrankt. Was hat ihn erwischt? Skorbut, eine Vitamin-C-Mangelerscheinung, hervorgerufen durch die inadäquate Nahrungsmittelsituation. Weitverbreitet, wie wir zum Beispiel auch in der vorherigen Geschichte zur »Belgica«-Expedition gesehen haben.

Versuche, Robben zu fangen, deren Fleisch ein geeigneter Vitamin-C-Lieferant ist, schlagen fehl. Das Umiak, das sie eigentlich zu diesem Zweck vor ihrem Aufbruch besorgen wollten, hätte ihnen nun gute Dienste geleistet.

Was sollen sie jetzt tun? Sie wissen, dass es kein Schiff schaffen wird, vor dem Frühling zu ihnen durchzudringen. Sie wissen auch, dass sie mit ihren derzeitigen Mitteln und der jahreszeitbedingten geringen Ausbeute ihrer Jagdausflüge bald nicht mehr in der Lage sein werden zu überleben.

Und so wird der Entschluss gefasst, dass drei der Männer – Milton Galle, Allan Crawford und Frederick Maurer – zu Fuß über Eis Hilfe holen sollen. Frederick Maurer, das älteste Mitglied der Expedition, schreibt in einem Brief: »Der Hauptgrund für unsere Abreise ist die

Lebensmittelknappheit. Es gibt nicht genug Nahrung für alle, es gibt nur zehn 20-Pfund-Beutel Robbenöl, die bis zum nächsten Sommer reichen.«

Also machen sie sich auf den Weg, 100 Meilen über das Eis nach Sibirien zu wandern, um dort Nahrungsmittel zu organisieren und Hilfe für Knight zu finden. Es wird das letzte Mal sein, dass irgendjemand die drei Männer zu Gesicht bekommt.

Blackjack hingegen ist nun allein mit Knight, dessen Krankheit immer weiter voranschreitet. In den folgenden Monaten wird sie von der Näherin, als die sie ursprünglich angeheuert wurde, zur Fallenstellerin, Jägerin und Pflegerin ihres kranken Kollegen.

Immer wieder traut sie sich aus dem Lager, um Fallen zu stellen, damit sie wenigstens kleine Tiere wie Füchse verspeisen können. Bei der Zubereitung für Knight achtet sie darauf, das Fleisch nicht ganz durchzugaren, damit noch genügend Vitamin C enthalten ist, um den Fortschritt seiner Skorbuterkrankung etwas hinauszuzögern.

In jener Zeit beginnt Blackjack Tagebuch zu schreiben. Sie hatte gesehen, dass die Männer im Laufe des vergangenen Jahres ihre Gedanken regelmäßig zu Papier brachten, und jetzt, allein mit Knight, sieht auch sie die Vorteile darin, ihre Erfahrungen für die Nachwelt festzuhalten. Zu jenem Zeitpunkt weiß sie es noch nicht, aber ihr Tagebuch und jenes von Knight werden schließlich dafür sorgen, dass wir heute einen recht guten Überblick über die Geschehnisse auf der Wrangelinsel haben.

Knights Gemütszustand währenddessen wechselt immer wieder zwischen Dankbarkeit und Wut hin und her. An manchen Tagen isst er begierig die von Blackjack gefangenen und zubereiteten Tiere, an anderen macht er sie für seine Misere verantwortlich. Dabei tut die in der Wildnis eigentlich unerfahrene Blackjack alles, um sie beide weiterhin am Leben zu erhalten. Zum Beispiel hatte sie bis zu jenen Monaten ja noch nie ein Gewehr abgefeuert. Um auch andere Tiere außer kleinen Füchsen töten zu können, bringt sie sich die Bedienung von Knights Gewehr selbst bei, während dieser zitternd und matt in ihrer gemeinsamen Behausung liegt. Ihre ausgeprägte Angst vor Eisbären hat sie zu diesem Zeitpunkt noch nicht abgelegt. In ihrem Tagebuch schreibt sie:

This aernoon I hear some funny noise so I look out thought the door and saw Polar bear and one cub. I was very afraid so I took a shot over them see if they would go so they went away and they were looking back and I shot five times and they run away. I thank God that is true living God.

Allerdings werden Knight auch diese Anstrengungen nichts mehr nützen. Seine Erkrankung ist derart fortgeschritten, dass ihm schon bald die Zähne ausfallen, alte Wunden wieder aufbrechen und sich sein Körper im wahrsten Sinne des Wortes Stück für Stück auflöst.

Er stirbt schließlich in der Nacht des 22. Juni 1923. Für den Fall, dass auch sie die Wrangelinsel nicht mehr lebend verlässt, notiert Blackjack den Zeitpunkt des Todes sowohl in Knights Tagebuch als auch auf der Schreibmaschine von Milton Galle.

Blackjack ist zu schwach, Knight zu begraben, daher wickelt sie seinen leblosen Körper in Decken und zieht ihn ins Vorratszelt, um dem Geruch des Leichnams zu entgehen. Sie wird die nächsten zwei Monate – abgesehen von der Gesellschaft durch die Expeditionskatze Vic – völlig allein auf der Insel verbringen. Aus Brettern und Treibholz baut sie einen kleinen Aussichtsturm, um weiter in die Ferne blicken und eventuell rettende Schiffe entdecken zu können, ohne ihr Lager verlassen zu müssen. Um bei allfälligen Besuchen von Eisbären nicht überrascht zu werden, baut sie sich ein Gestell über ihrem Liegeplatz, auf dem sie das Gewehr immer griffbereit hat.

Schließlich, am 20. August des Jahres 1923, erspäht Blackjack am

Horizont ein Schiff – es ist die »Donaldson«, die es im Sommer zur Wrangelinsel schafft. Als die Crew, angeführt von Harold Noice, dem Mann, der für die Rettungsaktion verantwortlich ist, an Land tritt, ist sie überrascht, wie gut Blackjack sich trotz aller Widrigkeiten eingerichtet hat.

Knapp zwei Jahre nach Aufbruch ins Polarmeer ist Ada Blackjack also gerettet, auch die Expeditionskatze Vic kehrt wohlbehalten nach Nome zurück.

Wieder mit ihrem Sohn Bennett vereint, verwendet Blackjack jetzt den Lohn für die Expedition, um ihm die entsprechende Behandlung für seine Tuberkulose zu ermöglichen.

Gleichzeitig feiert die Presse sie als Heldin – obwohl Harold Noice später versuchen wird, sie als mitschuldig an der Misere auf der Wrangelinsel hinzustellen. Etwas, das von Vilhjálmur Stefánsson zwar schnell unterbunden wird, allerdings wird er schließlich selbst ein Buch über die fehlgelaufene Expedition schreiben. Als Basis dafür verwendet er Knights und Blackjacks Tagebücher, und Ada Blackjack wird von den Buchverkäufen keinen Cent sehen. Eine Tragik, die dadurch verstärkt wird, dass Blackjack, die später noch einen weiteren Sohn auf die Welt bringen wird, den Rest ihres Lebens weiterhin in Armut verbringt.

Als sie im Jahr 1983 in einem Altersheim in Alaska verstirbt, ist ihr Sohn Bennett bereits seit einer Dekade tot: Sein Gesundheitszustand hatte sich nie grundlegend gebessert.

Von ihrem zweiten Sohn Billy, der nach ihrem Tod mit Reportern gesprochen hat, kommt jenes Zitat, das das Wirken dieser außergewöhnlichen Frau wohl am besten zusammenfasst:

»*Ich betrachte meine Mutter Ada Blackjack als eine der liebevollsten Mütter der Welt und als eine der größten Heldinnen in der Geschichte der Erforschung der Arktis. Sie überlebte allen Widrigkeiten zum Trotz. Es ist eine wunderbare Geschichte, die nicht verloren gehen sollte: eine Mutter, die kämpft, um zu überleben, damit sie ihrem Sohn Bennett helfen kann, die Krankheit zu bekämpfen, die ihn verzehrte.*«

ZUR VERTIEFUNG

Jennifer Niven: *Ada Blackjack: A True Story of Survival in the Arctic*. New York 2003.

GESCHICHTEN AUS DER GESCHICHTE
Folge 126: Für immer im Eis – die Franklin-Expedition.

DONNER LAKE, NEVADA.

Tödliche Abkürzung

In diesem Buch legen wir auf den Spuren der Geschichte etliche Kilometer zurück; wir begleiten zahlreiche Menschen, die zu abenteuerlichen Fahrten oder Expeditionen aufbrechen. Nicht wenige machen sich in der Hoffnung auf ein neues, besseres Leben auf den Weg. Manche dieser Reisen sind abenteuerlich, spektakulär und extrem mühsam für alle Beteiligten – bei einigen sind auch Todesfälle zu beklagen. Wie auch in dieser nächsten Geschichte, die sich dem Schicksal einer Reisegruppe durch die USA auf dem Weg vom Mittleren Westen nach Kalifornien widmet. Das, was die 87 Reisenden im Winter 1846 im Schnee der Sierra Nevada erwartet, ist eine unvorstellbare Tragödie. Eine Tortur, die 34 von ihnen nicht überleben werden.

Aber von Anfang an: Wer zieht eigentlich warum nach Kalifornien? Wir befinden uns in einer Zeit, in der sich langsam die ersten größeren Gruppen an Siedlern in den USA auf den Weg an die Westküste machen. Kalifornien ist mexikanische Provinz und noch nicht Teil der Vereinigten Staaten, die etwa zum Zeitpunkt, an dem sich der unglückselige Treck im Frühjahr 1846 auf den Weg macht, Mexiko den Krieg erklären und kurz darauf den »Golden State« erobern werden. »Golden« ist Kalifornien aber noch nicht. Denn das Goldfieber beginnt erst kurz nachdem die Überlebenden des Trecks bereits im Westen angekommen sind.

1848 findet James W. Marshall bei den Bauarbeiten für ein neues Sägewerk den ersten Klumpen des Edelmetalls und löst damit den kalifornischen Goldrausch aus. Jetzt setzt eine große Siedlungsbewegung ein, und Hunderttausende Goldsucher strömen in die Region – die Forty-niners, wie die Neuankömmlinge genannt werden. Heute ist Kalifornien der bevölkerungsreichste Bundesstaat der USA, eine Entwicklung, die mit den Goldfunden ihren Anfang genommen hat. Mit den rasant in die Höhe schießenden Einwohnerzahlen geht jedoch auch eine brutale Vertreibung der indigenen Völker einher, die nicht nur mit der Gewalt, sondern vor allem auch mit Infektionskrankheiten, die die Goldsucher mitbringen, zu kämpfen haben.

Als sich am 14. April 1846 George Donner in Springfield, Illinois, mit seinem jüngeren Bruder Jacob, ihren beiden Familien sowie der Familie Reed und einigen sogenannten Teamstern, die für die Fuhrwerke zuständig sind, in Richtung Pazifikküste aufmacht, ist der Weg in den Westen allerdings noch kaum erschlossen.

Vor ihnen liegt also eine Reise mit zahlreichen Unbekannten. Zwei Möglichkeiten gibt es, nach Kalifornien zu kommen: mit dem Schiff übers Meer oder mit dem Planwagen übers Land. Die Eisenbahn ist noch keine Option; eine transkontinentale Verbindung wird es erst etwa zwanzig Jahre später geben. Der Seeweg an die kalifornische Küste ist teuer, und die Strecke zum nächsten Dampfer von Illinois aus ohnehin recht weit. Was außerdem gegen die Schiffsroute spricht: Die Abkürzung durch den Panamakanal gibt es erst seit 1914.

Letzten Endes bleibt der Siedlergruppe also nur die Überlandreise. Sie packen ihr Hab und Gut in Planwagen, die von Pferden oder Ochsen gezogen werden, und machen sich auf den Weg, ohne zu wissen, was sie an ihrem Ziel erwartet. Tausende Kilometer durch unwegsames Gelände liegen vor ihnen, die Hoffnung auf Land und fruchtbare Böden treibt sie an – ebenso wie der missionarische Eifer, die amerikanischen Ideale zu verbreiten. Die Planwagentrecks prägen unser Bild von der Neu-Besiedelung des Westens der USA. Zur Zeit unserer

Geschichte hingegen, 1846, sind solche Reisegruppen ein noch recht seltener Anblick. Die Mitglieder der »Donner Party«, wie diese Siedlergruppe genannt wird, leisten gewissermaßen Pionierarbeit, denn der Weg Richtung Westen ist noch weitgehend unerschlossen – zumindest auf dem zweiten Teil der Reise gibt es keine festgetretenen oder gar ausgeschilderten Pfade.

Die Gruppe um George Donner folgt zunächst dem Oregon Trail, der wichtigsten Route für Siedler, die in den Westen wollen. Dieser Trail verläuft über die Rocky Mountains, endet allerdings nicht im heutigen Kalifornien, sondern, wie der Name schon sagt, in Oregon, etwas weiter nördlich. Auf diesem Weg zeichnen sich die Spuren älterer Trecks bereits deutlich auf dem Boden ab. Allein im Jahr 1846 machen sich etwa 3000 Siedler mit fast 500 Planwagen auf den Weg vom Startpunkt Independence (heute Teil der Metropolregion Kansas City) im US-Bundesstaat Missouri nach Oregon City an der Pazifikküste – etwa tausend Kilometer nördlich von San Francisco. Im Mai erreichen auch die Donners und die Reeds mit ihrer Gruppe mit insgesamt 32 Mitgliedern Independence und schließen sich dort einem großen Treck mit etwa fünfzig Wagen an.

Bis dahin verläuft die Reise noch einigermaßen problemlos, und sie kommen schnell voran. In den nächsten Wochen legen sie mehrere Hundert Kilometer zurück, queren die heutigen US-Staaten Kansas, Nebraska und Wyoming – damals noch »unorganized territories« – und nähern sich schließlich Utah. An diesem Punkt gilt es, eine wichtige Entscheidung zu treffen, denn die Route des Oregon Trails führt von dort weiter nach Norden, um der Wasatchkette auszuweichen, einem Gebirgszug der Rocky Mountains. Nordwestlich der Wasatchkette gibt es bei Fort Hall für Siedler noch einmal die Möglichkeit, ihre Vorräte aufzufüllen. Fort Hall ist einer der wichtigsten Handelsposten auf dem Oregon Trail.

Was für unsere Geschichte an dieser Stelle ausschlaggebend ist:

Hier trennen sich die zwei möglichen Hauptrouten, die den Weg in den Westen ermöglichen. Nach Fort Hall am Snake River geht der Oregon Trail weiter Richtung Nordwesten, während der California Trail den Südwesten zum Ziel hat. Und anders als bei der Nordroute gibt es hier noch keine ausgetretenen Pfade.

Der California Trail ist eine Route, die vom Mittleren Westen durch das sogenannte Große Becken führt, eine weite, trockene Landschaft, geprägt von Steppen, Stein- und Sandwüsten. Der Weg verläuft entlang des Humboldt River und stößt dann auf das größte Hindernis der Reise: die Sierra Nevada, ein Hochgebirge mit einigen Gipfeln über 4000 Metern.

Richtig erprobt ist der California Trail, wie bereits gesagt, noch nicht. Erst fünf Jahre vor dem Aufbruch der Donner Party ist es einer ersten Siedlergruppe auf diesem Wege gelungen, Kalifornien zu erreichen. Die Bartleson-Bidwell Party fuhr im Sommer 1841 mit neun Planwagen, 32 Männern, einer Frau und einem Baby durch das Große Becken. Ihre Wagen mussten sie rasch zurücklassen. So überquerten sie zu Fuß die Sierra Nevada und erreichten völlig erschöpft im November 1841 ihr Ziel. Und kurz danach, 1844, hat es eine andere Reisegruppe erstmals geschafft, die Berge der Sierra Nevada mit Planwagen zu überqueren.

Zu dieser Zeit finden in den westlichen Regionen erstmals Landvermessungen statt. Federführend war hier insbesondere John C. Frémont, der als »The Pathfinder« in die US-Geschichte einging, weil er im Westen nach einfachen Überlandwegen suchte und zwischen 1843 und 1844 auf einer Expedition die Sierra Nevada erforschte. Gut, er ging auch in die Geschichte ein als erster Präsidentschaftskandidat der Republikanischen Partei, nachdem ihn der Goldrausch reich gemacht hat und er als kalifornischer Senator in den US-Kongress eingezogen ist. Das ist aber eine andere Geschichte. Für uns ist entscheidend, dass er 1845 in Sacramento auf Lansford Hastings trifft, einen US-amerikanischen Entdecker und Major, dem Frémont von neuen Westrouten erzählt, die er entdeckt hat.

Hastings lässt sich davon inspirieren und veröffentlicht ein Handbuch – *The Emigrants' Guide to Oregon and California* –, das Auswanderern auf ihrer Reise in den Westen den Weg weisen soll und das viele Siedler im Gepäck haben, als sie losziehen. Darin schlägt er allerdings einen Weg vor, den er selbst noch nicht vollständig gegangen ist. Und das wird der Donner Party letzten Endes zum Verhängnis. Hastings bewirbt nämlich eine Abkürzung für den California Trail. Eine Abkürzung, die nach ihm benannt ist: der »Hastings Cutoff«. Dieser Weg, so das Versprechen, verkürzt die Strecke um fast 500 Kilometer.

Hastings versucht in diesem Jahr, Siedlertrecks für seinen neuen Weg zu begeistern, und schickt mit Reitern Briefe an die Reisegruppen, in denen er von den Vorzügen des Hastings Cutoffs schwärmt.

Die Donners und die Reeds, die gerade jetzt ebenjenen Punkt erreichen, an dem sie sich für den »richtigen« Weg entscheiden müssen, sind schnell überzeugt. Die Alternativroute sorgt aber für Diskussionen innerhalb der großen Reisegruppe, was letztlich zu ihrer Spaltung führt. Am 20. Juli 1846 trifft eine kleine Gruppe um George Donner die – am Ende – verheerende Entscheidung, nicht der üblichen Route nach Norden bis Fort Hall zu folgen und dann westwärts auf den California Trail abzubiegen, sondern den Hastings Cutoff zu versuchen. Dieser kleine Treck wählte George Donner zum Anführer, weshalb er uns heute auch als Donner Party bekannt ist.

Das Problem dieser Abkürzung ist nicht nur, dass sie bislang noch niemand vollständig mit Planwagen durchfahren hat, sondern auch, dass sie die Strecke gar nicht verkürzt – vielmehr wird sie dadurch um 240 Kilometer verlängert. Die Idee von Hastings ist es, den »Umweg« nach Norden, den der Oregon Trail macht, zu vermeiden, um gleich weiter nach Westen zu gehen. Das sieht auf der Karte auch gut aus, weil der Weg einfach gerade weiter verläuft. Hastings verspricht sich davon eine Zeitersparnis von etwa einem Monat.

Den Bogen nach Norden nicht zu machen, bedeutet jedoch gleichzeitig, dass sie die Wasatchkette passieren müssen. Nur, wer weist der Donner Party den Weg auf der neuen Route? Hastings kündigt an, bei Fort Bridger auf sie zu warten, um sie weiter nach Kalifornien zu führen. Fort Bridger ist ein weiterer Versorgungspunkt auf der Route und markiert die Stelle, an der der Oregon Trail nach Norden abbiegt und der Hastings Cutoff beginnt.

Als die Donner Party schließlich Fort Bridger erreicht, erfahren die Reisenden allerdings, dass Hastings bereits aufgebrochen ist. Er führt gerade einen anderen Treck, die Harlan-Young Party, mit vierzig Wagen durch das unwegsame Gelände. Am 31. Juli 1846 macht sich die Donner Party schließlich eigenständig auf den Weg, mit George Donner als gewähltem Anführer. Hastings hat elf Tagesmärsche Vorsprung. Elf Tage, die am Ende den Unterschied für viele Mitglieder der Donner Party ausmachen werden, den Unterschied zwischen Leben und Tod.

Sie merken schnell, dass der Weg ungeeignet für den Siedlertreck ist. Nur langsam und mit großer Anstrengung kommen sie voran. Hastings hinterlässt immerhin regelmäßig Wegbeschreibungen und Briefe. Nachdem sie eine Woche unterwegs sind, finden sie einen Brief, in dem Hastings ihnen davon abrät, weiterzugehen und dem Harlan-Young-Treck zu folgen. Außerdem bietet er an, sie durch das schwierige Gelände zu führen, und schlägt eine Alternativroute vor.

Die Mitglieder des Trecks stellen sich jetzt die entscheidende Frage: Weiterfahren, umkehren oder die neue Alternativroute von Hastings nehmen? Sie entscheiden sich für die neue Route und setzen ihren Weg über die Wasatchkette fort. Aber von nun an kommen sie teilweise nur wenige Kilometer am Tag voran. Denn sie müssen den Weg erst freiräumen, Gestrüpp entfernen, Steine zur Seite tragen und Bäume fällen.

Ende August, nach einem Monat, haben sie es endlich geschafft. Der Gebirgszug ist überwunden. Jetzt kann es nur besser werden! Doch das Gegenteil ist der Fall. Hinter dem Gebirge lauert schon die nächste Herausforderung: die Große Salzwüste. Der nun folgende Abschnitt verlangt ihnen alles ab. Der Boden ist mit den Wagen kaum befahrbar; ein zäher Brei aus Schlamm tut sich vor ihnen auf, in dem die Räder ständig versinken und sie kaum vorwärtskommen. Nach drei Tagen geht ihnen das Wasser aus, und zahlreiche ihrer Ochsen, Rinder und Pferde verenden. Sechs Tage dauert die Tortur, ehe die Donner Party die Wüste hinter sich lassen und ihre Trinkwasservorräte wieder auffüllen kann.

Nach etwa zwei Monaten beschwerlicher Reise auf dem Hastings Cutoff erreichen sie Ende September endlich den Humboldt River und treffen damit auf die Route des California Trails. Niemand in der Gruppe ist jetzt noch gut auf Hastings zu sprechen, der ihnen ungefähr einen Monat Verzögerung eingebrockt hat. Das führt nicht nur dazu, dass sie erst im Spätherbst die Sierra Nevada erreichen, sondern erschwert auch die Versorgungslage, weil es um diese Jahreszeit nicht mehr genug Gras für die Tiere gibt.

Die Stimmung unter den Mitgliedern der Donner Party ist angespannt, und bald eskaliert die Situation. James Reed gerät in einen Streit mit dem Teamster John Snyder und tötet ihn mit einem Messer. Die Gruppe beschließt, Reed vom Treck auszuschließen. Er muss allein, ohne seine Familie, und unbewaffnet abreisen. Eine Entscheidung, die im Laufe der Reise noch einige Leben retten wird – aber dazu kommen wir noch.

Auf dem restlichen Weg bis zur Sierra Nevada bessert sich die Laune der Siedler nicht. Die Essensvorräte gehen zur Neige, sie verlieren einen weiteren Teil des Viehs und geraten in Konflikt mit einigen Paiute-Gruppen, die sie im Gebiet des Großen Beckens antreffen.

Völlig erschöpft erreichen sie Mitte Oktober den Fuß der Sierra Nevada. Endlich scheint die mühsame Reise ein gutes Ende zu nehmen. Der Großteil des Weges ist geschafft, wenige Kilometer hinter dem Gebirgszug wartet ein neues Leben auf sie. Zeit, um sich auszuruhen, bleibt aber nicht, denn im November, wenn der Schneefall einsetzt, wird der Pass über dem Truckee Lake unpassierbar.

Der Treck macht sich also direkt auf, um die letzte Etappe der Reise zu bestreiten. Die Donners bleiben aufgrund einer Panne allerdings etwas zurück, sie müssen erst die Achse eines Planwagens reparieren. Und dann setzt zur Überraschung aller plötzlich Schneefall ein. Der Großteil der Reisegruppe, mit etwa sechzig Personen, schafft es noch bis zum Truckee Lake. Dort finden sie drei rudimentär zusammengezimmerte Holzhütten, ohne Fenster und Türen und mit undichten Dächern, auf die sie sich aufteilen. Den Versuch, den Gebirgszug doch noch zu überqueren, müssen sie abbrechen. Der Schnee liegt bereits meterhoch, da gibt es für sie kein Durchkommen mehr. Es bleibt nur die Möglichkeit, sich mit den Behelfsbehausungen ein Wintercamp einzurichten.

Und der Rest der Gruppe, die Donners? Sie bleiben aufgrund der Wagenpanne eine halbe Tagesreise zurück und schlagen ihre Zelte am Fluss Alder Creek auf.

Die beiden Lager stehen in der Folge im Austausch miteinander, und sie besuchen einander regelmäßig. Immer wieder starten einzelne Mitglieder Versuche, den Pass zu überwinden. Aber gegen die Schneemassen haben sie keine Chance. Schnell gehen die Vorräte zur Neige, von denen sie ohnehin nicht mehr viel hatten. Die letzten verbliebenen Rinder und Pferde sterben in den kommenden Schneestürmen. Bereits nach wenigen Wochen ist die Lage aussichtslos. Um überhaupt etwas zu essen, weichen die Siedler Ochsen- und Pferdeknochen so lange ein, bis sie sie kauen können, kochen Ochsenhaut und sogar einen Lederteppich.

Als es zu den ersten Todesfällen durch Kälte und Unterernährung kommt, wagen sie Mitte Dezember einen letzten Versuch, sich aus den Schneemassen zu befreien. Mit selbst gebastelten behelfsmäßigen Schneeschuhen wagen sich 17 Mitglieder der Truckee-Lake-Gruppe aus dem Camp. Die Schneewanderung wird zum Desaster, aber nicht nur das: Die Siedler treffen jetzt eine Entscheidung, die die Geschichte um die Donner Party bis heute zu einem Faszinosum macht. Nach mehreren Tagen im Schnee, völlig erschöpft und ohne Aussicht auf etwas zu essen, stellen sie sich die Frage: Soll sich jemand aus der Gruppe opfern, um die anderen zu ernähren? Und wenn ja, wie wäre der- oder diejenige auszuwählen? Per Losentscheid? Duell? Oder einfach abwarten, bis jemand von ihnen auf natürliche Weise stirbt?

Die Entscheidung wird ihnen abgenommen, weil bald auch bei der Schneeschuhgruppe Todesfälle zu beklagen sind. Und die Überlebenden? Sie brechen ein großes Tabu: Sie essen ihre ehemaligen Mitstreitenden und überstehen vermutlich nur deshalb die Tortur. Sieben Mitglieder der Gruppe schaffen es dann tatsächlich über die Sierra Nevada und werden 33 Tage nach Beginn der Schneewanderung gerettet.

In der Zwischenzeit wartet James Reed, der nach dem Mord an John Snyder von der Gruppe ausgeschlossen wurde, am letzten Etappenziel des California Trails in Sutter's Fort, was der heutigen Hauptstadt Kaliforniens, Sacramento, entspricht, auf seine Familie. Von seiner Stieftochter Virginia wurde er nach seinem Ausschluss heimlich mit Essen und einem Gewehr versorgt, und so machte er sich alleine auf den Weg nach Kalifornien. Dort ist Mitte Oktober auch die Harlan-Young Party, die unter der Führung von Hastings seine Abkürzung genommen hat, angekommen. Nachdem klar wird, dass sich die Donner

Party in Schwierigkeiten befindet, werden in den nächsten Monaten vier Rettungsmissionen ausgesandt. Die erste davon wird auf heftiges Drängen von Reed organisiert. Dass gleichzeitig ein militärischer Konflikt zwischen Mexiko und den USA um Kalifornien ausgetragen wird, macht die Aufgabe nicht einfacher; Reed hat daher Schwierigkeiten, Freiwillige für die Rettung der Donner Party zu finden.

Erst Mitte Februar erreicht der erste Rettungstrupp das inzwischen völlig eingeschneite Camp am Truckee Lake mit seinen ausgehungerten Bewohnern. Die Unterkünfte sind in einem erbärmlichen Zustand, die Siedler extrem geschwächt und 13 Leichen liegen provisorisch im Schnee begraben. Auch mithilfe der Retter ist der Weg durch den Schnee äußerst beschwerlich, weshalb sie nicht alle Mitglieder des Trecks mitnehmen und mit Essen versorgen können – etwa 30 Personen bleiben am Truckee Lake beziehungsweise am Alder Creek zurück und müssen auf die Rückkehr der Helfenden warten. Erst durch zwei weitere Rettungsmissionen im März können auch die anderen Überlebenden gerettet werden.

Am 10. April erreicht schließlich die vierte und letzte Rettungsmission das Lager am Truckee Lake. Streng genommen ist es eine Bergungsmission, um das restliche Hab und Gut der Donner Party zu holen, doch es findet sich dort noch ein letzter Überlebender, nämlich Lewis Keseberg. Was immer deutlicher wird: Nicht nur die Schneeschuhgruppe griff in ihrer Verzweiflung auf menschliches Fleisch zurück, um zu überleben. Auch im Lager am See finden sich Spuren von Kannibalismus. Nur die Donners haben immer bestritten, dass es in ihrem Lager am Alder Creek jemals Menschenfleisch zu essen gab. Archäologische Ausgrabungen bestätigen die Behauptungen, auch wenn es dazu gegenteilige Aussagen gibt. Es wurden dort zwar zahlreiche bearbeitete Knochen gefunden, aber keine, die von Menschen stammen.

48 Mitglieder der Donner Party überleben das Desaster – nicht so

George Donner und seine Frau Tamsen. Inzwischen ist die Gegend, in der sich die Tragödie abspielte, nach der Donner Party benannt. Der Truckee Lake ist jetzt der Donner Lake, der Pass, den sie querten, heißt nun Donner Pass, und das Donner Party Memorial steht seit 1918 im Donner Memorial State Park. Bereits in den 1850er-Jahren werden die Hütten am See zu Touristenattraktionen.

Am Ende haben der Donner Party nur wenige Tage gefehlt, die sie benötigt hätten, um den heutigen Donner Pass rechtzeitig zu queren. Die Gruppe, die elf Tage vor ihnen in Begleitung von Hastings die vermeintliche Abkürzung nahm, hat Sutter's Fort noch erreicht.

Die Donner Party zählt zu den bekanntesten Siedlertrecks auf dem Weg nach Westen. Grund dafür ist sicher auch die Frage, wie weit Menschen gehen, um zu überleben – Erzählungen über Kannibalismus üben eine unglaubliche Faszination auf uns aus. In zahlreichen Berichten werden die Mitglieder der Donner Party daher zu Helden stilisiert – aber auch zu Opfern oder wahlweise Monstern.

Die Jahrzehnte, in der die langen Trecks mit Planwagen nach Westen ziehen, umfassen nur eine kurze Zeitspanne, aber diese prägt die USA entscheidend – und unser Bild von Nordamerika. Denn während die Siedler nach Westen ziehen, verlieren die, die schon längst vor Ort sind, ihre Heimat, werden verdrängt und getötet. Und in der Geschichte werden sie vergessen, obwohl sie ein unbestreitbarer Teil von ihr sind. Zwei Mitglieder der Miwoks, Luis und Salvador, so ihre katholischen Namen, sind sogar Teil der Gruppe, die sich mit behelfsmäßigen Schneeschuhen aufmacht, um Rettung zu holen. Sie wurden im Oktober angeheuert, um mit der Donner Party die Sierra Nevada zu queren. Sie sind die einzigen Personen, die aktiv getötet wurden, um Nahrung zu liefern. Auch um die Siedler herum am Donner Lake gab es Begegnungen mit Indigenen – den Washoe blieb das Schicksal der Reisegruppe nicht verborgen.

Doch erst über 160 Jahre nach den Ereignissen wird in diese Richtung geforscht. Und tatsächlich, die Geschichte wurde unter den Washoe mündlich tradiert. Was sie zu berichten haben, wirft jedoch kein gutes Licht auf die Siedler. Die Washoe versuchten nämlich, den vom Schnee Gefangenen zu helfen, indem sie Lebensmittel am Rand der Lager deponierten. Statt die Hilfe anzunehmen, wurden sie hingegen von den Siedlern mit Gewehren beschossen. Danach, und nachdem sie gesehen hatten, dass die Fremden am See auch Menschenfleisch verzehrten, zogen sich die indigenen Helfer lieber zurück.

Die Siedlertrecks trugen stolz ihr »Manifest Destiny« vor sich her. Den Weg nach Westen hielten sie für einen Gründungsauftrag der USA. Eine Ideologie, die die Ausbreitung bis zum Pazifik mit den Idealen der Freiheit und der Überlegenheit der amerikanischen Zivilisation begründet. Die tragische Geschichte der Donner Party, deren Mitglieder Pioniere der Westexpansion werden und kurzzeitig den Pfad der Zivilisation verlassen, entpuppt sich als Auftakt zu einem der dunkelsten Kapitel der US-Geschichte.

ZUR VERTIEFUNG

Daniel James Brown: *The Indifferent Stars Above: The Harrowing Saga of a Donner Party Bride.* Boston 2009.

GESCHICHTEN AUS DER GESCHICHTE
Folge 194: Die Natchez und der französische Kolonialismus in Nordamerika.

Kleine Geschichte eines kaiserlichen Aussteigers

Es ist der 9. Oktober des Jahres 1890, als im Wiener Außenministerium ein Telegramm aus Buenos Aires eintrifft. Verfasst in der Österreich-Ungarischen Botschaft, lautet der Text nur:

>»›Saint Margaret‹ Valparaiso nicht angekommen.
>Bestehen ernste Bedenken.«

Diese Nachricht schlägt ein wie eine Bombe und wird gleich an niemand Geringeren als den Kaiser Franz Joseph I. weitergeleitet. Denn die »Saint Margaret« ist nicht irgendein Schiff. Von London aus war sie einige Wochen zuvor mit dem Ziel Südamerika aufgebrochen. Die Ladung, Zement, war nicht außergewöhnlich. Außergewöhnlich war der Eigentümer und zu jenem Zeitpunkt auch Passagier des Schiffes. Tatsächlich handelte es sich um ein Mitglied des habsburgischen Kaiserhauses, um genau zu sein, um den Cousin zweiten Grades des Kaisers persönlich, Johann Salvator von Österreich-Toskana. Obwohl, so ganz stimmt das nicht, denn nicht mal ein Jahr zuvor hatte Johann Salvator auf seinen Platz in der Kaiserfamilie verzichtet. Er hieß fortan Johann Orth.

Sein Ausscheiden aus der Monarchie bildet den letzten Schritt der Entwicklung eines Mannes, der in die Privilegien und den Luxus einer herrschenden Familie hineingeboren worden ist, aber bald be-

merken muss, dass er mit seiner progressiven Einstellung und seinem Drang nach Abenteuern nicht so richtig in dieses Leben passt. Ein Leben, das sogar, als es vorbei war, noch jahrzehntelang Rätsel aufgab.

Die Geschichte Johann Salvators beginnt am 25. November eines Jahres, das selbst schon so eine Art Schlusspunkt einer Entwicklung einläutet. Geboren wird Johann 1852 nämlich in Florenz, der Hauptstadt der Toskana, die von seinem Vater, Großherzog Leopold II., regiert wird. Seine Mutter, Prinzessin Maria Antonia von Neapel-Sizilien ist bereits die zweite Frau Leopolds.

Wer sich jetzt fragt, weshalb die Habsburger über die Toskana herrschen, dem sei mit den Worten eines berühmten österreichischen Politikers gesagt, dass das alles sehr kompliziert ist. Die Kurzfassung lautet wie folgt: Der Habsburger Einfluss beginnt mit Gian Gastone de' Medici, dem letzten männlichen Erben der Medici-Familie. Als er 1737 ohne legitimen Erben stirbt, wird das Großherzogtum Toskana, aufgrund von Abkommen und Verträgen, den Habsburgern zugesprochen. In Folge des sogenannten Friedens von Wien im Jahr 1738 wird Franz Stephan von Lothringen, der spätere römisch-deutsche Kaiser Franz I., zum Großherzog der Toskana. Franz Stephan war mit Maria Theresia von Österreich verheiratet, wodurch die Toskana unter den Einfluss der Habsburger geriet. Großherzog Leopold II., der Vater Johanns, war der Urenkel dieses Kaisers Franz I. (übrigens nicht zu verwechseln mit dessen Sohn, der als Peter Leopold Großherzog der Toskana war, dann aber als Leopold II. seinem Vater als Kaiser nachfolgte).

Johann jedenfalls, traditionellerweise als männlicher Sprössling der Habsburger-Dynastie nun ein Erzherzog, kommt in einem Jahr zur Welt, in dem Italien bereits großen Veränderungen unterworfen ist. Die Risorgimentobewegung, also jene Bewegung, die die Vereinigung Italiens zum Ziel hat, hat Fahrt aufgenommen, und zwar so sehr, dass Leopold II. im Jahr 1849 Florenz verlassen muss. Ähnlich wie Papst Pius IX. in Rom hat Leopold aufgrund der Revolutionsbestrebungen des Jahres 1848 eine Verfassung für das Großherzogtum veröffentlicht, was aber nicht gereicht hat, um die Bevölkerung zu beruhigen. Er flieht also ins Exil, bis wenige Monate später die von ihm gewohnte Ordnung wiederhergestellt wird, und zwar durch österreichische Truppen.

Die Ruhe währt aber nicht lange. Während der kleine Johann heranwächst, wächst auch die Anhängerschaft der Vereinigungsbewegung. Im Jahr 1859 kommt nämlich der Nachbar Frankreich zu Hilfe. Napoleon III., der nun als Herrscher die Franzosen in das sogenannte Zweite Kaiserreich führt, unterstützt das Königreich Piemont-Sardinien, unter dessen Ministerpräsident Camillo Benso von Cavour die Bewegung vorangetrieben wird.

Der Verbund von Piemont-Sardinien und Frankreich macht die Situation für das toskanische Herrscherhaus immer enger, und als am 27. April des Jahres 1859 die Revolution auch in Florenz ausbricht, ist für Leopold II. klar: Seine Zeit als Großherzog der Toskana ist vorbei.

Johann, seine Eltern und seine Geschwister müssen fliehen. Über Bologna, Ferrara, Kärnten und die Steiermark gelangen sie schließlich nach Wien. Und falls zu jenem Zeitpunkt noch Hoffnung bestand, dass sie eventuell eines Tages in die Toskana zurückkehren könnten, dann wird diese Hoffnung mit den Schlachten bei Magenta und Solferino nur einige Monate später zerschlagen. Die italienische Frage ist nun geklärt, Leopold II. dankt ab, die Thronentsetzung der Habsburger in der Toskana wird am 16. August 1859 offiziell.

Der junge Erzherzog und seine Familie richten sich jetzt also im Exil ein. Der Kaiser Franz Joseph I. selbst ist vom Verlust der Toskana natürlich nicht begeistert, trotzdem erklärt er sich bereit, Leopold zu unterstützen – er gehört schließlich zur Familie.

Relativ unbeschadet aus der Revolution entkommen, ist die Situation für die Toskaner, wie Johann Salvator und seine Familie unter den Habsburgern genannt werden, etwas schwierig. Zwar sind sie der deutschen Sprache mächtig, ihre Muttersprache hingegen ist Italienisch, und auch, was die Gepflogenheiten am Hof angeht, unterscheiden sie sich sehr von ihrer österreichischen Linie.

Vor allem der Kaiser hat so seine Schwierigkeiten, sich an die freigeistigen und ungezwungenen Toskaner zu gewöhnen.

Ab 1864 wird der junge Johann, mittlerweile beinahe zwölf Jahre alt, am Wiener Kaiserhof erzogen. Sein recht unzähmbares Gemüt wird in die Hände seines neuen Privatlehrers, Alexander Freiherr von Piers, gelegt. Wie für Erzherzöge vorgesehen, wird Johann jetzt auf eine Offizierslaufbahn vorbereitet. Seinen freien Geist, seine Abneigung gegen das höfische Protokoll oder auch die üblichen Zeitvertreibe wie die Jagd, die vermag jedoch auch der Privatlehrer nicht zu ändern.

Die Beziehung zu seinen Eltern besteht in erster Linie aus der engen Verbindung zu seiner Mutter, trotzdem ist es für ihn ein Schlag, als am 29. Januar 1870 sein Vater stirbt. Da Johann noch nicht volljährig ist und gegen Ende des 19. Jahrhunderts die rechtliche Stellung von Frauen es nicht erlaubt, die Vollmacht für ein Kind zu übernehmen, wird eigens ein Advokat als sein juristischer und finanzieller Vertreter ernannt. Dieser verwaltet nun auch die Erbschaft, die sich auf beinahe 350 000 Gulden beläuft. Wer sich fragt: Umgerechnet wären das heute ungefähr 5,4 Millionen Euro.

Was stellt man mit so viel Geld an? Zum Beispiel ein Schloss kaufen; und genau das macht Johann. Genau genommen kauft er sogar zwei Schlösser: das Landschloss Ort und zwei Jahre später das zugehörige Seeschloss Ort, das anmutig auf einer kleinen Insel im Traunsee bei Gmunden liegt. Er selbst widmet sich der Einrichtung.

In der Zwischenzeit ist Johann Mitglied der Kaiserlich-königlichen Armee (k. k.) geworden. Am 28. April 1872 wird er zum Major ernannt, allerdings nicht, wie üblich für Mitglieder des Königshauses, in einem Kavallerieregiment, sondern in der Artillerie.

Im selben Jahr wird Johann auch für großjährig erklärt und aus der Vormundschaft entlassen. Ein Zeitpunkt, der eindeutig eine Zäsur im Leben des Erzherzogs darstellt. Denn während er bisher seine persönlichen Entscheidungen, Überlegungen und Vorstellungen hintanstellen musste, nutzt er diesen Meilenstein jetzt, um gewissermaßen zu tun, was er will – was letzten Endes im Bruch mit dem Kaiserhaus enden wird.

Die Probleme beginnen im Jahr 1874. Johann, der sich als fähiger Offizier herausgestellt hat, hat seine ganz eigenen Vorstellungen von der Organisation der kaiserlichen Armee. Das kommt auch nicht von ungefähr, denn nur wenige Jahre zuvor, im Jahr 1866, hat die k. k. Armee eine verheerende Niederlage gegen die Preußische Armee bei der Schlacht von Königgrätz eingefahren.

Zuerst veröffentlicht er anonym in einer Militärzeitschrift einen Artikel, in dem er die bestehenden Strukturen harsch kritisiert. Im Jahr danach, jetzt unter Klarnamen, veröffentlicht er die 136 Seiten starke Schrift mit dem Titel »Betrachtungen über die Organisation der österreichischen Artillerie«. Darin prangert er die alte Schule der Offiziere an und schreibt unter anderem:

»Die Commandanten werden gewohnt, nur unter der beständigen Einwirkung von Oben zu handeln und wie Maschinen ohne geistigen Antheil, den auferlegten fremden Willen in's Werk zu setzen. [...] Der Mangel an Selbstständigkeit mag sogenannte ›angenehme Untergebene‹, aber keine Männer erzeugen [...].«

Die Gedanken, die sich Johann zu einer grundlegenden Reform des Militärs macht, sind derart progressiv, dass ihm bald starker Gegenwind entgegenbläst. Erzherzog Albrecht, der für eine kurze Zeit auch seine Vormundschaft innehatte, jetzt aber sein militärischer Vorgesetzter ist, tritt vehement gegen den Freigeist und seine Pläne an. Die Tatsache, dass dieser seine Ideen öffentlich gemacht hat, sorgt dafür, dass ihm auch sein Status als Mitglied des Kaiserhauses nichts nützt. Johann wird nach Krakau strafversetzt.

Das ist aber nur der Anfang seiner Probleme mit der alten Riege. In den nächsten Jahren wird Johann erfolgreich an militärischen Kampagnen teilnehmen, im Zuge derer er auch befördert wird. Er wird aber mit seiner Kritik am bestehenden System nicht hinter dem Berg halten, wobei er sich nicht auf militärische Themen beschränkt. In anonymen Zeitungsartikeln kritisiert er etwa die Politik unter Außenminister Gustav Kálnoky.

Und als ob das nicht schon genug wäre, verstößt er auch in seinem Privatleben gegen die Gepflogenheiten und strengen Regeln des Kaiserhauses. Zahlreiche Liebschaften werden ihm nachgesagt, von denen er insbesondere mit einer den Zorn der Familie auf sich zieht.

Er begeht nämlich den Kardinalfehler, sich in eine bürgerliche Dame zu verlieben. Ludmilla Hildegard Stubel, »Milli« genannt, ist Tochter eines Gutsverwalters und wie Johann im Jahr 1852 geboren. Sie ist Mitglied des Balletts des Operntheaters am Wiener Hof.

An sich sind Flirts und auch sexuelle Beziehungen zwischen den Erzherzögen und den Tänzerinnen des Balletts keine Seltenheit. Im Fall von Johann und Milli ist es aber mehr als das.

Als der Kaiser erfährt, dass Gianni, wie er von Freunden und Familie genannt wird, eine ernsthafte Beziehung mit der Tänzerin anstrebt, zwingt er ihn, den Kontakt zu ihr abzubrechen. Tatsächlich schreibt Johann ihr daher im Dezember des Jahres 1873 einen Brief, in dem er ihre Beziehung aufkündigt.

Doch nach nur ein paar Monaten, im Februar 1874, sind sie schon wieder zusammen, und Johann beschließt, die Beziehung auch gegen den Widerstand der eigenen Familie aufrechtzuerhalten. Wie sein Biograf Friedrich Weissensteiner später schreiben wird, ist es eine offene Kampfansage an Franz Joseph und den Hof. Als Johann also aufgrund seiner Kritik an den Militärs nach Krakau versetzt wird, nimmt er Milli einfach mit.

Der Erzherzog, der sich jetzt nicht nur den Unmut des Kaiserhauses aufgrund seiner Beziehung, sondern auch den der Militärs und alten Garde zugezogen hat, legt allerdings noch einen drauf.

Im Jahr 1885 kommt es nämlich zu einer Krise auf dem Balkan. Aus dem Russisch-Osmanischen Krieg von 1877 bis 1878 ist Bulgarien als autonomes Fürstentum hervorgegangen und Alexander von Battenberg, ein hessischer Prinz, ist zum ersten Fürsten von Bulgarien ernannt worden. Die politische Situation blieb jedoch instabil, da Bulgarien zwischen den Interessen verschiedener Großmächte wie Russland und dem Osmanischen Reich hin und hergerissen war.

Nachdem Alexander von Battenberg im Jahr 1885 das Gebiet Ostrumelien (heute der Süden Bulgariens) annektiert hat, verschlechtern sich die Beziehungen zu Russland. Ein Umstand, der dafür sorgt, dass Battenberg in der Nacht des 21. August 1886 von russischen Agenten aus dem Bett geholt und zum Verlassen seiner Residenz gezwungen wird. Am 7. September muss er auf den Druck Russlands hin schließlich endgültig abdanken.

Was das mit Johann Salvator zu tun hat, wird im weiteren Verlauf dieser Krise klar. Denn der bulgarische Regentschaftsrat, der in der Zwischenzeit das Land regiert, ist jetzt auf der Suche nach einem Nachfolger Battenbergs.

Und Johann, in grenzenloser Selbstüberschätzung, mischt nun in diesem diplomatisch äußerst heiklen Geschehen mit. Während von allen Seiten mögliche Nachfolger ins Spiel gebracht werden – die Tagespresse unterschiedlicher Länder nennt zum Beispiel König Karl I. von Rumänien, Prinz Friedrich von Hohenzollern-Sigmaringen oder Prinz Oskar II. von Schweden –, führt Johann seinen eigenen Kandidaten ins Rennen. Er lanciert – wieder einmal anonym – in der französischen Zeitung Le Figaro die Meldung, dass Prinz Ferdinand von Coburg die Absicht habe, sich um den bulgarischen Thron zu bewerben.

Tatsächlich hat der besagte Prinz gar kein Interesse an der bulgarischen Herrschaft gehabt, stattdessen versucht Johann, ihn jetzt basierend auf dem Zeitungsartikel dazu zu überreden. Eine eigenartige Anwandlung, denn laut seiner eigenen Aufzeichnungen hält Johann vom Prinzen, der im Militär unter ihm gedient hatte und mit dem er nach außen hin freundschaftlich verbunden war, wenig. Dank ebendieser Aufzeichnungen müssen wir nicht einmal spekulieren, warum der Erzherzog das tut: In einer Schrift mit dem Titel »Mein letzter Streich oder: wie wurde Prinz Ferdinand von Coburg Fürst von Bulgarien?« erklärt er es uns: »[...] gefördert durch eine Art fieberhaften Dranges in die Begebenheiten einzugreifen, zu intrigieren, sich irgendeines Erfolgs rühmen zu können, ließen mich aktiv werden.«

Was neben diesem Geständnis ebenfalls ein Beweggrund ist, ist das Verlangen des Erzherzogs, militärisch aufzusteigen. Tatsächlich spielt er mit dem Gedanken, von Prinz Ferdinand zum militärischen Oberbefehlshaber Bulgariens ernannt zu werden, um dann die bulgarische Armee bei kriegerischen Auseinandersetzungen anzuführen.

Natürlich wird daraus nichts. Für das Kaiserhaus hat sich Johann schon viel zu weit aus dem Fenster gelehnt. Kronprinz Rudolf, der Sohn des Kaisers, schreibt nach der Veröffentlichung eines Gesprächs zwischen Johann und einem Journalisten, in dem er über ebendiese Pläne spricht, einen Brief an den Außenminister Graf Kálnoky. Darin beschwert er sich über die hinter seinem Rücken stattfindenden Intrigen Johanns.

Die Ironie an der Geschichte ist, dass Prinz Ferdinand von Coburg im Jahr 1887 tatsächlich zum Fürsten Bulgariens erwählt wird, aber nicht bevor Johann Salvator selbst von Mitgliedern des bulgarischen Nationalrats bei einem Treffen in Padua die Königswürde angeboten wurde. Ein Angebot, das er ausschlägt, nach eigenen Worten vor allem deshalb, weil er es vorziehe, wohlhabend und individuell frei zu sein, und der bulgarische Thron ohnehin ein undankbarer sei.

Den Status als schwarzes Schaf der Familie hat Johann nun wohl ohne Zweifel, während der gesamten Bulgariensache wird er sogar vom österreichischen Geheimdienst überwacht.

Wahrscheinlich ist jetzt der Zeitpunkt gekommen, an dem Johann beschließt, dem Kaiserhaus und seiner Rolle darin den Rücken zu kehren.

Gegen Ende des Jahres 1887 quittiert er seinen Dienst in der Armee, höchstwahrscheinlich, weil Franz Joseph I. ihm kein Korpskommando übergeben wollte, wie von ihm erbeten. Der Kaiser, der der Eskapaden seines Cousins im Laufe der Jahre durchaus schon etwas müde geworden ist, nimmt das Ansuchen ohne Umschweife an.

»Ich enthebe Euer Liebden über Ihre Bitte vom Commando der 3. Infanterie Truppendivision« schreibt er ihm am 21. September 1887.

Dass Johann aber schließlich den noch drastischeren Schritt geht, gänzlich alle Würden, Rechte und Pflichten des Kaiserhauses abzulegen, hat vielleicht auch ein bisschen mit dem Schicksal des Sohnes seines Cousins, des Kronprinzen Rudolf, zu tun.

Nach der Bulgarienkrise und nach seinem freiwilligen Ausscheiden aus dem Militärdienst versucht Johann noch, die immer wieder auf eine Zerreißprobe gestellte Beziehung zu dem ebenfalls recht progressiven Kaisersohn zu kitten. Und obwohl sie sich wieder annähern, findet alles in der Nacht vom 29. auf den 30. Januar 1889 ein jähes Ende; denn Kronprinz Rudolf erschießt in dieser Nacht zuerst seine Geliebte, Baroness Mary Vetsera, und nimmt sich anschließend selbst das Leben.

Dass Rudolfs Tod Johann berührt hat, wissen wir aus ein paar wenigen Zeilen, die er diesbezüglich in einem Brief festhielt. Inwieweit er für seinen Ausstieg aus dem Kaiserhaus mitverantwortlich ist, darüber können wir allerdings nur mutmaßen.

Jedenfalls wendet er sich am 8. September 1889 mit einem Schreiben an den Kaiser:

»Eure Majestät! [...] Ich verzichte [...] freiwillig und unbeeinflußt auf Rang und Stand, indem ich Titel und Rechte eines Erzherzogs sowie meine militärische Charge ehrfurchtsvoll in die Hände Eurer Majestät zurücklege, dagegen eure Majestät untertänigst bitte, mir einen bürgerlichen Namen verleihen zu wollen [...].«

Zusätzlich zu dem Schreiben schickt der zukünftige ehemalige Erzherzog den Orden vom »Goldenen Vlies«, der ihm im Jahr 1869 verliehen worden ist, an den Kaiser.

Der Verlust seines Titels geht einher mit dem Verlust seines Einkommens, das jährlich um die 100 000 Gulden ausmachte. Johann wusste das natürlich, und obwohl er auch nach seinem Austritt aus dem Kaiserhaus nicht am Hungertuch nagen muss, hat er vorgesorgt. Er plant, einen eigenen Dampfer zu kaufen und sich in der Welt der Wirtschaft einen Namen zu machen.

Seine Mutter Maria Antonia war, wie man sich vermutlich denken kann, von dieser Entwicklung wenig begeistert:

»Ich bin nicht gekränkt, aber ich vergehe vor Schmerz, und wenn ich Dir das, was du mir angetan hast, verzeihe, so kann ich mich nicht vom ganz traurigen Gedanken befreien, von den Augenblicken und den Konsequenzen, denen Du entgegengehst. Ich bin auch deshalb heimgesucht, da ich sehe, daß Du auf Deiner Idee beharrst, einen Dampfer zu kaufen.«

Die Brüder Johanns sehen in seiner Entscheidung nur die Schande, die er über die Linie bringe, und der Kaiser, kühl wie gewohnt im Umgang mit dem schwarzen Schaf, schickt schon am 12. Oktober einen Vertreter nach Zürich, wo Johann zu jener Zeit weilt, und bestätigt sein Ansuchen.

Johann Salvator von Österreich-Toskana ist nun Johann Orth, ein Name, den er sich nach seinem geliebten Schloss bei Gmunden gegeben hat.

Die ganze Angelegenheit bleibt natürlich nicht lange in der Familie; am 16. Oktober 1889 erscheint im *Neuen Wiener Tagblatt* ein Artikel, der bereits den Namen Johann Orth und dessen Ausscheiden aus dem Kaiserhaus bespricht.

Von der Presse belagert, flüchtet Johann nach London, von wo aus er das erste Abenteuer seiner neu gewonnenen Freiheit plant – er weiß natürlich nicht, dass es sein letztes sein wird.

Während die Walzen noch rotieren und die Geschichte um den unorthodoxen Ex-Erzherzog in sämtlichen Blättern genüsslich ausgeschlachtet wird, bereitet Johann eine Seereise vor. Mitte Januar 1890 erwirbt er ein englisches Schiff, den Namen kennen wir schon. Es ist die »Saint Margaret«. Seiner immer besorgten Mutter schreibt er:

»Seien Sie beruhigt, liebe Mama, was das Schiff betrifft. Es ist aus wunderschönem Holz, es ist wirklich imposant und von der Schiffszeitung habe ich seine guten Qualitäten hervorgehoben gefunden.«

Am 26. März 1890, nach mehreren Wochen der Vorbereitung, sticht die »Saint Margaret« schließlich Richtung Südamerika in See. Während Johann guter Dinge ist, ist der Zustand des Schiffes nicht ideal. Ende Februar noch ist der Dreimaster auf der Themse mit einem anderen Schiff kollidiert, dabei ist einiges zu Bruch gegangen. Zwar repariert, war eine Reise über den Atlantik dennoch mit einem gewissen Risiko verbunden. Ein Risiko, das Johann wohl bereit war, einzugehen.

Am Tag seiner Abreise aus London schreibt Johann noch diese Zeilen in einem Brief:

»*Ich führe mit meinem stattlichen Vollschiff Saint Margaret Cement nach Port La Plata bei Buenos Aires und Salpeter von Iquiqe nach England oder einem Kanal-Hafen zurück. Alle anderen Hoffnungen und Träume sind über Bord gegangen und freudlos und einsam, muß mich nur das Bewußtsein aufrichten mit einer kleinen Schaar Braver einem ehrlichen Beruf, einer Pflicht gegen mich selbst nachzukommen.*«

Dieses Verlangen nach einem ehrlichen Leben sollte nur mehr ein Traum bleiben. Nach erfolgreicher Landung in Buenos Aires nimmt die »Saint Margaret« Kurs auf Valparaíso in Chile. Sie wird, wie wir zu Beginn dieser Geschichte erfahren haben, nie dort ankommen.

Das Verschwinden des Schiffes, auf dem sich wahrscheinlich auch die mittlerweile mit Johann verheiratete Milli befand, löst in Wien Entsetzen aus. Die Presse stürzt sich auf diese Nachricht, und der Umstand, dass der Dreimaster spurlos verschwunden ist, sorgt für jede Menge teils kruder Theorien.

Auf Betreiben des Kaisers und der Toskaner organisieren Argentinien und Chile bald eine Suche nach der anderen, und sogar die britische Königin Viktoria befiehlt ihren Behörden, ebenfalls nach dem Schiff und seinem Kapitän Johann Orth zu fahnden. Aber ohne Erfolg.

Es wird noch zwanzig Jahre dauern – die gesetzliche Frist im Falle einer vermissten Person –, bis Johanns Tod schließlich bestätigt wird. Seine Mutter, die Großherzogin Maria Antonia von Toskana, ist zu diesem Zeitpunkt bereits tot. Am 7. November 1898 verstorben, hat sie die Hoffnung nie aufgegeben, Johann hätte das Schiffsunglück überlebt.

Mit dieser Hoffnung war sie nicht allein, wie sich auch in den nächsten Jahrzehnten zeigen wird. Selbst nachdem Johann am 6. Mai 1911 offiziell für tot erklärt worden ist, gibt es immer wieder neue Theorien und Legenden um den Verbleib des ehemaligen Erzherzogs. So soll er doch den Landweg nach Chile genommen, sich dort Aufständischen angeschlossen und eine militärische Karriere gemacht haben. Eine andere Theorie legt nahe, er habe sich indigenen Völkern in Chile angeschlossen. Es wird sogar behauptet, er und der japanische Admiral Graf Yamagata seien ein und dieselbe Person.

Und auch bis heute wird diesbezüglich noch spekuliert. Die Familie des 1945 in Norwegen verstorbenen Hugo Köhler behauptete nämlich, dieser sei tatsächlich Johann Orth gewesen. Dabei ging es vor allem auch um Schloss Orth, das Köhlers Nachfahren daraufhin als ihr rechtmäßiges Erbe ansahen. Die Norweger gaben den Versuch, mittels DNA-Proben den Beweis anzutreten, im Jahr 2009 allerdings auf, nachdem die Familie Habsburg eine Zusammenarbeit verweigert hatte.

Nicht unpassend, das alles, wie Friedrich Weissensteiner am Ende seiner Biografie über Johann Orth schreibt:

»Erzherzog Johann hätte sich kein besseres Schicksal wünschen können. Denn er, der stets nach Höherem strebte, der auf Ruhm und Unsterblichkeit erpicht war, lebt (wenigstens) durch diese Legenden im Gedächtnis der Nachwelt weiter.«

ZUR VERTIEFUNG

Friedrich Weissensteiner: *Ein Aussteiger aus dem Kaiserhaus: Johann Orth. Das eskapadenreiche Leben des Erzherzogs Johann Salvator. Eine Biographie.* Wien 1985.

GESCHICHTEN AUS DER GESCHICHTE

Folge 123: Christian Gottlieb Prieber – Aussteiger, Renegade und beinahe vergessener Utopist.

Eine Weltreise auf vier Rädern, mit drei Gängen, fünfzig PS und 128 Eiern

46 758. Das ist der Kilometerstand der bis dahin längsten Autofahrt der Geschichte. Die erste Weltumrundung in einem Auto dauert über zwei Jahre, führt die deutsche Industriellentochter Clärenore Stinnes gemeinsam mit dem schwedischen Fotografen und Kameramann Carl-Axel Söderström durch 23 Länder und endet im Juni 1929 nach einer Ehrenrunde durch Berlin.

Auf weiten Teilen der Strecke gibt es keine ausgebauten Straßen, geschweige denn Tankstellen oder gar Autowerkstätten. Sie durchqueren bislang unberührtes Gelände, fahren durch Wüsten, über Eis und gebirgige Geröllpisten, auf denen sie sich den Weg mit Dynamit freisprengen. Die Reise ist also in jeder Hinsicht lebensgefährlich und mit unglaublichen Strapazen verbunden. Anfangs sind auch zwei Mechaniker mit einem Ersatzteillager- und Proviant-Lkw dabei, doch die beiden verabschieden sich bald von Stinnes und ihrer Unternehmung. Größere und kleinere Zwischenfälle führen regelmäßig zu Pausen, die die ungewöhnliche Reisegesellschaft dazu nutzt, das Auto zu reparieren. Und das ist bitter nötig: Es gibt kaum ein Einzelteil des Wagens, das nicht im Laufe der Fahrt kaputtgegangen ist. Die Achsen brechen vorne und hinten, der Öltank leckt, die Kupplung geht kaputt, oder die Reifen sind platt. Fast alles am Auto muss zwischendurch repariert werden, teilweise sogar mehrfach, aber der Motor hält durch.

»Wäre ich damals vom ersten Tage an nicht blind gewesen für alle Tücken des Materials in der Zerreißprobe, die uns bevorstand, dann hätte ich aufgegeben«, wird Clärenore Stinnes später über das Abenteuer sagen.

Aber von Anfang an: Wie kommt eigentlich die Tochter des vielleicht einflussreichsten Unternehmers der Weimarer Republik dazu, mit dem Auto um die Welt zu fahren?

Ihr Vater, Hugo Stinnes, ist mehr als nur ein erfolgreicher Geschäftsmann. Er führt einen der größten Industrie- und Handelskonzerne Europas, zählt in den Krisenjahren nach dem Ersten Weltkrieg zu den reichsten Menschen des Kontinents und baut immer weiter an einem riesigen Firmengeflecht. Er ist im Bergbau aktiv, hat eine Reederei, ist während des Ersten Weltkriegs Munitionslieferant für das deutsche Heer und Verleger eines großen Medienkonzerns. Mit den Dinos (Dinos-Automobilwerke AG) und den AGAs (Aktiengesellschaft für Automobilbau) sind auch zwei ehemalige Automarken Teil des »Imperiums«. Am Höhepunkt seiner Unternehmerlaufbahn ist Hugo Stinnes an mehr als 4500 Betrieben beteiligt. Aber das ist noch längst nicht alles: Er ist nicht nur als Geschäftsmann umtriebig, sondern geht auch in die Politik. 1920 zieht er für die Deutsche Volkspartei (DVP) als Abgeordneter in den Reichstag der Weimarer Republik ein.

»Manche sagen, ihm gehöre Deutschland«, schreibt etwa die *New York Times* über den Einfluss Hugo Stinnes', und auch das *TIME Magazine* widmet ihm als einer der bekanntesten Persönlichkeiten seiner Zeit 1923 eine Titelseite und bezeichnet ihn als den »neuen Kaiser«. Die Reichen und Mächtigen gehen beim sogenannten Ruhrbaron ein und aus.

Das ist die Welt, in die unsere Protagonistin Clärenore Stinnes am 21. Januar 1901 hineingeboren wird und in der sie aufwächst. Früh zeichnet sich ihre Leidenschaft und spätere Karriere ab: Bereits als Kind interessiert sie sich für Autos und macht später auch einen Führerschein, aber ihr Vater versucht, sie auf einen Führungsposten im Unternehmen vorzubereiten.

Doch daraus wird nichts, denn 1924 stirbt Hugo Stinnes völlig unerwartet. Mit seiner Nachfolge werden Clärenores Brüder betraut, ihre Mutter verhindert, dass auch sie eine Führungsposition einnimmt. Clärenore bleibt außen vor.

Enttäuscht zieht sie nach Berlin, trägt jetzt Hose und Krawatte und möchte selbst als Unternehmerin aktiv werden. Bei der Suche nach neuen Herausforderungen wird sie schnell fündig: Clärenore Stinnes wird Rennfahrerin. Noch im Todesjahr ihres Vaters fährt sie das erste Autorennen, und das äußerst erfolgreich. 17 Siege sammelt sie, bis sie zum längsten Rennen ihres Lebens aufbricht. Unter dem Pseudonym »Fräulein Lehmann« saust sie mit Autos aus dem Stinnes-Konzern von Sieg zu Sieg.

So wurde etwa der Berliner Autohersteller AGA von Clärenores ältestem Bruder Edmund geleitet, dieser geriet allerdings nach der Währungsreform 1924 mit Einführung der Reichsmark in finanzielle Schwierigkeiten. Da schlägt Clärenore 1925 die Teilnahme an einer Rallye durch die Sowjetunion vor, die von Leningrad (heute wieder St. Petersburg) bis Tiflis (heute die Hauptstadt Georgiens) und wieder zurück nach Russland, dieses Mal nach Moskau, führen sollte. Eine fantastische Gelegenheit, auf über 5000 Kilometern und schwierigem Gelände den Komfort und das Durchhaltevermögen der AGAs unter Beweis zu stellen und neue Absatzmärkte für den strauchelnden Autohersteller zu erschließen. Denn in der Sowjetunion dürfen nur Autos verkauft werden, die ihre Qualität auf einer Rallye bewiesen haben.

In dieser Zeit geht es bei den Rallyes nämlich noch nicht um die Jagd nach Bestzeiten, sondern um die Zuverlässigkeit der Autos. Es ist daher üblich, die Fahrten als Härtetest für neue Modelle zu nutzen. Das steigert die Bekanntheit und bringt höhere Absatzzahlen. Erst als die Straßen besser, die Karten genauer und die Autos zuverlässiger werden, braucht es für den Sport neue Ziele, weshalb die Stoppuhr in den Mittelpunkt rückt.

Allerdings geht der ausgeklügelte Plan, die AGA durch diesen Marketingcoup zu retten, nicht auf. Clärenore, die einzige Frau, die am Rennen teilnimmt, gewinnt die Rallye zwar, aber ihr Bruder Edmund meldet noch im Jahr 1925 Konkurs an. Doch der Ehrgeiz der 24-Jährigen ist nach ihrer ersten Langstreckenfahrt geweckt. Sie hat eine Idee für den ultimativen Härtetest. Um die Leistungsfähigkeit eines modernen Fahrzeugs unter Beweis zu stellen, plant sie eine Weltumrundung.

Aber ist so eine Fahrt Ende der 1920er-Jahre überhaupt möglich? In weiten Teilen der Welt ist Benzin nur schwer zu bekommen, und es gibt kaum asphaltierte Straßen. Dass Autofahrten durch bislang unbefahrene Gegenden dennoch möglich sind, hat der französische Autokonstrukteur André Citroën gezeigt. 1922 durchquert er für eine Testfahrt die Sahara und lässt in den nächsten Jahren weitere spektakuläre Expeditionen folgen. Für Citroën sind diese waghalsigen Touren äußerst erfolgreiche Marketingmaßnahmen. Sie steigern die Bekanntheit der Marke – so wie die Fahrt von Oktober 1924 bis August 1925 über den afrikanischen Kontinent. Diese »Croisière Noire« führt über 28 000 Kilometer von Algerien über Südafrika bis nach Madagaskar.

Citroën ist auf dieser Fahrt mit acht Fahrzeugen und sogar einem eigenen Koch unterwegs. Doch bei den Fahrzeugen handelt es sich nicht um handelsübliche Autos, die für den normalen Straßenverkehr gedacht sind, sondern um Halbkettenfahrzeuge, die vorne mit einer lenkbaren Achse ausgestattet sind und hinten mit einem Kettenlaufwerk.

Der Plan von Clärenore Stinnes hingegen sieht anders aus. Sie will die Welt in einem serienmäßig produzierten Auto umrunden – mit vier Rädern. Sie entscheidet sich für ein Modell der Adler-Werke in Frankfurt am Main: den Adler Standard 6. Adler, ein Unternehmen, das später vor allem durch die Produktion von Schreibmaschinen bekannt wird, zählt bis zum Zweiten Weltkrieg zu den größten Fahrzeugunternehmen Deutschlands. Den Anfang machen 1880 die Adler-Fahrräder, später kommen dann Autos, Schreibmaschinen und Motorräder hinzu.

1926 feiert der Standard 6 sein Debüt und wird mit 30 000 verkauften Wagen eines der erfolgreichsten Adler-Modelle. Die Wahl fällt auf ein dunkelgrünes Exemplar mit drei Gängen und 50 PS, das in Frankfurt frisch vom Band läuft, kurz vor dem Start der Reise. Die einzige Sonderausstattung des Wagens: Die Sitze lassen sich zum Schlafen umklappen.

Nach ihrer Rückkehr von der Rallye durch die Sowjetunion verkündet Stinnes ihren Plan, mit dem Auto um die Welt zu fahren. Ihre Familie ist überhaupt nicht begeistert von der Idee, aber die deutsche Automobilindustrie erkennt das enorme Werbepotenzial der Tour. So ist es ihr ein Leichtes, Sponsoren zu finden, und sie bekommt zahlreiche Sachspenden, wie beispielsweise Ersatzreifen. Schnell hat Stinnes ein Reisebudget von 100 000 Reichsmark zusammen. Auch die Adler-Werke lassen sich die Chance nicht entgehen und stellen ihr einen Lkw für Benzin, Ersatzteile, Werkzeug, Gepäck und Proviant zur Verfügung sowie zwei Automechaniker zur Seite.

Stinnes soll mit ihrer Fahrt nicht nur Werbung im Ausland für den Standard 6 an sich, sondern auch generell für die Qualität deutscher Produkte machen, weshalb sich nicht nur große Firmen finanziell beteiligen, sondern auch das Außenministerium seine Auslandsvertretungen anweist, die Fahrt zu unterstützen. So sorgt die Industrie für die finanziellen Mittel und die Politik für die nötigen Durchreisevisa.

Sogar Reichspräsident Paul von Hindenburg steht hinter der Unternehmung und lässt es sich nicht nehmen, den ersten Eintrag ins Reisebuch zu verfassen.

Auch die Filmwelt wittert eine Sensation – lassen sich auf so einer Reise nicht spektakuläre Aufnahmen machen? Julius Außenberg, Europa-Repräsentant von Fox-Film (heute 20th Century Studios), schlägt vor, eine Doku zu drehen und die Fahrt medial zu begleiten. Stinnes sagt zu und schließt mit der Tobis Tonbild-Syndikat AG, damals neben der UFA die größte deutsche Filmproduktionsgesellschaft, einen Vertrag über die Rechte für die Wochenschauen. Das heißt aber auch, dass ein Kameramann mitfahren muss – im besten Fall die ganze Strecke. Die Wahl fällt auf den Schweden Carl-Axel Söderström, was für Stinnes und den Erfolg der Weltumrundung ein Glücksfall ist, wie wir noch sehen werden.

Viel Zeit zum Kennenlernen gibt es allerdings nicht. Erst zwei Tage vor der Abfahrt treffen sich Stinnes und Söderström zum ersten Mal. Startpunkt ist der Hof der Adler-Werke in Frankfurt am 25. Mai 1927. Die Route hat Stinnes in monatelanger Detailarbeit vorbereitet. Ein Jahr soll das Unterfangen dauern, und sie wollen zügig vorankommen, um noch vor dem Wintereinbruch Sibirien hinter sich zu lassen. Mit dabei sind nicht nur die beiden Mechaniker im Lkw und Söderström, sondern auch der Gordon Setter Lord, Stinnes' treuer Begleiter auf vier Pfoten. Zu essen gibt es in den ersten Wochen vor allem Brot mit hart gekochten Eiern. 128 Stück hat die angehende Weltumrunderin zu Beginn der Reise im Gepäck.

Im nagelneuen Standard 6 geht es erst einmal Richtung Konstantinopel (seit 1930 Istanbul) durch die ehemalige Habsburgermonarchie – Prag, Wien, Budapest –, und schon im Juni erreichen sie Adrianopel, das heutige Edirne in der Türkei. Die ersten ernsthaften Schäden am Auto sind auch schon aufgetreten, so muss etwa hinter Prag die Kupplung erneuert werden. Daran gewöhnt sich die Gruppe jedoch recht bald, denn Erschütterungen, Steine, Sand und Schlamm beanspruchen das Material derart, dass sie ständig auf Ersatzteile angewiesen sind. Es gibt kaum ein Bauteil außer Karosserie und Motor, das nicht im Laufe der Reise ausgetauscht werden muss.

Die regelmäßigen Reparaturen sorgen jedenfalls für die ein oder andere Zwangspause. Die nutzen Stinnes und ihre Gefährten für Ausflüge, auf denen Söderström einmalige Aufnahmen von Land und Leuten macht. 10 000 Meter Film wird er am Ende mit nach Hause bringen. Häufig darauf zu sehen ist Stinnes in Männerkleidung, ihrem Expeditionsoutfit mit Hose, Hemd und Krawatte.

Schließlich erreichen sie Konstantinopel. Dort kommen sie im Eisenbahnhotel Pera Palas unter, das die Compagnie Internationale des Wagons-Lits errichtet hatte, um den Fahrgästen des Orient-Express eine luxuriöse Unterkunft bieten zu können. Passenderweise soll Agatha Christie ihren berühmten Kriminalroman »Mord im Orient-Express« dort geschrieben haben – in Zimmer 411.

Auf die Erholung im noblen Hotel, mit weichen Betten und üppigem Frühstück, folgt die erste große Herausforderung: die Fahrt durch Vorderasien in gleißender Sommerhitze. Erst verlangt die hügelige Bergwelt Kleinasiens dem Standard 6 alles ab, dann geht es über Aleppo und Beirut weiter nach Damaskus, von wo sie nach Osten ins Zweistromland fahren für den nächsten Halt in Bagdad.

Vorher müssen sie allerdings die syrische Wüste queren, was sie an ihre Grenzen bringt. Ihre Route führt sie auf 460 Kilometern durch unbewohnte Gegenden, in denen es keine Wasserquellen gibt. »So heiß kann es in der Hölle nicht sein«, notiert Söderström in seinem Tagebuch. Es hat über 50 Grad im Schatten, und das setzt nicht nur den vier Weltreisenden heftig zu. Nach 100 Kilometern reißt der Benzintank des Lkws, später explodieren zwei Reifen, und außerdem geht der Öltank des Standard 6 kaputt. Die Reparaturen lassen sich in der Gluthitze kaum durchführen. Nach 40 Stunden ohne Schlaf haben sie es dann endlich geschafft; sie erreichen Bagdad und machen sich von dort auf Richtung Norden, um den Kaukasus zu überqueren, zum nächsten großen Etappenziel: Moskau.

Auf dem Weg gelangen sie in Gebiete, die noch nicht vom motorisierten Verkehr erschlossen sind, queren Gebirgsketten und reisen auf kaum mit dem Auto befahrbaren Pfaden und Feldwegen. Irgendwann besteht die Strecke nur noch aus Schlamm und ist derart überflutet, dass sie beschließen, mit dem Zug weiter Richtung sowjetische Hauptstadt zu fahren.

Als sie in Moskau ankommen, sind die ersten 10 000 Kilometer geschafft. Doch nach dieser weiteren gemeisterten Etappe verkleinert sich das Team erst einmal, denn einer der beiden Mechaniker muss sich einer Blinddarm-OP unterziehen und steigt aus. Die übrigen Weltreisenden decken sich währenddessen mit warmer Kleidung ein, schließlich soll es im September weiter nach Sibirien gehen. Sie fahren entlang einer alten Handelsstraße, dem Sibirischen Trakt, Richtung Pazifik. Wieder kommen sie nur mühsam voran; der Schlamm auf der Strecke lässt sie kaum weiterfahren, als auch noch die Hinterachse des Standard 6 bricht. Stinnes und ihr Team haben zwar etliche Ersatzteile im Lkw und auch einige Lager entlang der Strecke anlegen lassen, aber in diesem Fall bleibt nur eine Möglichkeit: Sie müssen die Autoteile in Deutschland bestellen und auf deren Lieferung warten, was eine weitere Woche Zwangspause bedeutet.

»Ich werde mit jedem Tag saurer und wünschte, ich hätte mich auf diese verdammte Reise nie eingelassen«, vermerkt Söderström in seinem Tagebuch und beschreibt damit wahrscheinlich die übergreifende Gemütslage während großer Teile der Reise ganz gut. Denn kurze Zeit später verlässt auch der zweite Mechaniker die Gruppe; die beschwerliche Fahrt in Schrittgeschwindigkeit auf Feldwegen durch Sibirien ist zu viel für ihn. Als sie den Fluss Sura überqueren müssen und die Fähre eigentlich zu klein ist für die Autos, weigert er sich weiterzufahren und tritt die Heimreise an. Ab jetzt sind Stinnes und Söderström auf sich allein gestellt. Wobei ganz allein nicht ganz richtig ist, immerhin wissen sie Lord als Wachhund stets an ihrer Seite. Außerdem werden sie auf weiten Teilen der Reise von lokalen Dolmetschern begleitet, die ihnen so manche verschlossenen Türen öffnen. Sprichwörtlich und buchstäblich.

Und auch die Hürde am Fluss meistern die zwei übrigen Weltreisenden; sie verstärken die Fähre mit Baumstämmen und schaffen es so mit beiden Fahrzeugen ans andere Ufer. Nachdem kein befahrbarer Weg bis Nowosibirsk, der Zielstadt in Sibirien, auszumachen ist, beschließen sie, mit dem Zug weiter nach Irkutsk zu fahren, das oberhalb der mongolisch-russischen Grenze am südlichen Ende des Baikalsees liegt. Den tiefsten See der Welt will Stinnes jedoch nicht einfach umkurven. Sie will über den Baikalsee fahren. Zwei Monate wartet sie gemeinsam mit Söderström, bis ihnen die Eisdecke dick genug erscheint. Noch nie zuvor ist ein Auto über den See gefahren, und wenn sie einbrechen, wäre das ihr sicheres Todesurteil.

Dennoch wagen sie die Fahrt, doch die Eisdecke ist an einigen Stellen zu dünn, um das Gewicht des Autos zu tragen. In Sichtweite bricht ein Bauer samt Pferd und Schlitten durch die Eisdecke, und auch vor ihnen macht sich plötzlich ein Spalt auf. Bremsen ist nicht mehr möglich, aber dank der Geschwindigkeit des Autos »springen« sie über die Kante. »Mit heiler Haut davongekommen. Wölfe begleiten unsere Fahrt. Fräulein Stinnes bietet mir das Du an«, schreibt Söderström in sein Tagebuch.

Das gemeinsame Überwinden solch lebensgefährlicher Situationen schweißt die Abenteurerin und den Kameramann zusammen. Und das ist auch gut so, denn auf ihrer Route reiht sich Hindernis an Hindernis. Waren sie während des Sommers in der syrischen Wüste extremer Hitze ausgesetzt, sind es jetzt Minusgrade in Sibirien, die ihnen zu schaffen machen. Der Wagen ist teilweise völlig vereist. Wenn sie den Motor starten wollen, müssen sie die Zündkerzen vorher in einen Backofen legen und die Ölwanne des Standard 6 mit Feuer auftauen.

Während die Temperaturen im weiteren Verlauf ihres Abenteuers wieder angenehmer werden, bleibt die Strecke herausfordernd: Vom Eis geht es jetzt in den Sand durch die Wüste Gobi in das am dünnsten besiedelte Land der Welt, die Mongolische Volksrepublik. Danach führt die Reise Stinnes und Söderström über die Chinesische Mauer in Richtung Peking, das sie im März 1928 erreichen. Ein riesiger Presserummel erwartet sie dort, mit Reportern aus aller Welt, die über die unglaubliche Fahrt von Frankfurt bis Peking berichten.

Von der chinesischen Hauptstadt aus ist es nicht weit zur Küste, an der ein Schiff wartet, das Stinnes und Söderström nach Japan bringen soll. In Tokio angekommen können sie dann erst einmal wieder etwas durchschnaufen. Sie verbringen dort zwei Wochen beim deutschen Botschafter, ehe sie in Yokohama den Dampfer »President McKinley« besteigen, der sie quer über den Ozean nach San Francisco bringt. Den Jahrestag der Reise am 25. Mai 1928 feiern die beiden auf Hawaii. Ursprünglich war die Weltumrundung auf ein Jahr angelegt, dabei haben sie jetzt erst die Hälfte der Strecke zurückgelegt.

Stinnes und Söderström könnten es sich jetzt einfach machen und von San Francisco sofort den Weg Richtung Ostküste einschlagen, stattdessen brechen sie auf und begehen den vielleicht gefährlichsten Teil der Reise. Vorher machen sie noch kurz in Hollywood halt, wo sie mit Buster Keaton einen der größten Stars ihrer Zeit treffen, ehe sie weiter Richtung Los Angeles fahren. Dort lassen sie Lord und den Lkw zurück, um nach Südamerika aufzubrechen.

Sie queren Zentralamerika und fahren vom Panamakanal, der 14 Jahre zuvor eröffnet worden ist, nach Peru, wo sie eine Route über die Anden wählen. Im Juli 1928 machen sie sich von Lima aus auf mit einem peruanischen Begleiter an ihrer Seite. Aber auch diese Etappe wird wieder zu einer extremen, vielleicht der größten Belastungsprobe. Sie kommen kaum voran, müssen per Handflaschenzug das Auto steile Schotterwände hinaufhieven und Steigungen von sechzig Prozent überwinden. Söderström notiert in seinem Tagebuch: »Tagesleistung 150 Meter! Es sieht traurig aus.«

Ständig sind Stinnes und der Kameramann auf die Hilfe von Einheimischen angewiesen, die sie engagieren, um das Auto zu ziehen, Hindernisse wie Geröllschluchten zu überwinden und Reparaturen vorzunehmen, etwa als die Hinterachse erneut bricht. Einmal ist der Weg komplett versperrt, Söderström und Stinnes bleibt nichts anderes übrig als ein Fußmarsch über 50 Kilometer durch die Wüste. Zu essen haben sie auch nichts mehr, und nur das Wasser aus dem Kühler hält sie noch am Leben.

Dann bricht auch noch das Antriebskegelrad, was sie zu einer Pause zwingt, denn das Ersatzteil muss erst aus Deutschland bestellt werden. Zwei Monate warten sie derweil am Titicacasee auf knapp 4000 Metern. Er ist damit der höchstgelegene schiffbare See der Welt. Das Gebiet um den See gilt als das Ursprungsgebiet des Kartoffelanbaus. Das wird Söderström und Stinnes aber wenig interessiert haben. Körperlich und emotional kommen sie langsam, aber sicher an ihre Grenzen. Söderström etwa muss sich von einer Lungenentzündung erholen.

Im November 1928 geht es dann weiter, sie fahren Richtung Bolivien und erreichen den nächsten Meilenstein: Buenos Aires in Argentinien. Hier erwartet sie wieder ein riesiges Pressetheater, und ehe es durch die Pampa wieder zurück an die Pazifikküste geht, kommen die Rennfahrerin und Söderström für die nächsten Wochen erst einmal bei Stinnes' Onkel unter. Danach fahren sie zurück nach Chile. Es ist der letzte Teil ihrer Reise, in dem das Dynamit zum Einsatz kommen muss, um Hindernisse aus dem Weg zu sprengen. Ab jetzt wird wieder mehr gefahren als gezogen!

Ein Dampfer bringt sie zurück in die USA. Der neue Kilometerstand: 28 000. Innerhalb von drei Monaten folgen 17 000 weitere Kilometer kreuz und quer durch die USA – ein echtes Spektakel für die Medien! Wo sie auch hinkommen, gibt es Pressetermine und Empfänge. Henry Ford führt Söderström und Stinnes in Detroit durch die Werkshallen, in denen das berühmte Modell T gebaut wird, und sogar US-Präsident Herbert Hoover trifft sich mit den Autoweltreisenden.

Ihre USA-Etappe beenden die beiden in New York, von dort aus geht es mit dem Schiff nach Le Havre und mit dem Auto über Paris nach Berlin, inklusive Ehrenrunde, wo die Fahrt offiziell am 24. Juni 1929 nach 46 758 Kilometern endet. Ein paar Kilometer kommen allerdings noch hinzu, weil Stinnes Söderström nach Stockholm fährt.

Damit endet ein Abenteuer, von dem kaum zu glauben ist, dass sie es geschafft und unbeschadet überstanden haben: eine Fahrt, die durch mehr Eis, Sand, Schlamm und Geröll führte als über Asphalt, in lebensgefährlicher Hitze und Kälte. Eine solche Reise war natürlich nur möglich, weil sie finanziell sämtliche Mittel ausschöpfen konnten und auf allen Stationen über gute Kontakte verfügten, etwa durch die deutschen Auslandsvertretungen, und auch die Autoindustrie ein reges Interesse daran hatte, dass die Fahrt ein Erfolg wird.

Nach der Weltumrundung setzen sich Stinnes und Söderström gleich zusammen, um den geplanten Film zu produzieren, und Stinnes veröffentlicht noch im Jahr der Rückkehr ihren Reisebericht als Buch. Anschließend wird es jedoch still um die beiden, die bald ein neues Leben beginnen – zusammen. Der verheiratete Söderström lässt sich scheiden, heiratet die Abenteurerin, und sie bekommen drei Kinder. Als Renn- oder Autofahrerin ist Stinnes nicht mehr aufgefallen. Mit ihrer Familie lebt sie auf einem Gutshof in Südschweden von der Landwirtschaft und stirbt am 7. September 1990. Ihre Pionierfahrt um die Welt gerät bald in Vergessenheit.

ZUR VERTIEFUNG

Carl-Axel Söderström, Gabriele Habinger: *Eine Frau fährt um die Welt: Die spektakuläre Reise der Clärenore Stinnes 1927–1929.* München 2017.

GESCHICHTEN AUS DER GESCHICHTE
Folge 356: Das DeLorean-Drama.

Die Seekuh, die kam und verschwand

Die Geschichte unserer Flora und Fauna ist auch eine Geschichte des Aussterbens. Eines der berühmtesten Beispiele hierfür ist wahrscheinlich der Dodo, ein flugunfähiger Vogel, der einzig auf Mauritius lebte und den wir heute nur noch von ausgestopften Exemplaren und Zeichnungen kennen. Denn nicht ganz ein Jahrhundert nachdem er zum ersten Mal von europäischen Forschern erwähnt worden war, galt er um 1690 schon als ausgestorben. Der Grund dafür lag, wie so häufig, in der Besiedelung der Insel durch europäische Mächte. Sie schleppten Ratten ein, aber auch andere Tiere wie Affen oder Schweine, die dem außergewöhnlichen Vogel den Garaus machten. Seit geraumer Zeit ohne natürliche Feinde auf der Insel war der Dodo der Gier der unbekannten Inselbesucher hilf- und schutzlos ausgesetzt.

Ein ähnliches Schicksal wird nur ein Jahrhundert später eine weitere Spezies ereilen. Ein Schicksal, das einerseits geprägt vom aufklärerischen Forschungsgeist der Zeit ist, andererseits aber auch von den Auswüchsen des europäischen Kolonialismus. Es ist die Geschichte eines Aussterbens in Echtzeit, und alles beginnt mit einer Expedition, über die allein schon ganze Bücher geschrieben wurden: die Große Nordische Expedition.

Verantwortlich dafür, dass diese Forschungsreise stattfindet, ist niemand Geringerer als jener Mann, der, wie in einer anderen Geschichte in diesem Buch beschrieben wird, Jahrzehnte zuvor Europa unter relativer Anonymität bereist hat: Peter der Große.

Neben dem Ansinnen, sein Land politisch und militärisch an die großen Reiche Europas heranzuführen, will er dasselbe auch im Bereich der Wissenschaft erreichen. Der Traum des Zaren ist, sein Land auf die Spuren der großen Entdecker und Forscher jener Zeit zu führen, um die unerforschten Regionen vor allem Russlands und des östlichen Asien zu erkunden. Natürlich ist dieser Traum von der sehr realen Notwendigkeit beeinflusst, neue Handelswege zu finden. Nicht zuletzt, weil die chinesische Regierung den Zugang zum Fluss Amur, dem Grenzfluss zwischen China und Russland, verweigert.

Doch Peter wird seinen Traum nicht mehr selbst verwirklichen können, er stirbt im Jahr 1725, ein Jahr nachdem er die Russische Akademie der Wissenschaften begründet hat. Der Vorstellung ihres Gründers entsprechend ist die Akademie zu großen Teilen wie eine Universität aufgebaut. Die ersten Professoren, die aus Deutschland, der Schweiz und Frankreich stammen, unterrichten sowohl russische als auch deutsche Studenten, können sich aber zugleich ihren eigenen Forschungen widmen. Unter ihnen finden sich Historiker, Juristen, Philosophen, Chemiker, Mathematiker, Astronomen und Mediziner.

Schnell nimmt die Akademie eine höchst wichtige Rolle in Russland ein: Sie prägt das russische intellektuelle Leben und ist federführend in der Erkundung des unerforschten östlichen Hinterlands.

Ein Mann, dessen Name mit den Anstrengungen der Erkundung des russischen Hinterlands verknüpft ist wie kaum ein anderer, ist der dänische Kapitän und Marineoffizier Vitus Jonassen Bering. Angezogen von Peters Plänen, die russische Marine zu erweitern und mit fähigen Männern zu besetzen, ist er im Jahr 1703 in den Dienst ebendieser getreten. Er steigt schnell auf, bis er schließlich im Jahr 1720 die Stellung eines Kapitäns zweiter Klasse innehat.

Noch von Peter angeheuert, leitet der erfahrene Kapitän unter Zarin Katharina I. ab dem Jahr 1725 die erste Forschungsreise in den Osten Russlands. Sie wird heute als die Bering-Expedition oder auch als die erste Kamtschatka-Expedition bezeichnet, nach der Halbinsel im äußersten Osten Russlands. Es ist eine Expedition, die die Welt verändert – zumindest dahingehend, dass eine Meerenge zwischen Asien und Amerika entdeckt wird, die beweist, dass die Landflächen der beiden Kontinente nicht verbunden sind. Diese Meerenge wird fortan als Beringstraße bezeichnet werden. Gleichzeitig wird mit der Kartografierung dieses Gebiets auch die Grundlage für eine weitere, noch ambitioniertere Expedition geschaffen: die zweite Kamtschatka-Expedition oder auch, wie eingangs schon erwähnt, die Große Nordische Expedition.

In diesem Zusammenhang lernen wir nun auch jenen Mann kennen, der eine zentrale Rolle in dieser Geschichte übernehmen wird: Georg Wilhelm Steller, ein bayerischer Arzt und Naturforscher, der sich schon in jungen Jahren einen Namen gemacht hat. Nach Aufenthalten als Botaniker an der Universität Halle und schließlich als freier Botaniker in Berlin zieht es ihn nach St. Petersburg. Die dortige Akademie der Wissenschaften erfreut sich noch immer großer Unterstützung durch das Kaiserhaus und verfügt über die Art von Budget, die einen jungen Wissenschaftler wie Steller anzieht.

Steller, der rein menschlich betrachtet als eher schwierig und arrogant gilt, beeindruckt bald mit seiner naturwissenschaftlichen Akribie. Auch Bering, den er im August 1740 zum ersten Mal trifft, imponiert der junge Forschergeist, und so schließt der Kapitän Steller ab diesem Zeitpunkt in seine Pläne für weitere Expeditionsfahrten mit ein.

Es ist nämlich so: Bering ist schon im Jahr 1730 mit der Organisation der zweiten Expedition betraut worden, die im Jahr 1733 nach aufwendigen Vorbereitungen startet und über 3000 Teilnehmerinnen und Teilnehmer umfasst, von Wissenschaftlern, Offizieren, Matrosen und Handwerkern bis zu Jägern.

Die Expedition wird in drei Gruppen aufgeteilt: einer nördlichen, die sich der Vermessung, der Kartografie und der Erforschung der Nordostpassage widmet; einer pazifischen, die den Seeweg nach Japan und Nordamerika erkunden soll; und schließlich einer akademischen, die vor allem die Geschichte, die Flora und Fauna sowie die Ethnografie Sibiriens erforschen soll. Steller reist zunächst als Mitglied der akademischen Gruppe im Jahr 1738 nach Sibirien.

Nachdem Bering Steller wie bereits erwähnt im Jahr 1740 in Sibirien kennengelernt hat, wechselt Steller zur pazifischen Gruppe, zu der auch Bering selbst gehört. Obwohl Steller persönlich mit wissenschaftlichen Ambitionen an Bord geht, ist seine primäre Aufgabe die des Schiffsarztes.

Als am 30. August 1740 die beiden kürzlich fertiggestellten Schiffe »St. Peter« und »St. Paul« in Richtung Osten aufbrechen, ist Steller also an Bord der »St. Peter«, dem Schiff Berings. Die »St. Paul« segelt unter Schiffskommandeur Alexei Tschirikow. Ihr Ausgangspunkt ist die Stadt Ochotsk, gegründet knapp hundert Jahre zuvor und seit der ersten Kamtschatka-Expedition ein enorm wichtiger Ausgangspunkt für Handel, Seefahrt und Wissenschaft.

Anfangs verläuft alles mehr oder weniger nach Plan. Die beiden Schiffe erreichen im Oktober Kamtschatka. Die Bucht, in der sie anlegen, war erst einige Monate zuvor auf Geheiß Berings für eine kleine Siedlung vorbereitet worden. Sie nennen sie Petropawlowsk, also Peter-und-Paul-Hafen, nach ihren beiden Schiffen. Der Ort wächst im Laufe der nächsten Jahrzehnte zu einer richtigen Stadt heran und ist heute die Hauptstadt der Region.

Sie überwintern in Kamtschatka, und Steller nutzt das kommende halbe Jahr dazu, sich mit den dortigen Einheimischen vertraut zu machen und mehr über die Pflanzenwelt herauszufinden. Ein Umstand, der ihm – das lässt sich ohne einen Hauch von Übertreibung sagen – in weiterer Folge das Leben retten wird. Dazu aber später noch mehr.

Am 15. Juni 1741 bricht die Gruppe um Bering und Tschirikow schließlich mit der »St. Peter« und der »St. Paul« in Richtung Amerika auf. Zu Beginn segeln sie noch im Verbund, doch schon nach einigen Tagen, am 20. Juni, werden sie aufgrund der Witterung voneinander getrennt. Ein schlechtes Zeichen, denn der Sinn dahinter, dass zwei Schiffe gemeinsam diese unbekannten Gewässer durchfahren, ist, dass sie sich im Falle eines Unglücks gegenseitig Hilfe leisten können.

Trotzdem scheint es zunächst so, als könnte die Forschungsgruppe ihre Ziele doch noch erreichen. Die »St. Paul« landet nur einen Monat nach ihrer Abreise aus Kamtschatka an der Küste Alaskas. Um zu eruieren, ob eine der Buchten für ein sicheres Anlegen geeignet ist, beordert Kommandeur Tschirikow mehrere Männer in einem Langboot Richtung Land. Die Bucht, die sie erkunden sollen, heißt heute Takanis Bay und liegt nordwestlich der Stadt Sitka. Als Tschirikow seine Männer ans Ufer schickt, ist das alles natürlich noch unerkundetes Gebiet, und wie sich schnell herausstellt, wird Tschirikow auch nicht derjenige sein, der die Region erkundet.

Weder Boot noch Männer kehren zurück, ein erneuter Versuch mit einem weiteren Boot und ein paar Männern liefert dasselbe Resultat. Nach dem Verlust von beiden Booten und 15 Männern mutmaßt der Kommandeur der »St. Paul«, dass sie wohl auf Einheimische gestoßen und getötet worden sind.

Am 27. Juli beschließt Tschirikow angesichts des schwindenden Proviants die Reise zurück nach Kamtschatka anzutreten.

Die »St. Peter« unter Bering hat in der Zwischenzeit ebenfalls Alaska erreicht, allerdings ein gutes Stück weiter nordwestlich, an einer Insel, die heute aufgrund ihrer Form den Namen Kayak trägt. Im

Gegensatz zu Tschirikow ist Bering mit der Erkundung erfolgreich. Er betritt die Insel, und Steller kann sich nun endlich der Beobachtung der Meerestiere widmen. Allerdings nicht ohne Auflagen; so erlaubt ihm Bering nur zehn Stunden an Land.

Die Freude Stellers darüber, als erster Wissenschaftler Alaska zu betreten, währt jedoch nicht lang, denn die gefürchtete Geißel der Seefahrt schlägt jetzt auch auf der »St. Peter« zu: Skorbut. Jene Erkrankung, die im Laufe der Jahrhunderte mehr Opfer auf See gefordert hat als alle militärischen Auseinandersetzungen zu der Zeit zusammen. Selbst in diesem Buch sind wir der Krankheit schon einige Male begegnet. Und so muss Bering, der selbst bereits an Skorbut erkrankt ist und sich kaum noch aus seiner Kajüte herausbewegt, ebenfalls die Heimreise nach Kamtschatka antreten. Als der Leiter und seine Mitreisenden an einer unbewohnten Insel haltmachen, um Trinkwasser zu besorgen, stirbt mit Nikita Shumagin das erste Mitglied der Besatzung. Die Inselgruppe Shumagin Islands ist seither nach ihm benannt.

Shumagin wird nicht das einzige Opfer dieser Seefahrerkrankheit bleiben, denn ab jetzt kommt es Schlag auf Schlag. Mehr und mehr Mitglieder der Besatzungen beider Schiffe erkranken an Skorbut, und am 16. November treibt ein Sturm die »St. Peter« in die Bucht einer unbewohnten Insel vor Kamtschatka. Das Schiff wird dabei komplett zerstört.

Die Männer finden an Land Unterschlupf, ein nahe der Bucht gelegenes Höhlensystem wird zu behelfsmäßigen Unterkünften umgebaut. Dabei machen die Männer auch Bekanntschaft mit einer auf der Insel lebenden Spezies: den Blaufüchsen. Die Füchse, die die Dünen als Versteck gewählt haben und von den Eindringlingen gestört wurden, zerren jetzt an deren Hosen und machen die gesamte Situation nicht gerade einfacher.

Im Laufe des folgenden Monats sterben weitere Männer an der

Seefahrerkrankheit, und nach jenem Mann, der am 8. Dezember stirbt, wird die Insel vor Kamtschatka später benannt werden: Es ist nämlich Bering selbst.

In der Zwischenzeit hat Steller, der ja eigentlich der Schiffsarzt ist, begonnen, sein in Sibirien gesammeltes Wissen einzusetzen. Er hat aus Gesprächen mit Einheimischen gelernt, welche Kräuter Linderung oder sogar Heilung im Angesicht der Mangelerkrankung bringen können. So wandelt er sich in den nächsten Monaten vom Schiffsarzt zum Seelsorger und de facto Anführer des Camps auf der Beringinsel. Erst nachdem die Forschenden der Krankheit Anfang des Jahres 1742 Herr geworden sind, kann Steller das tun, wofür er eigentlich nach Alaska gekommen ist: Tiere beobachten und Pflanzen sammeln.

Neben Seeottern und diversen Vogelarten stößt er auf eine Kreatur, die er noch nie zuvor gesehen hat. Es ist ein beeindruckendes Tier: Mehr als neun Meter lang und von Steller als ein bis zu 800 Kilogramm schweres Ungetüm beschrieben; laut späterer Schätzungen, basierend auf Knochenfunden und entsprechenden Berechnungen, ist es wahrscheinlich sogar bis zu 5 Tonnen schwer. In den seichten Gewässern vor der Insel grasend, hat dieses den Dugongs und Manatis ähnelnde Tier einen walartigen Leib, der von einer dicken, ledrigen Haut bedeckt ist. Kräftige Flossen an den Vorderseiten des Körpers dienen zur Fortbewegung und zum Abstützen, während die Tiere Seegras fressen, das ihre Hauptnahrungsquelle darstellt. Das Wasser verlassen sie nie komplett, ihr Rücken ist beim Fressen aber stets der Luft ausgesetzt.

Steller wird der einzige Wissenschaftler bleiben, der diese Spezies – sie wird später nach ihrem Entdecker Stellersche Seekuh oder auch Stellers Seekuh genannt – wissenschaftlich beschreiben wird. Warum das so ist, zeigt sich unmittelbar nach der Entdeckung dieser Tiere: Sie werden von der auf der Insel festsitzenden, hungrigen Mannschaft gejagt und verspeist. Wobei Jagen hier schon zu viel gesagt ist: Ohne natürliche Feinde ist die Stellersche Seekuh nicht sonderlich scheu, und sie ist auch relativ langsam.

Das bedeutet aber nicht, dass die Jagd auf das massive Tier einfach ist, vor allem, da die Mannschaft aufgrund des Mangels an Proviant und der von Skorbut dominierten vergangenen Monate noch immer recht geschwächt ist. Mit vereinten Kräften schaffen sie es, ein Exemplar zu harpunieren, an Land zu ziehen und zu zerlegen. Der Speck des Tieres erweist sich nach einigen Tagen des Pökelns als wohlschmeckend, das Fleisch, wenn auch etwas zäh, erinnert an Rindfleisch.

Mit den Temperaturen steigt ab den Frühlingsmonaten auch die Zuversicht zu überleben. Gestärkt vom Seekuhfleisch wird ein Plan geschmiedet, von der Insel wegzukommen.

Die erste Idee, nämlich eines der Langboote der »St. Peter« mit einem Segel auszustatten, wird verworfen. Die Seefahrenden fürchten zu Recht, es würde auf stürmischer See einfach kentern.

Also beginnen sie stattdessen eine neue Version der »St. Peter« zu bauen. In einem Dokument, das von allen Überlebenden verfasst wird und den Titel »Entscheidung getroffen auf Grundlage der Feststellung, dass das Land eine Insel ist« trägt, wird festgelegt, dass sie die Reste der »St. Peter« verwenden, um ein baugleiches, aber nur halb so großes Schiff zu errichten.

Die Arbeiten beginnen Anfang Mai 1742, und knapp vier Monate später können Steller und die übrigen 45 Überlebenden auf dem kleinen Schiff, das sie »St. Peter II« getauft haben, die Insel wieder verlassen. Am 26. August erreichen sie die Awatscha-Bucht Kamtschatkas: Gerettet!

Für Steller ist die Erleichterung wohl auch mit Enttäuschung gepaart: Aufgrund des Platzmangels an Bord muss er vieles von dem, was er auf der Reise gesammelt hat, zurücklassen; darunter auch ein komplettes Seekuhskelett. Allerdings hat er die Monate auf der Insel bereits dazu genutzt, seine Erkenntnisse und Beobachtungen aufzuschreiben.

Dabei ist anzumerken, dass Steller gar nicht davon ausging, dass er eine neue Spezies entdeckt hatte. Er schreibt in seinem Werk, dass es sich bei dem gigantischen Tier wohl um ein Dugong oder Manati handle.

Dass er der einzige Wissenschaftler bleiben würde, der eine lebende Stellersche Seekuh zu Gesicht bekommt, kann er zu diesem Zeitpunkt noch nicht ahnen.

Denn schon bald wird von Überlebenden der »St. Peter« die Nachricht verbreitet, dass auf den Inseln östlich von Kamtschatka eine Vielzahl an Tieren zu finden sei, die vor allem für eine zu der Zeit in Sibirien sehr aktive Gruppe interessant sind: die Promyshlenniki.

Unter diesem Namen werden Pelzhändler, meist ehemalige russische Leibeigene, aber auch indigene Einwohner Sibiriens, zusammengefasst. Sie sind bekannt dafür, wenig Skrupel an den Tag zu legen, wenn es darum geht, an ihre Beute zu kommen. Das bedeutet nicht nur, dass sie die Einwohner der Gebiete, in denen sie jagen, schlecht behandeln oder sogar versklaven, sondern auch, dass sie keinerlei Rücksicht auf ökologische Auswirkungen ihrer Tätigkeit nehmen – was zugegebenermaßen im 18. Jahrhundert ohnehin eine Seltenheit war und auch heute leider keine Selbstverständlichkeit ist.

Die Händler, angefeuert durch den beinahe unstillbaren Durst nach Pelzhüten, -krägen und -mänteln der russischen und europäischen Aristokratie, fallen in den nächsten Jahrzehnten ohne Unterlass über die Inseln in Sibirien und Alaska her. Tausende Schiffe verlassen die Häfen Kamtschatkas, ihr Ziel sind vor allem die Blaufuchs-, Otter- und Robbenbestände. Die Stellersche Seekuh ist dabei sozusagen Kollateralschaden. Um die unzähligen Pelzhändler und Jäger nämlich mit Proviant zu versorgen, beginnen sie die riesigen Tiere auf den Kommandeurinseln, zu denen die Beringinsel gehört, zu jagen.

Die Stellersche Seekuh ist so gut wie wehrlos. Die Orte, an denen sie grast, sind sehr seicht und einfach zu erreichen. Wird ein Tier der Herde harpuniert, versuchen andere Seekühe es ins tiefere Wasser zu schieben, wobei sie jedoch selbst zum Ziel der Jäger werden.

Es dauert keine dreißig Jahre, bis von der Stellerschen Seekuh kein einziges Exemplar mehr am Leben ist. Im Laufe der Jahrzehnte werden zwar immer wieder Sichtungen im Nordpazifik gemeldet, die letzte bestätigte ist jedoch aus dem Jahr 1768.

Letztendlich sind die Jäger, die ihre Boote mit dem Fleisch und Speck dieser Tiere füllen, diejenigen, die der Stellerschen Seekuh den Rest geben. Es ist aber wohl vielmehr der Schlusspunkt einer komplexeren Entwicklung, die schon vor weit längerer Zeit begonnen hat. Manche Wissenschaftler und Wissenschaftlerinnen sehen in den Veränderungen des Klimas ab dem 16. Jahrhundert einen Grund, da damit der natürliche Lebensraum der Meeressäuger stark verkleinert wurde. Jene Seekühe, die Steller während seines Aufenthalts auf der Beringinsel beobachten konnte, waren daher wohl nur Restbestände einer ohnehin schon seit Jahrhunderten schrumpfenden Anzahl an Tieren.

Der Zoologe Samuel Turvey und die Epidemiologin Clare Risley veröffentlichten im Jahr 2005 eine Studie, in der sie nachzeichnen, wann und weshalb die letzte Seekuh in den seichten Gewässern der Kommandeurinseln graste. Sie stützten sich dafür auf die Beobachtungen Stellers, ältere Berechnungen des amerikanischen Zoologen Leonhard Stejneger und Aufzeichnungen von Jagdexpeditionen zu jener Zeit.

Sie kamen zu dem Schluss, dass zwar vor allem die verschwenderische Jagd zum Aussterben der Stellerschen Seekuh führte, sie aber aufgrund der ohnehin schon sehr niedrigen Bestände zum Zeitpunkt ihrer Entdeckung auch bei einem schonenderen Jagdregime ausgestorben wäre. Nur ein komplettes Jagdverbot hätte sie wohl noch ein paar Jahrzehnte, vielleicht sogar ein Jahrhundert lang überleben lassen.

Steller wird diese Misere jedoch nicht mehr erleben.

Er verbringt nach der Rückkehr der »St. Peter II« noch einige Jahre in Kamtschatka, betätigt sich dort vor allem ethnologisch. Aufgrund seiner Art, den indigenen Völkern Sibiriens weit unvoreingenommener als andere Wissenschaftler zu begegnen, wird er sogar angeklagt; Aufwiegelung gegen die Herrschaft Russlands lautet der Vorwurf, Steller wird jedoch freigesprochen. Es wird ihm allerdings nicht mehr viel nützen, denn er erkrankt Mitte 1746 schwer und stirbt im November in der Stadt Tjumen an Fieber.

Sein Werk »De Bestiis Marinis« wird posthum im Jahr 1751 veröffentlicht. Die darin beschriebene Seekuh wird ihn nur um knapp zwanzig Jahre überleben.

ZUR VERTIEFUNG

Stephen R. Bown: *Island of the Blue Foxes. Disaster and Triumph on the World's Greatest Scientific Expedition.* Boston 2017.

GESCHICHTEN AUS DER GESCHICHTE
Folge 334: Rachel Carson und der stumme Frühling.

Inselverzwergung im Dinosaurierland und albanische Abenteuer

Seine längste Reise führt den Paläontologen, Geologen und Albanologen Franz Baron Nopcsa von Felső-Szilvas zwar nicht weit weg, aber sehr weit zurück. Nämlich in eine Zeit, lange bevor die ersten Menschen die Erde bewohnen. Der Protagonist unserer nächsten Geschichte wächst in Siebenbürgen (oder auch Transsilvanien) auf einem Schloss in der Nähe von Haţeg auf. Ein kleines Dorf, das heute in Rumänien liegt – zur Zeit von Nopcsas Geburt im Königreich Ungarn. Um genau zu sein, in der Doppelmonarchie Österreich-Ungarn, denn Nopcsa kommt im Jahr 1877 auf die Welt.

Seine Familie zählt zu einem alten ungarischen Adelsgeschlecht mit guten Beziehungen zum Kaiserhaus in Wien. Sein gleichnamiger Onkel etwa ist seit 1868 Oberhofmeister der Kaiserin und leitet ihren Hofstaat. Die Kaiserin zu jener Zeit ist übrigens keine Geringere als Elisabeth von Österreich-Ungarn, besser bekannt als Sisi. Der Welt der Macht und Politik bleibt auch der junge Franz Nopcsa im Laufe der Jahre nicht fern. Sein späteres Bemühen darum, König von Albanien zu werden, ist jedoch ein aussichtsloses Abenteuer, dazu aber später mehr, denn zunächst stürzt er sich in ein anderes Abenteuer: Er wird nämlich Forscher.

Die Zeitreise von Baron Nopcsa beginnt mit einem Knochen. Einem Knochen, den seine jüngere Schwester Ilona ihm gibt, als er 18 Jahre alt ist, den sie zuvor selbst in der Nähe ihres Grundstücks, des Castelul Nopcsa, ausgegraben hat. Es stellt sich heraus, dass es sich um einen Dinosaurierknochen handelt. Nopcsa ist fasziniert von den fossilen Überresten und kontaktiert Eduard Suess, der zu dem Zeitpunkt Geologieprofessor an der Universität in Wien ist. Suess rät ihm daraufhin zum Studium und begleitet ihn in den nächsten Jahren.

Dinosaurier sind zu dieser Zeit längst bekannt und wurden bereits zahlreich ausgegraben. Der französische Naturforscher Georges Cuvier liefert einige Jahrzehnte zuvor die Idee, dass es sich bei Fossilien um ausgestorbene Tiere handelt, die Fossiliensammlerin Mary Anning findet an der Südküste Englands die ersten Meeressaurier, und der Landarzt Gideon Mantell schreibt schon Anfang der 1820er-Jahre von pflanzenfressenden Riesenechsen. Derjenige, der den Dinosauriern letzten Endes 1841 ihren Namen gibt, ist allerdings Richard Owen, einer der bedeutendsten Naturforscher im 19. Jahrhundert. Waren bis in die 1850er-Jahre nur wenige einzelne Dinosaurier bekannt, ändert sich das im Zuge der »Bone Wars« zwischen den US-Paläontologen Othniel Marsh und Edward Cope. Bis zum Ende des Jahrhunderts kommen allein durch diese beiden Forscher weit über 100 neue Arten hinzu.

Dem Forschungsfieber seiner Zeit entsprechend geht Nopcsa also nach Wien, studiert Geologie, promoviert nach kürzester Zeit und macht sich auf die Suche nach den Urzeit-Giganten. Fündig wird er schließlich in ebenjener Gegend, in der er aufgewachsen ist, in Siebenbürgen. Doch die dortigen Fossilien geben ihm Rätsel auf. Die Analyse der Knochen, die er dort findet, lässt darauf schließen, dass es sich um ausgewachsene Tiere gehandelt haben muss. Allerdings sind sie viel zu klein für die Arten, denen sie entsprechen.

Da ist zum Beispiel der Magyarosaurus, ein Sauropode, der 1915 von Nopcsa erstmals beschrieben wird. Sauropoden waren pflanzenfressende Dinosaurier, die sich vierfüßig fortbewegten und sich durch einen äußerst langen Hals sowie Schwanz auszeichneten. Aber ihr markantestes Erkennungsmerkmal war sicherlich ihre gigantische Größe. Im Museum für Naturkunde in Berlin steht mit dem Giraffatitan brancai das größte echte montierte Dinosaurierskelett der Welt. Die tonnenschweren Knochen wurden während der Kolonialzeit des Deutschen Reichs in Ostafrika zwischen 1885 und 1918 im Zuge einer Expedition am Tendaguru-Hügel Anfang des 20. Jahrhunderts nach Berlin verschifft.

Auch der Giraffatitan brancai, der nach dem damaligen Direktor des Museums Wilhelm von Branca benannt wurde, ist ein Sauropode. Er hat eine Höhe von 13,27 Metern, eine Gesamtlänge von bis zu 26 Metern und brachte vermutlich ein unglaubliches Lebendgewicht von etwa 50 Tonnen auf die Waage.

Anhand dieser Maße lässt sich ahnen, wie die friedliebenden, pflanzenfressenden Sauropoden ihre Feinde abschreckten: nämlich durch ihre gewaltige Größe. Nicht so jedoch die Sauropoden, die Nopcsa vor sich hat. Der Magyarosaurus etwa war mit einer Höhe von zwei und einer Länge von sechs Metern vergleichsweise winzig. Der Baron stößt im Westen Rumäniens auf zahlreiche Überreste von solchen »Zwergdinosauriern«. Dazu zählt beispielsweise auch der Telmatosaurus transsylvanicus, ein Vogelbeckensaurier (Ornithischia), den Nopcsa 1900 erstmals beschreibt.

Aber warum sind die Dinosaurier in Siebenbürgen kleiner als ihre Verwandten in anderen Teilen der Welt? Nopcsa liefert für dieses Phänomen eine Erklärung, die Forschende bis heute überzeugt. Und er ist dabei einer der ersten Forscher, der die Erkenntnisse der Evolutionsbiologie bei Fossilien anwendet, denn er gibt sich nicht damit zufrieden, Knochen zu sammeln und zusammenzusetzen, vielmehr interessiert er sich für die Lebensumstände und die Physiologie der verstorbenen Tiere. Er blickt auf Fossilien, als wären es lebendige Lebewesen.

Nopcsa schaut sich nun also den ehemaligen Lebensraum dieser zu klein geratenen Riesenechsen an. Das Gebiet um Hațeg war bis vor etwa 66 Millionen Jahren, während der späten Kreidezeit gegen Ende des Mesozoikums, also des Erdmittelalters, eine vorgelagerte Insel in der Tethys. Viele Millionen Jahre zuvor, als die Dinosaurier die Erde zu erobern beginnen, steht ihnen praktisch noch die ganze Welt offen – das gesamte Festland ist im Superkontinent Pangäa vereinigt, doch im Laufe der Jahrmillionen zerbricht der Kontinent in zwei Teile: Laurasia und Gondwana. Und dazwischen die bereits erwähnte Tethys, ein riesiger Ozean im Osten Pangäas. Dieses Wissen war Nopcsa sicher nicht fremd, denn die Entdeckung von Gondwana und Tethys geht auf seinen Mentor, Eduard Suess, zurück.

Jedenfalls entsteht in der späten Kreidezeit im Gebiet des heutigen Siebenbürgens eine Insel, auf der subtropisches Klima herrscht. Nopcsa stellt nun die Theorie auf, dass es sich bei den gefundenen Tieren um eine Inselverzwergung handeln müsste – die isolierte Lage würde dafür sorgen, dass die Dinosaurier bei Hațeg von Generation zu Generation kleiner wurden. Ein Phänomen, das häufig auf Inseln beobachtet wird, wie erstmals 1907 die Paläontologin Dorothea Bate feststellte. Als möglicher Grund für die Verzwergung wird angenommen, dass es auf Inseln weniger Ressourcen, Raubtiere und überhaupt Arten pro Fläche gibt, was kleineren Individuen einen Vorteil verschafft.

Neben der Verzwergung beobachten Forschende aber noch ein weiteres Phänomen: Gigantismus. Einige, üblicherweise kleinere Tiere werden auf Inseln nämlich viel, viel größer als ihre Verwandten auf dem Festland. Der kanadische Biologe Bristol Foster hat deshalb eine Hypothese aufgestellt, die Inselregel oder Foster's rule – verkürzt gesagt: Große Tiere werden auf Inseln tendenziell kleiner, sie verzwergen. Kleine Tiere werden tendenziell größer. Ein Beispiel hierfür ist unter anderem die Galapagos-Riesenschildkröte.

Es ist eine von vielen Beobachtungen, die Nopcsa im Laufe seines Forscherlebens zur Diskussion stellt – nicht in allen wird er später bestätigt. Obwohl er nie eine akademische Position anstrebt, veröffentlicht er über 180 Artikel. Insgesamt benennt er 25 verschiedene Arten von Reptilien aus dem Mesozoikum, darunter auch einige Dinosaurier. Trotz seiner beeindruckenden Beobachtungen kommt der Baron in vielen Beschreibungen seiner Zeitgenossen allerdings nicht gut weg; als streitsüchtig und arrogant wird er da bezeichnet, wenn auch mit einer außergewöhnlichen Neugier versehen. Nopcsa ist also ausgesprochen produktiv, aber nicht an einer akademischen Karriere interessiert, vielmehr sehnt er sich nach Abenteuern.

So kommt es, dass die ausgestorbenen Reptilien schon bald an den Rand seiner Aufmerksamkeit rücken. Seine ganze Leidenschaft widmet er nun einem anderen Thema. Nopcsa reist für viele Jahre wieder in der Gegenwart, und zwar durch eine Gegend Europas, über die in der Habsburgermonarchie damals nur wenig bekannt ist. Jahrhundertelang ist sie nämlich eine Provinz des Osmanischen Reichs. Aber dessen Herrschaft soll nicht mehr lange Bestand haben, was (im Grunde bis heute) ein enormes Konfliktpotenzial hervorruft, in dessen Strudel auch Nopcsa gerät. Für ihn bedeutet es am Ende, dass er sein unbeschwertes, exzentrisches, adliges Dandytum aufgeben muss. Die Rede ist von Albanien und dem Balkan.

Seit Ende des 15. Jahrhunderts herrschen dort die Osmanen, aber wie in vielen europäischen Ländern entsteht auch in Albanien im 19. Jahrhundert eine Nationalbewegung. Gerade die Regionen im Norden Albaniens sind so unzugänglich, dass sie kaum zu kontrollieren sind. Genau diese Gegend ist es nun, die den Abenteurer Nopcsa interessiert. Und er ist tatsächlich einer der Ersten, der als Forschender dorthin kommt. Die Beschreibung der Abenteuer, die er auf dem Balkan erlebt, liest sich ein wenig wie ein Karl-May-Roman, inklusive Hirtenkostüme, Entführung und Spionagetätigkeit. Ob sich das alles wirklich so zugetragen hat oder nicht doch zum Teil eher seiner Wichtigtuerei geschuldet ist, wissen wir nicht.

Zunächst ist Nopcsa allerdings als Geologe und Ethnograf unterwegs. Fasziniert von den Bräuchen, Sprachen und Religionen der Menschen in dieser Region, zieht er ab 1903 einige Jahre dort umher und wohnt zeitweise in der Stadt Shkodra, dem kulturellen Zentrum im Norden Albaniens. Seit 1906 tut er das nicht mehr allein, sondern in Begleitung des Albaners Bajazid Elmaz Doda, den er in Bukarest kennenlernt und als seinen Sekretär einstellt. Dass die beiden eine Liebesbeziehung führen, ist ein offenes Geheimnis, und Nopcsa bemüht sich nicht, seine Homosexualität zu verheimlichen. Als reicher, unabhängiger Adliger mit Kontakten in höchste politische Kreise muss er sich nicht davor fürchten, diskriminiert oder strafrechtlich verfolgt zu werden.

Schnell lernt der Abenteuer-Baron die Sprache, steigt zum führenden Experten auf, wird einer der ersten Albanologen und veröffentlicht eine geologische Karte Nordalbaniens sowie später eine mehr als 600 Seiten starke Monografie über die »Geographie und Geologie Nordalbaniens«. Fotos aus dieser Zeit zeigen ihn in traditionell albanischer Kleidung.

Finanziert werden seine Reisen nach Albanien teilweise von seinem bereits erwähnten gleichnamigen Onkel, der in Diensten Elisabeths von Österreich-Ungarn steht. Das ist kein Zufall, denn was für Nopcsa als harmloser Forschungsaufenthalt beginnt, entwickelt sich im Laufe der Jahre immer mehr zu einem politischen Ränkespiel. Denn die Habsburger versuchen, die Schwäche des Osmanischen Reichs auszunutzen, um ihr Einflussgebiet auf dem Balkan auszudehnen. Einen ersten Höhepunkt erreicht dieser Konflikt 1908, als Österreich-Ungarn Bosnien und Herzegowina annektiert.

Nopcsa versucht jetzt Einfluss auf die Nationalbewegung des Balkanstaats zu nehmen und setzt sich für die Unabhängigkeit Albaniens ein. Er will zum Beispiel im Norden des Landes einen Guerillakrieg gegen die Osmanen anzetteln, was jedoch aufgrund fehlender Unterstützung durch die Habsburgische Militärführung misslingt. Daraufhin spitzen sich die Ereignisse zu; angeheizt von den Nationalbewegungen und dem Versuch der europäischen Großmächte, ihre jeweiligen Machtbereiche zu vergrößern, kommt es 1912 und 1913 zu den Balkankriegen.

Für Albanien bedeuten die Balkankriege erstmals seit 400 Jahren die Unabhängigkeit, denn das Osmanische Reich muss sich aus dem Balkanraum zurückziehen. Aber die Situation für das Land bleibt äußerst angespannt. Insbesondere Serbien und Griechenland haben sich im Vorfeld des Kriegs schon die albanischen Gebiete aufgeteilt. Serbien verspricht sich davon einen Zugang zum Mittelmeer, was Österreich-Ungarn auf jeden Fall verhindern möchte. Albanien soll ein eigenständiger Staat bleiben. Deshalb suchen die europäischen Großmächte gemeinsam nach einer Lösung und stellen nach der Botschafterkonferenz von London 1913 in Aussicht, den Thron Albaniens mit einem ihrer Fürsten zu besetzen.

Und wer würde sich da besser eignen als ein Albanien-Experte adliger Herkunft? Nopcsa bringt sich jedenfalls selbst vorsichtig ins Spiel – wird aber von den Entscheidungsträgern nicht ernsthaft in Erwägung gezogen und auch nicht von der politischen Führung Österreich-Ungarns unterstützt. Vielleicht auch deshalb, weil er teils abstruse Vorschläge macht, etwa den, sich als regierender Fürst »Geldmittel durch die mir sonst entschieden antipathische Heirat mit einer reichen auf einen Fürstentitel aspirierenden Amerikanerin zu beschaffen«.

Am Ende kann er froh sein, denn der deutsche Prinz und Offizier Fürst Wilhelm Friedrich Heinrich Prinz zu Wied besteigt 1914 zwar den Thron, zieht sich aber sechs Monate später schon wieder zurück – kurz nach Beginn des Ersten Weltkriegs. Währenddessen ist Nopcsa jetzt als Offizier der österreichisch-ungarischen Armee auf dem Balkan aktiv, unter anderem als Spion, der regelmäßig geheime Botschaften nach Wien sendet – getarnt als Liebesbriefe. Als er erfährt, dass Montenegro ein Kopfgeld auf ihn aussetzt, lebt er »in der Regel als Albaner bei Albanern«, bis ihn der Befehl aus Wien erreicht, wieder zurückzukommen.

Der Krieg verändert für Nopcsa alles, denn die Habsburgermonarchie zerbricht in viele kleine Nationalstaaten, und Siebenbürgen wird Teil Rumäniens. Damit verliert der Baron seine Titel, sein Vermögen und seine Ländereien. Das freie, unabhängige Leben als Forscher und Abenteurer ist dahin.

Um ihn finanziell abzusichern, wird ihm zwar 1925 der Posten als Direktor des Ungarischen Geologischen Instituts in Budapest angeboten, aber nach drei Jahren wirft er hin. Am Schreibtisch hält es ihn nicht lange. Stattdessen verkauft er seine Dinosaurierknochen an das Natural History Museum in London, wo sie sich noch heute befinden, und finanziert von dem Geld eine Motorradreise durch Europa. Der Weg führt ihn, mit seinem geliebten Doda im Beiwagen, unter anderem über die Alpen nach Italien auf der Suche nach Fossilien.

Nach Albanien kehrt Nopcsa nicht mehr zurück. Er widmet sich seinen zahlreichen Notizen und Veröffentlichungen. Aber gesundheitlich geht es ihm in der Zeit nach dem Ersten Weltkrieg immer schlechter. Er selbst schreibt in seinem Abschiedsbrief von einem »zerrütteten Nervensystem«. Hinzu kommt, dass er chronisch pleite ist. Die Haushälterin berichtet, dass sie seit vier Monaten auf ihr Gehalt wartet. Die umfangreiche Bibliothek Nopcsas steht wohl kurz vor dem

Verkauf, aber die Friedrich-Wilhelms-Universität zu Berlin (heute Humboldt-Universität) hält ihn mit einem Angebot hin. Zum Verkauf kommt es allerdings nicht mehr. Denn am 25. April 1933, im Alter von nicht ganz 56 Jahren, endet die Reise Nopcsas mit einem Mord und dem darauffolgenden Suizid im 1. Wiener Gemeindebezirk. Doda ahnt nichts von der katastrophalen Entscheidung, die Nopcsa für sich und ihn bereits getroffen hat. Er verabreicht seinem Sekretär und Lebensgefährten Schlafpulver, erschießt erst ihn und dann sich selbst.

ZUR VERTIEFUNG

Franz Nopcsa: *Reisen in den Balkan. Die Lebenserinnerungen des Franz Baron Nopcsa.* Eingeleitet, herausgegeben und mit Anhang versehen von Robert Elsie, 2015.

GESCHICHTEN AUS DER GESCHICHTE
Folge 129: Die Entdeckung der Dinosaurier.

Die Piratin, die in den Ruhestand ging

Als im Jahr 1844 Shih Yang, die Witwe eines chinesischen Beamten, im Alter von 69 Jahren stirbt, hat sie ein ereignisreiches Leben hinter sich. Ein Leben, das angesichts der Zeit und der gesellschaftlichen Position, in die sie als Frau hineingeboren wird, nicht nur außergewöhnlich, sondern beinahe unmöglich erscheint. Wenn wir dann noch in Betracht ziehen, dass dieses Leben lange Zeit auf See stattfand, sie im Zuge dessen das Kommando über bis zu 70 000 Mann und 1200 Schiffe innehatte und sie schließlich nach einer erfolgreichen Karriere mehr oder weniger ein beschauliches Leben bis zu ihrem Tod führte, dann klingt die Geschichte wie erfunden – ist sie aber nicht, denn dies ist die Geschichte von Zheng Yisao, der mächtigsten Piratenkommandantin aller Zeiten.

Wir wissen nicht viel über die jungen Jahre unserer Protagonistin, selbst ihr Geburtsname, Shih Yang, war lange Zeit unbekannt. Geboren im Jahr 1775 in der Gegend um Xinhui in der chinesischen Provinz Guangdong, arbeitete sie in ihren frühen Zwanzigern wahrscheinlich als Prostituierte auf den damals üblichen schwimmenden Bordellen.

Das ändert sich, als sie im Jahr 1801 auf Zheng Yi, einen Piratenkommandanten, trifft und ihn kurz darauf heiratet. Seit der Vermählung ist von ihr als Zheng Yisao die Rede, was einfach nur Zheng Yis

Frau bedeutet und was vermutlich dazu beigetragen hat, dass ihr richtiger Name in der Literatur selten Erwähnung findet.

Die Piraten, die ihr Mann zu jener Zeit um sich geschart hat, sind das Produkt einer Rebellion, die im benachbarten Vietnam bereits zu Beginn des 18. Jahrhunderts ausgebrochen ist. Diese nach dem vietnamesischen Ort Tây Sơn benannte Rebellion hatte zwar gegen Ende des 18. Jahrhunderts beinahe all ihre Ziele erreicht – ein vereintes Königreich, eine Regierung unter ihrer Kontrolle und die offizielle Anerkennung durch das chinesische Kaiserreich –, allerdings sorgte vor allem die Suche nach einem legitimen Nachfolger weiterhin für Kämpfe im Land.

Als der regierende Tây-Sơn-Herrscher im Jahr 1792 seine schwindenden Truppen aufstocken muss, rekrutiert er kurzerhand Piraten, die die Gewässer der chinesisch-vietnamesischen Grenzen unsicher machen. Sie werden zu Freibeutern, also Piraten, die im Auftrag und mit der ausdrücklichen Erlaubnis eines Herrschers der Piraterie nachgehen.

So wächst die Zahl der Dschunken, der traditionellen chinesischen Schiffe, und der darauf befindlichen Männer an, und zwar in einem Ausmaß, dass sie getrost als eine eigene Föderation bezeichnet werden können. Was bei diesem losen Zusammenschluss allerdings fehlt, ist ein Anführer. Und hier kommen nun Zheng Yi und Zheng Yisao ins Spiel.

Zheng Yi ist zu jener Zeit nur einer von vielen Kommandanten, aber das wird sich nur einige Monate nach der Eheschließung mit Shih Yang ändern. Im Jahr 1802 werden die Tây Sơn nämlich besiegt und vom Thron gestoßen. Nach einem Jahrzehnt der Unterstützung ihrer freibeuterischen Machenschaften in vietnamesischen Gewässern ist es jetzt dringend nötig, dass sich dieser lose Zusammenschluss Tausender Piraten neu formiert.

Und das Piratenehepaar tut genau das. Während Zheng Yi die Rolle des Patriarchen und Vereinigers übernimmt, tritt Zheng Yisao als organisatorisches Mastermind in den Vordergrund. Gemeinsam gelingt es ihnen, die einzelnen Gruppierungen zusammenzubringen, bis sie im Jahr 1804 bereits über 400 Dschunken und bis zu 70 000 Mann kommandieren. Eine so große Menge an Piraten anzuführen, klingt alles andere als einfach. In diesem Fall gelingt es, indem sie sie in sechs Flotten aufteilen, die unter unterschiedlichen Flaggen – roten, schwarzen, weißen, grünen, blauen und gelben – segeln. Jede dieser Flotten wird von einem eigenen Anführer, der relative Autonomie genießt, befehligt. Die Loyalität gegenüber den Zhengs wird durch ein komplexes System an Obligationen gewährleistet.

Ein Sturm im November 1807 bereitet der erfolgreichen Kommandantur Zheng Yis allerdings ein jähes Ende. Er fällt über Bord und stirbt.

Gemäß der konfuzianischen Ordnung hätte das eigentlich für seine Frau bedeutet, das zu tun, was von einer Witwe verlangt wird: sich zurückzuziehen und bis zu ihrem eigenen Tod ein keusches Leben zu führen.

Für Zheng Yisao ist das allerdings keine Option. Sie zeigt wenig Interesse daran, das Piratenleben aufzugeben, und beschließt, trotz des hohen Risikos und der Gefahr, die diese Entscheidung birgt, die Position ihres verstorbenen Mannes zu übernehmen.

Dabei geht sie äußerst klug vor. Sofort nach Zheng Yis Tod tut sie alles, um insbesondere persönliche Beziehungen zu den Kommandanten der diversen Flotten zu stärken. Einen davon hat sie schon von Anfang an auf ihrer Seite.

Es ist Zhang Baozai, Sohn eines Fischers, der mit 15 Jahren von Zheng Yisaos Ehemann verschleppt worden ist und ihm in weiterer Folge eine Art Ziehsohn war, den der Kommandant später dann sogar offiziell adoptiert hat. Fünf Jahre lang hat Zhang Baozai unter den Fittichen des Piraten gekämpft, geraubt und gemordet, und da er als Außenseiter dazugestoßen ist, hat er keinerlei Loyalitäten gegenüber den Piratenführern der anderen Flotten.

Zheng Yisao macht sich das zunutze. Sie beginnt eine sexuelle Liaison mit Zhang Baozai, bald darauf werden sie ein Paar, und nicht viel später wird er ihr neuer Ehemann. Dass er eigentlich ihr Adoptivsohn ist, scheint kein großes Problem darzustellen. Schließlich ist schon allein die Tatsache, dass eine Frau sich anschickt, eine riesige Piratenflotte anzuführen, jenseits jeglicher Regeln und Normen der Zeit. Da fällt so etwas auch nicht mehr groß ins Gewicht.

Der zu jenem Zeitpunkt 21-jährige Zhang Baozai wird von Zheng Yisao im Jahr 1807 zu ihrem Stellvertreter und zum Kommandanten der Flotte der Roten Flagge ernannt. Es ist jene Flotte, die ihr verstorbener Ehemann befehligt hat und die mit über 300 Dschunken und um die 30 000 Mann die mächtigste der sechs Farben darstellt.

Zheng Yisao hingegen ist nun die Kommandantin über die gesamte Piratenföderation, und mit der Unterstützung Zhang Baozais macht ihr diesen Platz niemand streitig.

Sie befehligt jetzt also über 70 000 Mann, was natürlich auch einige Schwierigkeiten mit sich bringt. Hier kommt jedoch wieder Zheng Yisaos organisatorisches Talent ins Spiel. Es wird ein Kodex erstellt, der die Nichteinhaltung streng bestraft. Wer zum Beispiel versucht, die Kommandantur an sich zu reißen, wird sofort enthauptet.

Auch was die Beute aus den Überfällen angeht, sind die Regeln strikt. So muss jedes Objekt registriert und beim Flottenkommandanten angemeldet werden. Achtzig Prozent der Beute landet so im gemeinsamen Vermögen der Föderation, und wer dieses Vermögen anfasst, wird mit dem Tode bestraft.

Wie westliche Gefangene später berichten werden, gelten diese Regeln nicht nur auf dem sprichwörtlichen Papier. Sie erzählen von öffentlichen Auspeitschungen, sogar Vierteilungen. Zheng Yisao meint es also ernst.

Geschickt nutzt sie auch den Aberglauben der Piraten aus. So ist es zum Beispiel üblich, erst in See zu stechen, wenn vorher die Götter konsultiert wurden. Zheng Yisao lässt zu diesem Zweck von Zhang Baozai einen prächtigen Tempel auf einem seiner größten Schiffe errichten. Vor den Beutezügen finden sich die Anführer dann auf diesem Schiff ein und befragen durch Priester die Götter, wie gut ihre Chancen stehen. Allerdings hat Zhang Baozai die Angewohnheit, sich vorher mit den Priestern zu treffen, um ihnen Anweisungen zu geben, welche Antwort der Götter sie den Fragenden erteilen sollten. Praktisch, denn so sind die Heiligen immer derselben Meinung wie Zhang Baozai, was ihn wiederum in den Augen seiner Untergebenen noch mächtiger, beinahe göttlich, erscheinen lässt.

Und diese Macht der Piraten im Südchinesischen Meer, die ist jetzt immens.

Nicht zuletzt, nachdem sie nun auch beginnen, im Salzhandel mitzumischen. Guangdong, die Heimatprovinz der Piraten am Chinesischen Meer, produziert jede Menge Salz, das viermal pro Jahr in großen Flotten auf Schiffen der Regierung nach Guangzhou verschifft wird. Von einer Festung auf Naozhou aus, die mittlerweile ihr Landstützpunkt ist, beginnen die Flotten Zheng Yisaos die Schiffe mit der wertvollen Fracht zu überfallen; bald haben die Piraten beinahe die komplette Kontrolle über die Salzlieferungen übernommen. Wer nun Salz nach Guangdong transportieren will, muss Zheng Yisao und ihrer Föderation Schutzgeld zahlen, und zwar nicht wenig.

Diese Schutzzahlungen werden nun auf alle Handelsschiffe, nicht nur jene, die Salz geladen haben, ausgeweitet. Hier kommt das systematische Geschick Zheng Yisaos von Neuem zum Tragen. Wer zahlt, erhält ein Dokument, das das Schiff vor Attacken durch Piraten schützt. Die Kommandantin etabliert so eine ganz eigene Bürokratie hinter der, nun ja, Erpressung.

Der Einfluss, den die Piraten auf See haben, weitet sich im Jahr

1809 auch aufs Land aus, wo zu jener Zeit kaum eine Siedlung von Schutzzahlungen ausgenommen ist. Das wiederum ist etwas, das nicht mehr nur von Schiffen aus administriert werden kann, und so werden in den großen Häfen eigene Büros eingerichtet, die, ähnlich einer Steuer, die Schutzzahlungen einnehmen und die entsprechenden Dokumente ausstellen.

Dieses System und eine Quasi-Bürokratie, die das Vermögen der Föderation ins Unermessliche steigen lassen, machen die Piratenflotten unter Zheng Yisao zu den bestbestückten Schiffen des Südchinesischen Meers, die Landbewohner kooperieren mittlerweile überwiegend mit den Piraten. Ein Umstand, der von einem chinesischen Beamten so kommentiert wird:

> *»Die Verräter an Land tauschen Informationen mit den Piraten aus, und Verhaftungen zeigen keine Wirkung.«*

Nicht verwunderlich, denn einen Großteil der lokalen Beamten haben Zheng Yisao und ihre Männer mittlerweile natürlich schon in der Tasche.

Die chinesischen Regierungstruppen sind der Macht der Piratenkommandantin, die bis auf die Zähne bewaffnet ist und über Stationierungen entlang der gesamten Küste verfügt, nicht gewachsen. So wenig tatsächlich, dass kaiserliche Schiffe oft nicht mal den Hafen verlassen.

Ohne jegliche Gegenwehr zur See also fokussiert sich Zheng Yisao jetzt auf das Land, wo sie eine Befestigung nach der nächsten, einen Hafen nach dem anderen unter ihre Kontrolle bringt. Von 135 Schiffen der kaiserlichen Marine, die in Guangdong stationiert sind, werden 63 zerstört.

Zheng Yisao zwingt die chinesische Regierung somit, sich Hilfe zu holen. Um Beistand bittet China nun bei unter anderen Umständen wenig gern gesehenen Gästen – nämlich den Briten und den Portugiesen. Zähneknirschend werden Schiffe von ihnen gechartert, die der Regierung wieder zur Oberhand verhelfen sollen. Zu viele Gouverneure haben bereits dabei versagt, das Piraterieproblem in Guangdong in den Griff zu bekommen.

Es wird aber nicht Waffengewalt sein, die Zheng Yisaos Karriere als mächtigste Piratin der Welt beenden wird. Das wird sie nämlich selbst tun.

Trotz der Reichtümer, die die Föderation mittlerweile angehäuft hat, treten immer größere Spannungen zwischen den jeweiligen Führern der Flaggenflotten auf, und obwohl die chinesische Regierung zwar momentan machtlos ist, gibt es mittlerweile auch andere Widersacher, die ihnen gefährlich werden können: Großbritannien und Portugal, die in den vergangenen Jahren eine Menge Handelsschiffe an Zheng Yisao verloren haben, haben auch von sich aus großes Interesse daran, das Piraterieproblem einzudämmen.

Zheng Yisao beschließt, nicht zuletzt aufgrund der immer stärkeren Bedrohung durch portugiesische Kriegsschiffe, mit der chinesischen Regierung in Verhandlungen zu treten. Was verlangt sie? Völlige Straffreiheit bei Kapitulation. Das klingt auf den ersten Blick illusorisch, wir müssen aber bedenken, dass sie beinahe noch alle Trümpfe in der Hand hält.

Das zeigt sich auch bei den ersten Gesprächen, die am 21. Februar 1810 stattfinden, als 260 Schiffe der Flotte der Roten Flagge, besetzt mit über 14 000 Mann, zu Verhandlungen aufbrechen.

Die Zusammenkunft verläuft allerdings wenig erfolgreich, vor allem weil China verlangt, dass alle Flotten komplett an die Regierung übergeben werden müssen. Erst nach direkten Verhandlungen zwischen Zheng Yisao und dem Gouverneur von Guangdong, Pai Ling, wird eine Einigung erreicht.

Es ist eine Einigung, die im Grunde für alle zufriedenstellend ausgeht. Zhang Baozai kann 80 Schiffe behalten, das Vermögen der Föderation wird unter den Piraten aufgeteilt, und sie alle bleiben völlig straffrei. Aber nicht nur das: Den Anführern werden sogar Beamtenpositionen und hohe Stellungen im Militär angeboten. Alle Piraten haben nun auch die Möglichkeit, als Soldaten in der kaiserlichen Armee zu dienen.

Und Zheng Yisao? Die ist noch nicht fertig. Ihr Mann Zhang Baozai ist jetzt nämlich, mehr oder weniger über Nacht, ein aufsteigender Offizier im kaiserlichen Heer. Noch 1810 wird er in eine andere Provinz verlegt, bald zum Oberstleutnant befördert, und anschließend erhält er das Kommando über ein eigenes Regiment.

Zheng Yisao, die weiß, was ihr zusteht, verlangt im Jahr 1821, dass sie als Ehefrau eines hohen Offiziers auch den entsprechenden Titel erhält, den der »ming-sao«. Die Verleihung eines solchen Titels an eine wiederverheiratete Witwe ist zwar illegal – es muss aber funktioniert haben, denn von da an wird sie diesen verwenden.

Zhang Baozai stirbt nur ein Jahr später, woraufhin Zheng Yisao in ihre Heimatprovinz Guangdong zurückkehrt, um dort ihren mittlerweile elf Jahre alten gemeinsamen Sohn aufzuziehen.

Etwas mehr als zwanzig Jahre später stirbt sie als vermögende Beamtenwitwe. Wie viele Menschen wohl zu jenem Zeitpunkt noch wussten, dass sie Dekaden zuvor als Anführerin Zehntausender Piraten der Schrecken des Südchinesischen Meeres war?

ZUR VERTIEFUNG

Peter Lehr: *Pirates: A New History, from Vikings to Somali Raiders.* New Haven 2015.

GESCHICHTEN AUS DER GESCHICHTE
Folge 160: Barbareskenstaaten und die europäischen Seemächte.

Zar und Zimmermann

Wir schreiben den 20. März des Jahres 1697, als eine lange Prozession an Schlitten vom russischen Nowgorod und Pskow aufbricht.

Es ist eine Prozession, die den Beginn einer fünfzehnmonatigen Reise durch Europa markiert. Mitglieder der Reisegesellschaft sind, allen voran, drei hochrangige russische Aristokraten: An der Spitze der Unternehmung steht Generaladmiral François Le Fort, Generalgouverneur von Nowgorod, gefolgt vom Ersten Botschafter Russlands und Generalgouverneur von Sibirien, Fjodor Alexejewitsch Golowin, und Prokofi Wosnizyn, Gouverneur von Bolchow, einer wichtigen Verteidigungsstadt südlich von Moskau.

Diesen drei Anführern folgen 20 weitere Adlige und 35 freiwillige Russen, die wichtige Kenntnisse und Fähigkeiten in England, Holland und Venedig erwerben und nach Russland tragen sollen – vor allem, was Schiffsbau, Navigation und anderes nautisches Wissen angeht. Wie zeitgenössische Berichterstattung später erklären wird, waren wohl nicht alle dieser Teilnehmer freiwillig mit dabei – so wurde kolportiert, dass manche der Aristokraten Söhne bedeutsamer Familien waren, sie damit eher Geiseln als Freiwillige waren.

Und schließlich sind noch einige Geistliche, Sekretäre, Übersetzer, Musiker, Sänger, Köche und über siebzig Soldaten Teil der Prozession.

Insgesamt ziehen über 250 Mitglieder des russischen Kaiserreichs aus, mit dem offensichtlichen Ziel, bestehende Allianzen zu stärken oder neue zu schmieden, und dem nicht ganz so offensichtlichen Ziel, so viel Wissen über den Westen zu sammeln wie möglich.

Unter den Mitgliedern dieser Großen Gesandtschaft, wie die Unternehmung in die Geschichte eingehen wird, findet sich auch ein Mann, der sich als Peter Mikhailow ansprechen lässt. Zwar als einfaches Mitglied der Gesandtschaft ausgewiesen, ist schon sein Aussehen alles andere als gewöhnlich. Mit seinen über zwei Metern Körpergröße ist er nämlich nicht nur fürs 17. Jahrhundert außergewöhnlich hochgewachsen. Ein weiteres Merkmal, als würde es das noch brauchen, ist eine große Warze auf der rechten Seite seines Gesichts.

Dieser auffällige Mann Mitte zwanzig ist verantwortlich dafür, dass die Große Gesandtschaft überhaupt stattfinden wird. Denn in Wahrheit ist er niemand Geringeres als der russische Zar Peter der Große.

Die Sache ist die: Als Peter im Jahr 1689 den Thron besteigt, erbt er ein Reich, das zwar groß ist und auch seinen strategisch wichtigen Platz am Rande Europas innehat, im Vergleich zu den anderen Reichen Europas, allen voran Frankreich, gilt Russland jedoch als beinahe hinterwäldlerisch.

Der junge Zar entwickelt schon bald ein großes Interesse an allem, was aus dem Westen kommt. Schuld daran ist vor allem ein Stadtteil im Norden Moskaus, die Nemezkaja Sloboda, auch bekannt als die »Deutsche Vorstadt«. Eine Art Enklave für Ausländer, insbesondere jene aus Deutschland, ist dieser Stadtteil Sammelzentrum für Ärzte, Gelehrte und andere beeindruckende Persönlichkeiten. In langen Nächten und trotz des Tabakverbots in Russland häufig Pfeife rauchend anzutreffen, erfährt Peter von den Einwanderern viel über die Kultur, Gesellschaft und Wissenschaft der westlichen Länder Europas. Vor allem aber lernt er viel über den Schiffsbau, was ihn in seiner Überzeugung bestärkt, dass auch Russland eine Marine benötigt. Peter, der auch persönlich gern Hand anlegt, will sich eine solche Marine aber nicht einfach nur von den zu jener Zeit unübertroffenen niederländischen Handwerkern bauen lassen. Er selbst will in den Schiffswerften der Niederlande arbeiten, was einer der Gründe ist, weshalb Peter beschließt, nicht als Zar, sondern als einfaches Mitglied der Gesandtschaft aufzutreten.

Die erste Station führt die Teilnehmenden der Unternehmung nach Livland, einer Region des Baltikums, die heute ungefähr dem Gebiet Lettlands und Estlands entspricht und im Jahr 1697 von Schweden regiert wird. Genauer gesagt landen Peter und seine Begleiter in Riga.

Schon hier zeigt sich, dass ein Zar, der inkognito reist, zu großen Problemen führen kann. Denn der schwedische Gouverneur Livlands, Erik Dahlberg, ist von der Gesandtschaft völlig überfordert. Zwar hat der Gouverneur der Stadt Pskow, die am nächsten zur Grenze liegt, vorauseilend Nachricht von der ankommenden Gesandtschaft geschickt, allerdings hat er wohl unterschlagen, wie groß die gesamte Gruppe ist, und vor allem, dass eines der Mitglieder der Zar selbst ist. Dass Gouverneur Dahlberg nicht davon ausging, dass der Zar persönlich dabei sein würde, ist gar nicht so außergewöhnlich, war es doch tatsächlich das erste Mal, dass sich ein russischer Herrscher selbst auf eine Reise jenseits der eigenen Grenzen begeben hat.

Anstatt also mit großer Ehrerbietung wird die Gesandtschaft samt Kaiser mit kaum Platz und viel zu wenig Pomp begrüßt.

Auch sind die Schweden ihren Nachbarn gegenüber etwas reserviert, und zwar aus gutem Grund: Riga ist eine moderne Festung im westlichen Stil, ganz im Gegensatz zu den Befestigungen Russlands. Das plötzliche Interesse der Besucher stößt daher in Riga eher auf Misstrauen, vor allem als Peter damit beginnt, sich Grundrisse aufzuzeichnen, Tiefe und Breite der Gräben auszumessen oder die Kanonen auf den Mauern genauer zu inspizieren.

Trotz der Kenntnisse, die der Zar mehr oder weniger unauffällig in Riga sammeln kann, wird er die Stadt nicht in guter Erinnerung behalten. Da die Gesandtschaft nämlich nur auf der Durchreise ist, es also kein Besuch des schwedischen Reichs ist, gelten die üblichen diplomatischen Verpflichtungen nicht. Die Russen müssen alles selbst zahlen: Nahrung, Unterkünfte und Bestallung der Tiere.

Peters Meinung über Riga wird so nachhaltig negativ beeinflusst, dass er dreizehn Jahre später, als er die Stadt belagert, um sie dem russischen Reich einzuverleiben, persönlich die ersten drei Kanonenschüsse abfeuern wird.

Im Kontrast zum Empfang bei ihrer ersten Station steht der Aufenthalt im Herzogtum Kurland und Semgallen. Dessen Hauptstadt, Mitau, nur knapp fünfzig Kilometer von Riga entfernt, wird der Schauplatz eines riesigen Banketts. Ausgerichtet wird es vom regierenden Herzog Friedrich Kasimir Kettler, der dem schiffsverliebten Peter auch gleich noch ein eigenes Segelschiff schenkt, damit er seine Reise nun zu Wasser fortsetzen kann.

Auf diesem Schiff geht es nun weiter nach Königsberg, wo niemand Geringeres als der Kurfürst von Preußen, Friedrich III., auf ihn wartet. Aus gutem Grund: Der Fürst, der wenige Jahre später als Friedrich I. zum König in Preußen aufsteigen wird, hat großes Interesse daran, die Unterstützung Russlands zu erhalten, als eine Art Gegengewicht zum mächtigen angrenzenden Schweden. Was wir nicht vergessen dürfen und was auch durch die imperialistischen Anstrengungen Peters in den nächsten Jahrzehnten verdeutlicht wird: Grenzen waren zu jener Zeit noch viel fluider als heute, und wer die seinen schützen wollte, musste Allianzen mit anderen Mächten schmieden. In diesem Sinne ist, wie bereits erwähnt, letzten Endes auch die Große Gesandtschaft unterwegs. Dazu später noch mehr.

Nach dem Halt in Königsberg reist die Gemeinschaft um Peter den Großen Richtung Niederlande. Sie kommen durch Berlin und Hannover, dort trifft Peter auf Sophie von der Pfalz. Sie ist vom jungen Zaren angetan – trotz seiner etwas ungehobelten Art. Sophie ist auch nicht irgendwer; einige Jahre später wird sie die designierte Thronfolgerin Englands. Allerdings wird sie sterben, bevor sie die Rolle der Königin einnehmen kann. Stattdessen wird ihr Sohn Georg Ludwig als George I. König von England.

Am 18. August des Jahres 1697 landet Peter schließlich in den Niederlanden. Neben diplomatischen Belangen interessiert ihn dort vor allem eines: der Schiffsbau. Die Niederlande, die sich die eigene Unabhängigkeit von Spanien hart erarbeitet haben und im 17. Jahrhundert sowohl wirtschaftlich als auch kulturell ein goldenes Zeitalter durchleben, wollen diese Unabhängigkeit und die damit einhergehenden Errungenschaften beschützt sehen. Daher verfügt dieses Land mit knapp zwei Millionen Bewohnerinnen und Bewohnern über eine Armee von über 120 000 Soldaten und über die zweitgrößte Marine Europas.

Es verwundert daher nicht, dass Peters erstes Ziel nicht die Hauptstadt Amsterdam und sein Handelshafen, sondern die Stadt Zaandam, berühmt für die wohl besten Schiffe, ist. Schon kurz nach seiner Ankunft trifft er dort auf Gerrit Kist, einen niederländischen Schmied, dessen Bekanntschaft er schon in Moskau gemacht hat. Der Zar quartiert sich sogleich im einfachen Haus einer Witwe ein, denn er will weiterhin und insbesondere in Zaandam unerkannt bleiben. Sein Wunsch ist es, in einer der Schiffswerften arbeiten zu können.

Natürlich funktioniert das nicht so einfach, und nach einigen Tagen ist der großgewachsene Russe schon Stadtgespräch. Nach nur einer Woche muss Peter einsehen, dass es für einen Zaren unmöglich ist, inkognito in einer niederländischen Schiffswerft anzuheuern.

Also verlässt er Zaandam Richtung Amsterdam. In Amsterdam, der reichsten Stadt mit dem wichtigsten Handelshafen dieser Zeit, wird er entsprechend hofiert – obwohl er undercover unterwegs ist. Und auch sein Traum von der Arbeit in einer Schiffswerft soll sich dort nun erfüllen.

Unterstützt vom Amsterdamer Bürgermeister und Regent Nicolaas Witsen, erhält er die Erlaubnis in der Werft der Niederländischen Ostindien-Kompanie zu arbeiten. Ein idealer Ort für einen Zaren, der unerkannt bleiben will, denn die Werft ist von hohen Mauern umgeben und bietet Schutz vor den Augen der interessierten Öffentlichkeit.

So arbeitet Peter der Große in den folgenden Monaten als Zimmermann, während in der Werft eine neue Fregatte, getauft auf den Namen »Die Apostel Peter und Paul«, Form annimmt. Der Titel der viele Jahrzehnte später uraufgeführten Komischen Oper »Zar und Zimmermann« von Albert Lortzing bezieht sich zwar im Allgemeinen auf die Große Gesandtschaft, im Speziellen aber eben auch auf diese Tätigkeit des Zaren im Spätsommer des Jahres 1697.

Peter, der neben dem Schiffsbau auch sonst ein sehr interessierter Zeitgenosse ist, nutzt seinen Aufenthalt in Amsterdam also auch dafür, seinen Wissensdurst in anderen Bereichen zu stillen. So besucht er einige Male den Seziersaal des berühmten Anatomen Frederik Ruysch. Die Anatomie beeindruckt den Herrscher nachhaltig. So heißt es etwa, dass Peter in späteren Jahren immer zwei Taschen mit sich herumtrug: In der einen fanden sich mathematische Gerätschaften, mit denen er Konstruktionspläne nachmessen und überprüfen konnte. In der anderen fand sich Operationsbesteck.

Aber auch die erkenntnisreiche Zeit in Amsterdam geht zu Ende; schließlich reist Peter mit einigen wenigen Vertrauten nach London. Der Großteil der Gesandtschaft bleibt in Amsterdam, allen voran Le Fort, der als ranghöchster Botschafter die Verhandlungen mit den Niederlanden fortführen soll.

Wenn, wie zuvor erwähnt, die Niederlande über die zweitgrößte Marine Europas verfügten, dann ist jetzt der Zeitpunkt gekommen, um darauf hinzuweisen, dass es selbstverständlich England war, das sich mit der größten Marine auszeichnete.

England war schon zu jener Zeit drauf und dran, den Niederlanden den Rang als wirtschaftlich mächtigstes Land Europas abzulaufen. Einen großen Anteil daran hatte natürlich die Schifffahrt, und als wichtigster Hafen dafür galt London. London, neben Paris die bevölkerungsreichste Stadt Europas, stellte alle anderen Städte in den Schatten. Mit seinen über 750 000 Einwohnern dominierte die englische Metropole wie sonst kaum eine Hauptstadt. Bristol, die nächstgrößere Stadt Englands zu jener Zeit, zählte beispielsweise nur 30 000 Einwohner.

Riesig, schmutzig und gefährlich, aber auch voller Wunder, ist es eine Stadt, wie Peter sie so noch nie gesehen hat. Insbesondere wenn wir bedenken, dass nur wenige Jahrzehnte zuvor, im Jahr 1666, ein riesiger Brand große Teile Londons in Schutt und Asche gelegt hat. Auf Dutzende jener Orte, die vom Feuer zerstört worden sind, hat der Stararchitekt der Zeit, Christopher Wren, neue Kirchen gebaut, deren Türme nun in ganz London in die Höhe ragen. Komplettiert wird das Stadtbild durch Wrens Meisterwerk, die St. Paul's Cathedral. Als Peter in London ankommt, wird bereits seit über zwei Jahrzehnten an ihr gebaut, und es werden noch dreizehn weitere Jahre bis zur endgültigen Fertigstellung hinzukommen.

Es tut sich also viel in England, das im Begriff ist, zur mächtigsten Seefahrernation der Welt zu werden.

Peter, der vom Gedanken einer mächtigen russischen Marine beseelt ist, sieht sich daher auch in England am richtigen Ort, zur richtigen Zeit.

Natürlich trifft der Zar auch in England auf den regierenden Monarchen. Den komplexen Herrschaftsverhältnissen Europas zu jener

Zeit geschuldet, ist die Begegnung mit dem König auch gleichzeitig eine Begegnung mit dem Statthalter der Niederlande: William III. Prinz von Oranien.

William ist dem jungen Zaren wohlgesonnen, nicht zuletzt aufgrund eines gemeinsamen Widersachers: Frankreich unter Ludwig XIV. ist nämlich nicht nur Feind Englands und Schwedens, sondern gleichzeitig auch Freund des Osmanischen Reichs, mit dem sich Russland seit geraumer Zeit im Konflikt befindet. Den Großteil der diplomatischen Arbeit überlässt der Zar allerdings lieber denen, die dafür bezahlt werden, er selbst widmet sich vor allem jenen Dingen Londons, die er so in seinem Reich nicht finden kann.

Er erforscht die Stadt dabei genau so, wie er es geplant hat, nämlich inkognito. Nicht nur das, oft macht er sich auch zu Fuß auf, selbst in den Wintermonaten. Er besucht Manufakturen und Handwerker, lässt sich Konstruktionspläne erklären. Seinem Interesse an der Zimmermannskunst ist es zu verdanken, dass er sich englische Särge nicht nur zeigen, sondern auch gleich ein paar Exemplare nach Moskau schicken lässt.

Der Zar findet auch neue Freunde, unter ihnen Peregrine Osborne, Marquis von Carmarthen, der nicht nur ein hervorragender Schiffskonstrukteur ist, sondern auch ein äußerst standhafter Genießer englischen Biers. Gemeinsam besuchen sie regelmäßig Tavernen, eine davon wird nach seinem Aufenthalt deshalb sogar in Czar of Muscovy umbenannt.

So dankbar Peter für alles ist, was er in jenen Monaten in London lernt, so schockierend ist im Kontrast seine Missachtung des Eigentums anderer Menschen. Das zeigt sich beispielsweise in der Art und Weise, wie er eine seiner Unterkünfte behandelt.

Sayes Court, ein Anwesen, das dem britischen Autor John Evelyn gehört, wird von der Krone für Peter und sein Gefolge angemietet. Es ist ein beeindruckendes Anwesen, das von Evelyn über einen Zeitraum von über vierzig Jahren her- und eingerichtet worden ist. Nicht nur das Interieur ist vom Feinsten, auch der dazugehörige Park ist exquisit.

Als Peter nach drei Monaten London verlässt, kehrt Evelyn zurück und wird mit dem Resultat des Besuchs konfrontiert: Die Einrichtung des Hauses ist mehr oder weniger komplett zerstört, Fenster sind zerbrochen, Federbetten zerfetzt, und kein einziger der über fünfzig Stühle befindet sich mehr im Haus. Höchstwahrscheinlich wurden sie alle zu Feuerholz gemacht. Der Park, einst der Stolz Evelyns, ist ebenfalls nicht mehr wiederzuerkennen. Der feine Rasen besteht nur noch aus Schlamm, und die sorgsam gepflegten Hecken sind voller Löcher.

Wie Evelyn später erfahren wird, hat sich Peter mit seinen Freunden und Gefolgsleuten einen Spaß daraus gemacht, sich in Schubkarren zu setzen und dann bei vollem Tempo durch die Hecken zu rasen.

Als Evelyn König William III. den Schaden auflistet, erhält er eine finanzielle Gutmachung in Höhe von über 350 Pfund. Für die damalige Zeit eine astronomische Summe.

All das berührt Peter jedoch nicht mehr. Er ist mittlerweile zurück in Amsterdam, wo der Rest der Großen Gesandtschaft die vergangenen Monate verbracht hat. Die Zeit haben sie sich mit Freizeitaktivitäten wie Eislaufen vertrieben, sie sind aber auch sonst nicht untätig gewesen. So ist der Zar hocherfreut, zu erfahren, dass 640 Niederländer rekrutiert wurden, unter ihnen Schiffsbauer, Ingenieure, Ärzte und sogar ein waschechter Admiral.

Die Große Gesandtschaft verlässt Amsterdam am 15. Mai 1698. Ziel ist jetzt Wien, wo mit dem Kaiser über die immer drohende Gefahr der Osmanen gesprochen werden soll.

Davor gelangt die Gesellschaft um den Zaren aber noch nach Leipzig, Dresden und Prag. In Dresden, der Stadt Augusts des Starken, wird die Gesandtschaft feierlichst empfangen, was sicherlich auch damit zu tun hat, dass der Kurfürst von Sachsen nun auch der neugewählte König Polens ist – nicht zuletzt dank des Zaren und seiner Unterstützung. Es ist eine Beziehung, aus der etwas mehr als ein Jahr später die Nördliche Allianz hervorgehen wird.

Um eine andere Allianz kümmert sich Peter schließlich, als er in Wien ankommt, wo er auf Leopold I., Kaiser des Heiligen Römischen Reichs seit 1658, trifft. Der Titel klingt beeindruckend, tatsächlich ist die Rolle des Kaisers zu jener Zeit hauptsächlich symbolisch. Für Peter weit wichtiger: die Rolle Leopolds als Kopf des Hauses Habsburg. Denn das Habsburgerreich mit seinen Staaten und Territorien bis in den Balkan gilt als eine Art Barriere zwischen Westeuropa und dem Osmanischen Reich. Das zutiefst katholische Österreich sieht sich dabei als eine Art Verteidiger des Christentums.

Peter, dessen Reich seit den 1680er-Jahren mit dem Osmanischen Reich in den Großen Türkenkrieg verwickelt ist, erhofft sich daher Unterstützung vom Kaiser. Doch dann gehen zwei Dinge schief.

Zuerst muss Peter erkennen, dass der Kaiser bereit ist, Frieden mit dem Osmanischen Reich zu schließen. Für Peter, dessen Anstrengungen während des Türkenkriegs vor allem darauf abzielten, sich einen Zugang zum Schwarzen Meer zu erkämpfen, ist das eine herbe Enttäuschung. Das müsse er wohl noch vor einem Friedensabkommen schaffen, rät ihm ein österreichischer Diplomat.

Aber es kommt noch schlimmer. Während Peter schon in den Startlöchern scharrt, um nach zwei Wochen Wien in Richtung seiner letzten Destination, Venedig, zu verlassen, erhält er mehr als beunruhigende Nachrichten aus Moskau.

Die Strelitzen, traditionell die Leibgarde des Zaren, rebellieren am heimatlichen Hof. Vier Regimenter haben sich ihren Befehlen widersetzt und marschieren nun gegen Moskau.

Peter sieht ein, dass Venedig von der Liste gestrichen werden muss. Stattdessen verlässt er am 19. Juli 1698 Wien und reist nach Polen, wo er noch kurz auf den vorhin erwähnten August II. treffen wird, bevor er schließlich nach Moskau zurückkehrt.

Es ist gewissermaßen die Ironie dieser Geschichte, dass das Ende der Großen Gesandtschaft und jener fünfzehn Monate, in denen Peter all das Wissen über Schiffsbau, Artillerie, Medizin, Kunst und Kultur aufgesaugt hat, durch einen Aufstand beendet wird, der von Repräsentanten des alten Russlands ausgelöst wurde.

Peter wird diesen Aufstand niederschlagen und ihn als Anlass dazu nehmen, die Reformen, gegen die die Strelitzen rebellierten, verstärkt fortzuführen. Die Militärreform, ohne Zweifel beeinflusst durch seine Erfahrungen während der Großen Gesandtschaft, wird unter anderem auch die aufständischen Strelitzen ihrer Macht berauben.

In den folgenden Jahrzehnten der Herrschaft Peters wird sich das Zarenreich in den unterschiedlichsten Bereichen mehr und mehr an die Reiche des Westens, die er während seiner Großen Gesandtschaft besucht hat, annähern. Peter reformiert die Verwaltung, das Bildungswesen und bringt westliche Kleidung nach Russland. Er führt sein Land damit in eine neue, moderne Zeit, die nicht nur das Reich selbst, sondern vor allem auch den Rest Europas bis heute prägen wird.

ZUR VERTIEFUNG

Robert K. Massie: *Peter the Great*. 2012.

GESCHICHTEN AUS DER GESCHICHTE
Folge 331: Wie Tetris die Welt eroberte.

Mit dem Finger
auf der Landkarte

Wer ein Buch über Menschen schreibt, die um die Welt reisen, egal ob sie fahren, fliegen, gehen oder segeln, muss auch über ihre Begleiterinnen nachdenken: die Karten. Sicherlich haben nicht alle, von denen hier zu lesen ist, eine Karte im Gepäck, aber wohl alle machen sich eine Vorstellung von den Orten, zu denen sie reisen; was sie dort erwartet und wie sie dort hinkommen. Karten prägen unsere Sicht auf die Welt. Und die, die von ihren Expeditionen, Reisen oder Abenteuern zurückkehren, füttern mit ihrem neu erworbenen Wissen diejenigen, die neue Karten erstellen.

Karten sind mehr als bloße Hilfsmittel zur Orientierung. Es sind echte Wissensspeicher. Das wird besonders deutlich bei den mittelalterlichen Weltkarten, den »mappae mundi«. Diese Karten eignen sich nicht besonders gut, um die kürzeste Straße oder den sichersten Seeweg zu finden, da war die Mitnahme einer Portolankarte – einer Art Buch, das nautische Informationen für bestimmte Regionen sammelt – sinnvoller, wo zum Beispiel Kompasslinien die Navigation ermöglichen. Aber die mappae mundi, aufgrund ihrer runden Form auch Radkarten genannt, eignen sich dafür hervorragend, um sich auf eine Reise vorzubereiten, denn sie sind Enzyklopädien der bekannten Welt. Bei diesen Karten geht es weniger um die geografische Lage von Orten, sondern um ihre Geschichte und ihren Bezug zur

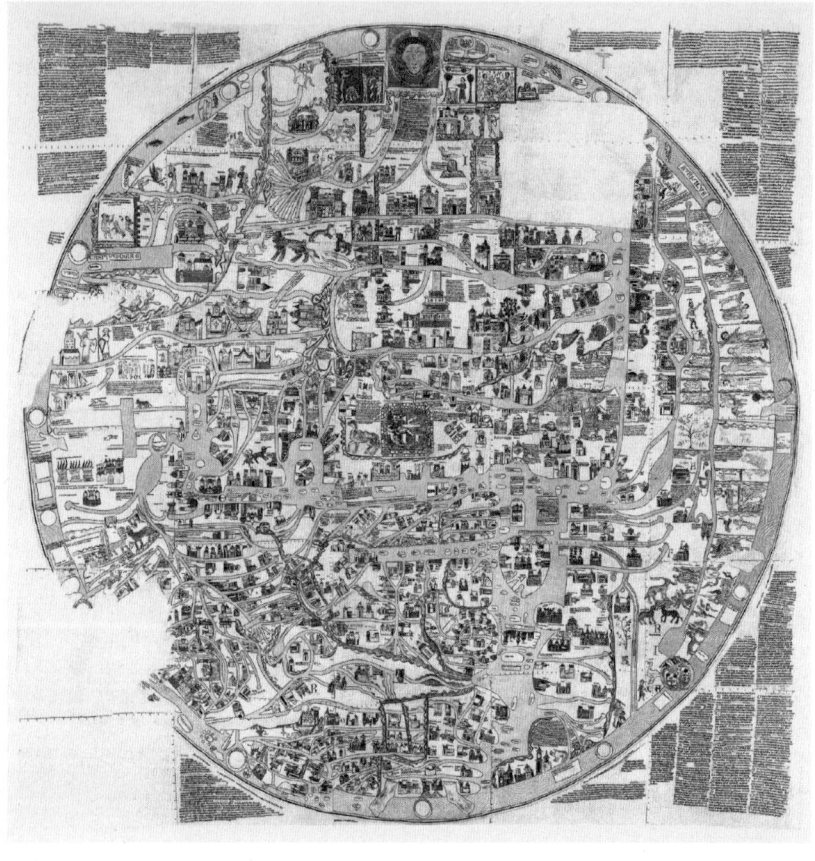

Bibel. Daher sind sie nach Osten ausgerichtet, und im Zentrum steht meist Jerusalem.

Eine der bekanntesten und größten dieser mappae mundi ist die Ebstorfer Weltkarte mit einem Durchmesser von über dreieinhalb Metern und einer Fläche von gut zwölf Quadratmetern. Das Original stammte aus dem 13. Jahrhundert und bestand aus 30 zusammengenähten Pergamentblättern – wie und wann genau sie entstand, ist noch immer unklar. Die Karte ist 1943 im Staatsarchiv Hannover verbrannt, daher existieren heute nur noch Nachbildungen des in einem Benediktinerinnenkloster in der Lüneburger Heide gefundenen Exemplars. Wie so oft bei herausragenden Quellen, ist es ein Zufallsfund. Erst 1830 wird sie, bereits von Mäusen angefressen, in einer Abstellkammer entdeckt.

Neben den grafischen Darstellungen enthält sie mehr als 1500 Textstellen und spiegelt zusätzlich zum historischen auch das mythologische und theologische Wissen der Zeit wider. Es ist im Grunde eine große Bildergeschichte in Kartenform, wie ein Wimmelbild. Neben Städten und Handelswegen sind auf der Karte auch zahlreiche bekannte Bibelszenen abgebildet, darunter die Arche Noah oder Adam, der gerade einen Apfel vom Baum pflückt. Aber auch Monster und Fabelwesen sind zu sehen: Wir erfahren zum Beispiel, dass im Nordosten die Gog und Magog wohnen, Blut trinken und Menschenfleisch essen. Die bibelfesten Nutzer der Karte kannten die Gog und Magog aus der Offenbarung des Johannes im Neuen Testament, wo sie sich mit dem Teufel verbünden und schließlich von Christus besiegt werden.

Auf Reisen hatte die Ebstorfer Weltkarte jedoch sicherlich niemand dabei. Das Format ist viel zu unhandlich und als Orientierungshilfe ist diese mappa mundi auch nicht geeignet. Die Karte hat keinen Maßstab, Entfernungen spielen keine Rolle, und sie ist keine Projektion der Erde. Stattdessen folgt sie, wie bei den mappae mundi üblich, einem Muster, das T-O-Schema genannt wird. Das O steht für den weltumspannenden Ozean, der die Kontinente umgibt, während das T innerhalb des Os für das Mittelmeer steht, das die drei (seit der Antike) bekannten Kontinente voneinander trennt. Oberhalb des Ts liegt Asien, das damit so groß ist wie Europa und Afrika zusammen, die vom senkrechten Strich des Ts (dem Mittelmeer) voneinander getrennt sind.

Wer allerdings eine Karte mit dem Anspruch, geografische Orientierung zu bieten, erstellen möchte, steht vor einem anderen Problem: Solche Darstellungen verzerren nämlich die Wirklichkeit. Denn die dreidimensionale Welt auf eine zweidimensionale Fläche zu bringen, erfordert immer einen Kompromiss. Es gilt sich zu entscheiden, ob die Flächen, die Winkel oder die Längen möglichst exakt wiedergegeben werden. Diesem Problem der Projektion widmet sich schon der bekannteste Geograf der Antike, Claudius Ptolemäus. Der Universalgelehrte wurde um das Jahr 100 geboren und verbrachte seine Zeit am liebsten im größten Wissensspeicher, den die Welt zu bieten hatte: der Bibliothek von Alexandria. Er sammelte das geografische Wissen der Antike und fügte seiner *Geographia* eine Liste mit 8000 Orten der ihm bekannten Welt bei, die sich über drei Kontinente erstreckte: Afrika, Asien und Europa.

Karten sind von Ptolemäus nicht überliefert, und überhaupt erreicht sein Wissensschatz das europäische Mittelalter mit einer gewissen Verzögerung. Denn erst im 14. Jahrhundert wird ein Manuskript der *Geographia* aus Konstantinopel ins Lateinische übertragen. Aber von ihm stammt immerhin bereits der erste bekannte Versuch, die Kugelform der Erde durch eine Kartenprojektion, also durch eine zweidimensionale Darstellung, korrekt wiederzugeben. Bis weit in die Frühe Neuzeit hinein orientieren sich Kartografen vor allem an ihm, und die europäischen Seefahrer im 15. Jahrhundert beschäftigen sich im Vorfeld ihrer Fahrten intensiv mit seinem Werk. Christoph Kolumbus etwa geht wegen Ptolemäus bei seiner Atlantiküberquerung, die ihn nach Indien führen soll, von einem zu kleinen Erdumfang aus.

Kolumbus übernimmt einen Fehler, der sich durch Ptolemäus in das geografische Wissen der Vormoderne eingeschlichen hat. An sich sind aus der griechischen Antike erstaunlich genaue Berechnungen des Erdumfangs bekannt, zum Beispiel durch Eratosthenes von Kyrene, lange Zeit Leiter der Bibliothek von Alexandria. Ptolemäus hat ihn dort aber nicht angetroffen, er hat nämlich erst beinahe 400 Jahre später gelebt. Und Ptolemäus übernimmt für die *Geographia* nicht die Berechnungen von Eratosthenes, sondern die von einem gewissen Poseidonios, der von einem deutlich geringeren Erdumfang ausgeht.

Diese falsche Berechnung ermutigt nicht nur Kolumbus, den Atlantik zu überqueren, sondern hat auch Auswirkungen auf die Darstellung der Weltkarten. Auf denen fehlen noch Jahrzehnte nach der Wiederentdeckung Amerikas der amerikanische Doppelkontinent und der Pazifik, der als größter Ozean immerhin 35 Prozent der Erdoberfläche bedeckt.

Eine Ausnahme bildet allerdings die Waldseemüller-Karte, benannt nach ihrem Gestalter Martin Waldseemüller. Sie stammt aus dem Jahr 1507 und zeigt nicht nur zum ersten Mal Amerika als eigenständigen Kontinent, auch kommt auf dieser Karte erstmals die Bezeichnung »America« vor – zu Ehren des Seefahrers Amerigo Vespucci. Ein Name, der sich schließlich durchsetzt. Wie die Ebstorfer Weltkarte fristete die Waldseemüller-Karte einige Jahrhunderte ein unentdecktes Dasein, bis sie zufällig gefunden wurde. Ursprünglich waren zwar vermutlich etwa tausend Stück in Umlauf, doch das Exemplar, das der Jesuitenpater Joseph Fischer 1901 in der Bibliothek im Schloss Wolfegg in Oberschwaben zutage förderte, ist heute das einzige bekannte Exemplar der Karte. Inzwischen wird sie in der Library of Congress in Washington ausgestellt, weil die Karte in den USA als eine Art Gründungsurkunde gefeiert wird.

In der Darstellungsform unterscheiden sich die Ebstorfer Weltkarte und die Waldseemüller-Karte allerdings fundamental voneinander. Die Waldseemüller-Karte ist ein Projekt, das geografische Wissen der Antike, wie es durch Ptolemäus überliefert wurde, mit den neu gewonnenen Kenntnissen der europäischen Seefahrer zu kombinieren. Die herz- oder zwiebelförmige Karte ist erstmals der Versuch, die Welt, wie wir sie kennen, auf eine Fläche zu projizieren. Es gibt durchaus noch große Leerstellen, zum Beispiel fehlt Australien komplett, aber zum ersten Mal ist der Pazifik auf einer Weltkarte klar erkennbar und der Indische Ozean kein Binnenmeer mehr.

Das stellt die Forschung bis heute allerdings vor einige Rätsel, denn den Pazifik erreichen die europäischen Seefahrer erst einige Jahre später. 1513 quert Vasco Núñez de Balboa im Auftrag des spanischen Königs zu Fuß Panama, wo nur eine kleine Landenge den Atlantik und den Pazifik voneinander trennt. Er blickt vom amerikanischen Kontinent auf den Pazifik und nennt ihn »Südsee«. Einige Tausend Kilometer weiter westlich tauchen gleichzeitig die ersten portugiesischen Handelsschiffe im Pazifik auf. Gerade haben sie die Gewürzinseln erreicht, und sie versprechen sich große Gewinne durch den Handel mit Muskat und Gewürznelken, die in den europäischen Küchen des Adels nicht fehlen dürfen.

Von der riesigen Ausdehnung des Ozeans, der die portugiesischen und die spanischen Seeleute voneinander trennt, haben sie zu der Zeit jedoch noch keine Vorstellung. Selbst nach der ersten Weltumseglung 1522 durch Juan Sebastián Elcano – der eigentliche Expeditionsleiter Ferdinand Magellan stirbt nach der Pazifiküberfahrt auf den Philippinen – setzt sich dieses Wissen erst langsam durch.

Und während sich die Lage der Kontinente auf den Weltkarten langsam verfestigt, verschwinden andere Teile wieder, wie zum Beispiel die Insel Antilia. Eine Insel, mitten im Atlantik gelegen, in etwa so groß wie Portugal, ohne deren Kenntnis Kolumbus vielleicht gar nicht so weit über diesen Ozean gefahren wäre. Zumindest hat er dort einen Zwischenstopp eingeplant, nachdem die Insel seit 1424 auf Karten eingezeichnet wurde. Antilia stellt sich aber als Phantominsel heraus. Eine Insel, die gar nicht existiert, obwohl sie auf Karten zu finden ist. Daher macht Kolumbus zwar keinen Halt auf Antilia, benennt aber in der Karibik eine Inselgruppe nach der Phantominsel, die Antillen. Die europäische Expansion bringt nicht nur neue Erkenntnisse, sondern auch massenhaft Irrtümer auf die Karten der Welt.

Mit dem neuen Wissen durch die Seefahrer verschwinden nach und nach die mappae mundi mit ihrem T-O-Schema. Jetzt setzen sich Karten wie die Waldseemüller-Karte durch, die auf einem Koordinatensystem und mathematischen Prinzipien beruhen. Die Waldseemüller-Karte ist ebenfalls mit vielen erklärenden Texten ausgestattet, die aber in einem vormodernen Sinn wissenschaftlichen Ansprüchen genügen sollen und keine christliche Heilsgeschichte erzählen. Die mappae mundi haben spätestens nach 1500 ausgedient, auf ihnen ist ohnehin kein Platz für einen weiteren Kontinent.

Unterstrichen wird dieser naturwissenschaftliche Anspruch der Waldseemüller-Karte durch eine Schrift, die gemeinsam mit der Karte publiziert wird: Die *Einführung in die Kosmographie mit einigen für dieses Vorhaben notwendigen Grundlagen der Geometrie und Astronomie* von Matthias Ringmann. Kosmografie gilt als die Wissenschaft der Beschreibung der Erde und des Weltalls. Waldseemüller orientiert sich bei der Umsetzung an Ptolemäus und seinen Versuchen, die Erde auf eine Fläche zu projizieren. Das führt dazu, dass die Ränder links und rechts ziemlich verzerrt dargestellt werden – ein Kompromiss, der letztlich für jede Projektionsform gefunden werden muss.

Eine weitverbreitete Kartenvariante etabliert ein Karten- und Globenhersteller, der kurze Zeit nach Waldseemüller für die nächsten Jahrhunderte die Standard-Projektionsformen prägt. Die Rede ist von Gerhard Mercator und der Mercator-Projektion, die er Mitte des

16. Jahrhunderts in seiner Duisburger Werkstatt entwickelt. Er setzt sich zum Ziel, Karten zu erstellen, die sich vor allem zur Navigation auf See eignen. Anders als die mappae mundi sind die Mercator-Karten also dazu gedacht, auf Reisen eine möglichst genaue Orientierung zu bieten – so wie wir es auch heute noch von Karten gewohnt sind. Deshalb entscheidet sich Mercator für eine winkeltreue Projektion. Das bedeutet, dass die Längen- und Breitengrade sowie ihre Abstände möglichst exakt wiedergegeben werden. Denn das ermöglicht die Verwendung der Weltkarte mit einem Kompass. 1569 veröffentlicht Gerhard Mercator erstmals seine Navigationskarte mit der winkeltreuen Projektion.

Der Fokus auf die Winkel hat aber erhebliche Auswirkungen auf die Flächen der Länder und Kontinente. Die Mercator-Projektion ist also alles andere als flächentreu. Länder in der Nähe des Nord- oder Südpols werden deutlich größer dargestellt als Länder in Äquatornähe. Besonders auffällig ist das beispielsweise bei Grönland. Die Insel ist mit einer Fläche von über zwei Millionen Quadratkilometern zweifelsohne recht groß, aber auf Karten mit klassischer Mercator-Projektion erscheint sie in etwa so groß wie Afrika, das mit über 30 Millionen Quadratkilometern doch um ein Vielfaches größer ist. Bis heute ist die Mercator-Projektion prägend für viele Kartendarstellungen, jedoch steht sie inzwischen wegen ihrer verzerrenden Effekte auch in der Kritik, da gerade Europa flächenmäßig überproportional groß erscheint.

Karten sind immer auch ein Ausdruck von Macht. Lange Zeit war sogar ihr privater Besitz verboten. Kartografen durften etwa nur im Auftrag von Monarchen und Fürsten arbeiten, schließlich wurde der Besitz der Karte gleichgesetzt mit der Kontrolle über das Territorium. Das macht sich auch auf den Weltkarten bemerkbar, denn ab dem 15. Jahrhundert teilen sich die europäischen Großmächte die Welt auf, selbst als sie noch keine Ahnung haben, wie die Erde überhaupt aussieht, und die (wissenschaftliche) Vermessung der Küsten und Grenzen noch ganz am Anfang steht.

Bestes Beispiel dafür ist der Vertrag von Tordesillas, der am 7. Juni 1494 in der gleichnamigen spanischen Stadt zwischen Kastilien und Portugal geschlossen wird. Mit dem Vertrag teilen sich die beiden Königreiche die Welt auf, indem sie ungefähr 2000 Kilometer westlich der Kapverdischen Inseln eine Linie ziehen, die vom Nord- zum Südpol verläuft. Alle Inseln und Länder im Atlantik westlich dieser Linie sollen zum Reich Kastilien unter Königin Isabella und König Ferdinand gehören. Und alle Inseln und Länder im Atlantik östlich dieser Linie sollten zum Hoheitsgebiet von Johann II. zählen, dem portugiesischen König. Genau können sie allerdings den Verlauf der Trennlinie gar nicht klären, dazu fehlt ihnen noch jede Menge geografisches Wissen. Den Grenzverlauf soll daher eine Expertenkommission festlegen, die allerdings nie ihre Arbeit aufnimmt.

Heute sind Karten zwar allgegenwärtig, und wir verorten uns selbst ständig mithilfe von GPS immerhin etwa drei Meter genau, kennen die kürzesten Wege in der Stadt und richten unseren Restaurantbesuch nach den Bewertungen auf unserer Karten-App aus, aber ihre geo- und machtpolitische Bedeutung haben Karten deshalb nicht verloren. Denn sie prägen noch immer das Bild, das wir uns von der Welt machen und wie wir über sie denken und sprechen, etwa wenn wir vom »Westen«, »Osten«, »Süden« oder »Norden« reden.

ZUR VERTIEFUNG

Ute Schneider: *Die Macht der Karten: Eine Geschichte der Kartographie vom Mittelalter bis heute.* Darmstadt 2006.

GESCHICHTEN AUS DER GESCHICHTE
Folge 401: Amerika und die Weltkarte
von Waldseemüller.

Der meistgereiste Mann
des Mittelalters

Es ist der 8. Januar des Jahres 1324, als in Venedig ein Mann namens Marco Polo zum letzten Mal die Augen schließt. Eigentlich ein Kaufmann, hatte er sich vor allem als Entdecker und Reisender einen Namen gemacht. Trotz einiger Zweifel an der Authentizität seiner Darstellungen soll er während seiner jahrzehntelangen Reisen um die 25 000 Kilometer zurückgelegt haben. Sein Bericht *Il Milione*, verfasst gemeinsam mit dem Literaten Rusticello da Pisa, wird ihn zum zweifellos berühmtesten westlichen Reisenden des Mittelalters machen.

Es wird in dieser Geschichte aber nicht um den weitgereisten Venezianer gehen. Stattdessen lernen wir einen islamischen Gelehrten kennen, der nur ein Jahr nach dem Tod Marco Polos aufbrechen wird und dessen Rekord zurückgelegter Kilometer weit hinter sich lassen wird – zumindest, wenn man seinem Reisebericht Glauben schenken darf.

Alles beginnt mit einer Pilgerreise. Seit dem 7. Jahrhundert, also der Zeit des islamischen Propheten Mohammed, ist die sogenannte Hadsch eine der fünf Säulen des Islam. Jeder Gläubige, der die nötigen Mittel besitzt, sollte zumindest einmal im Leben die Reise nach Mekka im heutigen Saudi-Arabien antreten.

Einer, der sich mit nur 21 Jahren 1325 auf diese Reise begeben wird,

ist der Gelehrte Ibn Battuta. In Tanger im heutigen Marokko geboren, ist er ein »Maghrebi« oder »Westler«, wie die Menschen aus dieser Region Nordafrikas genannt wurden. Er ist damit Untertan des Herrschers der Meriniden-Dynastie, die ihren Sitz in der Stadt Fès hatte. Als Berber und sunnitischer Muslim wurde er in der Mālikiten-Tradition der islamischen Rechtspraxis ausgebildet, über seine Kindheit und Jugend wissen wir aber recht wenig.

Als Ibn Battuta am 14. Juni seine Reise antritt, will er eigentlich nicht mehr und nicht weniger als die heiligen Städte Mekka und Medina besuchen, etwas, das inklusive Rückreise nicht länger als zwei Jahre dauern sollte. Doch wie so oft kommt es ganz anders.

Aus Furcht vor Piraten und anderem Unheil, das einem auf See begegnen kann, wählt Ibn Battuta den längeren Landweg. Das erste Jahr seiner Reise besteht daher überwiegend aus der beschwerlichen Strecke durch die brennende Hitze der Sahara. Die Sonne macht ihm immer wieder zu schaffen, und Battuta, der eine enge Beziehung zu seiner Familie pflegt, wird schnell auch von Heimweh geplagt.

Seine Überlandreise führt ihn durch das heutige Algerien und Tunesien. Als er in Tunis ankommt, befällt ihn ein starkes Fieber. Es scheint, als müsste er seine Pilgerfahrt schon an dieser Stelle beenden. Wie er später schreiben wird, ist er aber fest entschlossen, nicht aufzugeben. Lieber will er auf dem Weg in die Hedschas, das geheiligte Land um Medina und Mekka, sterben!

Von Tunis aus bewegt er sich also weiter ostwärts, ins ägyptische Alexandria, das zu jener Zeit auch nach Jahrhunderten seiner Existenz noch immer ein pulsierendes kulturelles Zentrum der islamischen Welt ist. Ein Jahr ist nun verstrichen, Ibn Battuta zeigt aber keine Eile, weiterzuziehen. Er bleibt mehrere Monate in der Stadt, besucht etwa Sehenswürdigkeiten, bevor er schließlich weiter nach Kairo zieht.

Von Kairo aus geht es nordostwärts durch Syrien, wo sich auch schon eine Eigenart Ibn Battutas zeigt: seine Tendenz, gern mal kleinere oder größere Umwege zu gehen. So gelangt er in Syrien nach Damaskus, das eigentlich gar nicht auf seinem Weg liegt. Aber einen Friedhof zwischen zwei Stadttoren, auf dem eine Reihe von Gefährten des Propheten zusammen mit namenlosen Märtyrern begraben liegt, den will er sich ebenso wenig entgehen lassen wie die diversen Heiligtümer und Moscheen in der Umgebung der Stadt.

Anfang September 1326, nach dem Ende des Fastenmonats, schließt sich Ibn Battuta in Damaskus der jährlichen Karawane nach Mekka und Medina an. Wer jetzt ein paar zerstreute Pilger mit ihren Pferden, Eseln oder Kamelen erwartet, täuscht sich allerdings. Obwohl die Anzahl der Reisenden in einer solchen Karawane von Jahr zu Jahr variierte, schwoll sie nicht selten auf Größen von bis zu 20 000 Kopf an. Günstig war diese Art der Fortbewegung nicht gerade: Obwohl den Schutz der Karawane der ägyptische Mamluken-Kalif übernahm, mussten alle Teilnehmer für den Transport ihrer Habseligkeiten, Nahrung und Unterkunft aufkommen. Ein grundsätzlich sehr teures Unterfangen, das sich viele Normalsterbliche nicht leisten konnten. Auch Ibn Battuta, wie er später erzählen wird, kann sich die Reise in der Karawane nur aufgrund der Großzügigkeit eines Rechtsgelehrten leisten, dessen Bekanntschaft er in Damaskus gemacht hat.

Nach knapp 1300 weiteren Kilometern, die die Karawane innerhalb von 45 Tagen zurücklegt, erreicht Ibn Battuta schließlich Mitte Oktober Medina, nach Mekka die zweitwichtigste Stadt des Islam. Es ist jener Ort, an dem der Prophet Mohammed die frühe muslimische Gemeinschaft etablierte und seine letzten Tage verbrachte. Es ist auch der Standort der Prophetenmoschee, die sein Grab beherbergt, und damit natürlich ein Ort, den Ibn Battuta besucht, als die Karawane außerhalb der Stadt kampiert.

Einige Tage später erreicht er schließlich Mekka. Nachdem er die üblichen Rituale erfüllt hat, hat er seine erste Pilgerreise erfolgreich absolviert. Es hat seinen Grund, weshalb an dieser Stelle von der ersten Pilgerreise die Rede ist, denn es wird nicht seine einzige bleiben.

Ibn Battuta hat, trotz vieler Schwierigkeiten, trotz des Heimwehs, trotz mehrmaliger Nahtoderfahrungen durch die Hitze in der Sahara oder das Fieber in Tunis, jetzt etwas gepackt, das wohl auch seinen westlichen Kollegen Marco Polo einige Jahrzehnte zuvor gepackt hatte: die Reiselust! Sie wird dafür sorgen, dass unser Protagonist seine Heimatstadt erst über zwanzig Jahre später wiedersehen wird.

Anstatt also Mekka wieder in Richtung Tanger zu verlassen, entscheidet er sich dafür, ganz woanders hinzureisen. Er schließt sich einer Karawane an, die in den Irak zieht, und bereist daraufhin Persien. Beherrscht wird dieses Reich von Nachfahren des berühmten Dschingis Khan, der ein knappes Jahrhundert zuvor das mongolische Weltreich begründet hatte: dem Ilchanat. Als Ibn Battuta die Gegend bereist, stehen sowohl die Gebiete des heutigen Irans, Armeniens, Georgiens, Aserbaidschans als auch Teile des Iraks, der Türkei, Afghanistans und Pakistans unter dessen Herrschaft.

In Bagdad wird Ibn Battuta Zeuge einer Prozession, in der der herrschende Ilchan Abu Said seinen Weg in die neue Hauptstadt Soltaniye, ungefähr 220 Kilometer nordwestlich des heutigen Teherans, macht. Der junge Gelehrte ist begeistert und wird den Ilchan in seinem Reisebericht als die »schönste Kreatur Gottes« bezeichnen.

Das ist ein großes Lob von jemandem, der von nun an einen Großteil der islamischen Welt, des Dar al-Islam, also Haus des Islams, bereisen wird.

Dazu muss gesagt werden: Zu Ibn Battutas Lebenszeit ist es, politisch betrachtet, ziemlich ruhig. Nach den Mongoleninvasionen im vorherigen Jahrhundert, die in der Zerstörung von Bagdad und der Ablösung des davor lange Zeit herrschenden Abbasiden-Kalifats mündeten, kommen nun die von Dschingis Khans Nachkommen gegründeten Nachfolgestaaten auf. So wie das vorhin erwähnte Ilchanat Abu Saids sind die Gebiete nun Teil der islamischen Welt. Es ist eine Zeit, die geprägt ist vom Wachstum der muslimischen Religion und daraus resultierend vielen verschiedenen Ausprägungen und Interpretationen.

Im 14. Jahrhundert dehnt sich der Islam also aus, und obwohl es Verluste im Westen durch die christliche Rückeroberung der iberischen Halbinsel gibt, wächst das Dar al-Islam zwischen etwa 1000 und 1500 auf das Dreifache seiner Größe. Bald erstreckt es sich weit über seine ursprünglichen Kernländer im Nahen Osten hinaus. Orte wie Zentralasien, Indien, Südostasien, China und das subsaharische Afrika, die Ibn Battuta in den nächsten Jahrzehnten besuchen wird, haben auch heute noch eine starke muslimische Präsenz.

Aus Gründen, von denen wir im weiteren Verlauf der Geschichte erfahren werden, ist es anzuzweifeln, dass Ibn Battuta tatsächlich all jene Orte besuchte, die er später in seinem Reisebericht vermerken wird. Aber wenn wir seiner Darstellung vorerst Glauben schenken, dann sieht seine Route folgendermaßen aus:

Nach seiner Rückkehr aus Persien führt ihn sein Weg südlicher als je zuvor, nach Jemen, wo er die Stadt Taizz besucht, bekannt als Sitz der Rasuliden-Dynastie. Von der Stadt und ihren Einwohnern ist er wenig begeistert. »Die Menschen dort sind herrisch, frech und unhöflich, wie es generell in Städten der Fall ist, in denen Könige residieren«, wird er später schreiben. Nichtsdestotrotz fühlt er sich wohl, denn hier – wie auch an all den anderen Orten, an die er reist – gewährt ihm seine Position als Gelehrter eine Sonderstellung. Auch in Taizz ermöglicht sie ihm, den Sultan bei einer seiner wöchentlichen Audienzen zu treffen. Dieser nutzt die Gelegenheit, um sich vom mittlerweile schon recht weit gereisten Ibn Battuta von Marokko, Ägypten und Persien berichten zu lassen.

Vom jemenitischen Aden aus setzt Ibn Battuta dann nach Afrika über, Ziel ist die Hafenstadt Zeila im heutigen Somalia. Ein zu jener Zeit wichtiger Handelsstützpunkt, nicht zuletzt für das damals christliche Königreich Äthiopien. Doch auch von diesem Ort ist der Gelehrte nicht angetan: »Zeila ist eine große Stadt mit einem großartigen Basar, aber sie ist die schmutzigste, abscheulichste und übelriechendste Stadt der Welt. Der Grund für den Gestank ist die Menge an Fisch und das Blut der Kamele, die sie auf den Straßen schlachten.«

Ibn Battuta reist weiter südlich, und nach fünfzehn Tagen landet er in Mogadischu, dem größten und auch reichsten Hafen der ostafrikanischen Küste. Von den Agenten, die üblicherweise die Schiffe in Empfang nehmen, um sie mit den lokalen Händlern zu verknüpfen, wird er, nachdem sie hören, er sei ein Gelehrter, gleich zum Palast gebracht, um den dortigen Scheich zu treffen. Ausgiebig wird Ibn Battuta später aufzählen, welche Speisen ihm im Zuge dieses Treffens serviert wurden: ein Eintopf aus Huhn, diverse andere Fleischarten, Fisch und Gemüse auf Reis, unreife Bananen in frischer Milch und ein Gericht, das aus saurer Milch, grünem Ingwer, Mangos und eingelegten Zitronen und Chilis besteht.

Überhaupt werden sich solche Beschreibungen der lokalen Bräuche und Speisen durch seinen später veröffentlichten Reisebericht ziehen. Wie David Waines in seiner Monografie über Ibn Battuta schreibt, ist er aber mehr Gourmand als Gourmet; die Menge angebotener Speisen beeindruckt ihn stets mehr als deren Seltenheit oder Güte.

Nach seiner Tour entlang der ostafrikanischen Küste kehrt Ibn Battuta im Jahr 1332 schließlich wieder nach Mekka zurück zu einer weiteren Hadsch. Er verweilt dort für ein Jahr, bevor ihn erneut die Reiselust packt. Sein nächstes Ziel: Indien!

Der Weg dorthin führt ihn zuerst nach Anatolien, ein Gebiet, das während seiner Reise eine Zeit des Übergangs durchlebt. Das Byzantinische Reich, ehemals das mächtigste in der Region, ist im Niedergang begriffen. An seiner statt geben nun die aufstrebenden Osmanen den Ton an. Einige Zeit später wird Ibn Battuta noch die Gelegenheit nutzen, die Stadt Konstantinopel zu besuchen. Etwas mehr als hundert Jahre später wird auch diese letzte byzantinische Bastion in die Hände der Osmanen fallen.

Davor aber wird er noch in die Territorien der Goldenen Horde, ein weiteres mongolisches Teilreich, reisen. Die Goldene Horde umfasst zu jener Zeit ein riesiges Gebiet, das Regionen von Osteuropa und Asien bedeckt: große Teile des heutigen Russlands, der Ukraine und Weißrusslands sowie westliche Teile der Mongolei, Kasachstan und den Norden des Kaspischen Meeres. Es reicht bis zum Kaukasus und zu den nördlichen Grenzen Persiens, inklusive der Krimhalbinsel.

Auch Usbek Khan, Herrscher über dieses riesige Reich, ist, wie sein Verwandter Abu Said in Persien, mittlerweile frommer Muslim. Das wiederum führte zu einer Vermischung mongolischer und muslimischer Kultur und Tradition, die dem strengen Ibn Battuta teilweise zu weit geht. Unterwiesen in der Mālikiten-Schule des islamischen Rechts, ist Ibn Battuta von der lockeren Auslegung der Hanafi-Schule – der dominanten Schule der Goldenen Horde – bezüglich des Umgangs mit Alkohol schockiert. Sein Unwohlsein legt sich aber bald, als er in den Genuss der Gastfreundschaft des Khans kommt.

Trotz mehrerer Umwege erreicht er schließlich im Jahr 1333 den Indus und damit die Nordgrenze des indischen Reichs. Seinen ursprünglichen Plan, nämlich für den Sultan von Delhi, Muhammad bin Tughluq, als Kadi, also islamischer Richter, zu arbeiten, setzt er jetzt in die Tat um. Unter der Schirmherrschaft des Sultans verbringt er beinahe zehn Jahre in Indien. Kein Wunder also, dass auch beinahe die Hälfte seines späteren Reiseberichts von seiner Zeit in Indien handeln wird. Er erkundet das gesamte Reich, beschreibt sowohl Politik als auch Eigentümlichkeiten des indischen Hofs. Vor allem der Reichtum des Landes und die exotische Tierwelt hinterlassen einen bleibenden Eindruck.

Es ist dem exzentrischen Sultan zu verdanken, dass Ibn Battuta sich schließlich einer diplomatischen Gesandtschaft nach China anschließt. Einerseits kann er auf diesem Wege noch mehr von der Welt sehen, andererseits ist der Sultan so unstet, dass Ibn Battutas Position im Reich immer wieder auf wackligen Füßen steht.

Die Entscheidung, sich der Gesandtschaft anzuschließen, wird ihn allerdings beinahe das Leben kosten. Schiffbruch und ein Piratenüberfall sorgen dafür, dass er von der Abordnung getrennt wird, und über Umwege landet er schließlich auf einer muslimisch besiedelten Inselgruppe namens Dhibat al-Mahal, heute besser bekannt als die Malediven. Auch dort findet er Anstellung als Kadi, die Grenzen seiner Macht bekommt er aber bald zu spüren. Er echauffiert sich nämlich über die Tatsache, dass die Frauen der Insel auch in der Öffentlichkeit oft halb nackt sind, all seine Versuche, dies zu unterbinden, werden größtenteils ignoriert. Trotzdem fügt sich Ibn Battuta den Gepflogenheiten der Insel, vor allem tut er das, was er schon seit seiner Abreise aus Tanger einige Male getan hat: Er heiratet. Und zwar immer und immer wieder. Allein auf den Malediven soll er sich sechsmal getraut haben.

Das klingt jetzt natürlich viel, ist es nach heutigen Maßstäben wohl auch, im Rahmen seiner eigenen religiösen Grundsätze war es aber durchaus erlaubt. Vor allem, da Ibn Battuta sich üblicherweise immer erst von der einen Frau scheiden ließ, bevor er sich mit der nächsten vermählte. Diese Ehen müssen auch im Kontext der vorherrschenden Strukturen betrachtet werden: Oft waren solche Hochzeiten Teil eines komplexen gesellschaftlichen Konstrukts, das auch eng mit der Praxis der islamischen Gastfreundschaft verschränkt war. Nicht nur, aber vor allem auf den Malediven, wird er daher sogar ermutigt, sich oft zu vermählen. Nicht zuletzt, weil das neben dem Zugang zu lokalen Gemeinschaften oder Eliten auch für die jeweiligen Familien eine Ehre darstellt. Schließlich heiratet ein weit gereister Gelehrter nicht alle Tage in die eigene Familie ein! Diese Heiratspolitik ist damit auch nicht sehr weit von jener des europäischen Mittelalters entfernt.

Aber zurück auf die Malediven: Nach einigen Monaten – die Zahlen der Forschung variieren zwischen acht und achtzehn – wird Ibn Battuta in politische Machenschaften verstrickt. Welche Machenschaften das genau waren, darüber lässt uns Ibn Battuta in seinem Bericht im Unklaren. Was wahrscheinlich ist: Er fällt in aristokratischen Kreisen in Ungnade, und zwar so sehr, dass er beschließt, das kleine Inselreich zu verlassen.

Über Südostasien gelangt er 1345 schließlich doch noch nach China. Ob er tatsächlich all jene Orte, die er in seinem Reisebericht beschreibt, besucht hat, wird von der Forschung allerdings bezweifelt, zumindest aber dürfte er wohl Guangzhou, auch bekannt als Kanton, erreicht haben. Politische Unruhen zwingen ihn im Jahr 1346 letzten Endes, die Heimreise in Richtung Marokko anzutreten.

Als Ibn Battuta schließlich in Tanger, seiner Heimatstadt, ankommt, ist über ein Vierteljahrhundert vergangen. Sowohl sein Vater als auch seine Mutter sind verstorben.

Gestillt ist seine Reiselust auch jetzt noch nicht. Er wird einige Zeit später nochmals einen Abstecher nach Spanien machen, um dort Granada, die letzte muslimische Bastion in Al-Andalus, zu besuchen. Es ist eine gewisse Ironie der Geschichte, dass er damit sowohl jenen Ort besucht hat, der bald wieder in christliche Hände, mit Konstantinopel aber auch jenen Ort, der in nicht allzu langer Zeit in islamische Hände fallen wird.

Nachdem er noch nach Mali, Mauretanien und Niger gezogen ist, lässt er sich schließlich im Jahr 1354 in Fès, der bereits erwähnten

Hauptstadt des Meriniden-Reichs und kultureller Hotspot seiner Zeit, nieder.

Dort berichtet Ibn Battuta nun dem Sultan Abū 'Inān Fāris bei einer Audienz von seinen Reisen. Dieser wiederum ist von seinen Erzählungen so angetan, dass er den viel gereisten Pilger auffordert, seine Erlebnisse festzuhalten. Dem zu Beginn dieser Geschichte erwähnten Marco Polo nicht unähnlich, wird auch Ibn Battuta ein versierter Literat zur Seite gestellt, dem er seine Abenteuer diktiert und der das alles in entsprechend schöne Worte fassen soll. Der Schreiber, der dem Reisenden zur Seite steht, ist Mohammed ibn Dschuzayy, der zuvor bei Yusuf I. von Granada beschäftigt gewesen ist, kurz vor Ibn Battutas Rückkehr nach Fès aber einen Posten am Hof des Sultans angenommen hat.

Knapp zwei Jahre arbeiten die beiden an dem Werk, bis es schließlich im Dezember 1355 unter dem Namen »Geschenk für diejenigen, die über die Wunder der Städte und des Reisens nachdenken« veröffentlicht wird. Üblicherweise wird es aber als »Ibn Battutas Rihla« bezeichnet, was kurz und knapp »Ibn Battutas Reise« bedeutet. Es ist ein klassisches Beispiel für Rihlas, die als ein eigenes literarisches Genre der arabischen Literatur verstanden werden müssen. Diese Erzählungen dienten oft dazu, die Leserinnen und Leser über verschiedene Kulturen, die Geografie und auch das »Haus des Islams« grundsätzlich zu informieren.

Ibn Battutas Reise mit den geschätzt 120 000 zurückgelegten Kilometern stellt, zumindest was den reinen Umfang angeht, alle zuvor verfassten Rihlas in den Schatten. Mit einem großen Fokus auf des Pilgers Anekdoten und persönliche Erfahrungen unterscheidet es sich damit stark von Marco Polos Werk, das so gut wie nichts über die Persönlichkeit des Venezianers preisgibt.

Gleichzeitig offenbart die Rihla, dass Ibn Battuta großen Wert darauf gelegt haben muss, in diesem diktierten Werk eine ganze eigene

Persona zu kreieren: die »des frommen, gelehrten, Maliki-Gentlemans, allerdings mit der Sensibilität und Ehrfurcht eines Sufis«, wie der Historiker Ross Dunn in seinem Werk über Ibn Battuta schreibt. Hinwegtäuschen soll das vor allem darüber, dass Ibn Battuta mehr Reisender als Rechtsgelehrter war. Oder wie es ein arabischer Gelehrter und Zeitgenosse in einer späteren Biografiensammlung ausdrückt: Ibn Battuta war zwar weit gereist, verfügte aber nur über »einen bescheidenen Anteil an den Wissenschaften«. Nur in den islamischen Randgebieten sei es jemandem wie ihm möglich gewesen, als Kadi zu arbeiten.

Wie durch die Geschichte hindurch schon angemerkt, sollten wir uns abschließend noch ansehen, wie viel Ibn Battuta von dem Niedergeschriebenen tatsächlich selbst erlebt hat. Denn wie moderne Kritiker bemerken, enthält die Rihla Routen, die rein zeitlich einfach unmöglich zu bewältigen gewesen wären. Teilweise wird dies mit dem Umstand erklärt, dass Ibn Battuta kaum Aufzeichnungen während seiner Reisen erstellt hat, das gesamte Werk also mehr oder weniger aus dem Gedächtnis diktiert wurde. Einige der Routen müssen daher eher als ein Kompositum mehrerer Reisen verstanden werden.

Eine andere Erklärung liegt aber vor allem in der Art und Weise, wie diese Berichte verfasst wurden. Nicht selten wurden ältere Rihlas zurate gezogen, hin und wieder sogar ganze Passagen kopiert. So ist es zum Beispiel bewiesen, dass die Rihla eines andalusischen Reisenden aus dem 12. Jahrhundert, Ibn Dschubair, Vorbild für Beschreibungen von Damaskus, Medina und Mekka war. Uneins ist sich die Forschung auch über die Authentizität von Ibn Battutas Berichten aus China, dem Byzantinischen Reich, Jemen oder Westafrika.

Nichtsdestotrotz ist die Relevanz seiner Rihla für unser heutiges Verständnis der mittelalterlichen islamischen Welt unbestreitbar. Sie bietet einen einzigartigen Einblick in die Kulturen und Gesellschaften, die das Haus des Islams im 14. Jahrhundert geprägt haben. Seine Darstellungen lassen uns Zeit und Orte, die er bereiste, aus seiner Sicht erleben und erweitern damit unseren Blick auf eine Welt, die für die meisten von uns weit entfernt ist.

Obwohl Ibn Battuta sich selbst vor allem als frommen Rechtsgelehrten darstellt, sind es sein unersättlicher Reisedrang und seine Neugier, die uns das größte Geschenk machen: ein Abenteuer durch Zeit und Raum. Damit ist die Rihla mehr als nur ein Reisebericht. Sie ist Zeugnis einer weit entfernten und lang vergangenen Zeit und gleichzeitig Einladung und Aufforderung, die Welt aus einer neuen Perspektive zu betrachten und das Unbekannte bekannt zu machen.

ZUR VERTIEFUNG

David Waines: *The Odyssey of Ibn Battuta – Uncommon Tales of a Medieval Adventurer*. Chicago 2010.

GESCHICHTEN AUS DER GESCHICHTE
Folge 353: Wallada.

Rheinland oder Tirol, Hauptsache, Peru

Wer ins Rheinland fährt, erwartet wahrscheinlich nicht, in Südamerika am Rande des Amazonas zu landen. Und wer dort ankommt, rechnet wohl noch weniger damit, dann auf Deutsch und mit einem Tiroler Dialekt begrüßt zu werden. In Peru kann das tatsächlich passieren, in einem kleinen, abgelegenen Ort, der bis in die 1980er-Jahre von der Außenwelt praktisch abgeschnitten war – nämlich in Pozuzo. Ein Dorf, das etwa 500 Kilometer von der Hauptstadt Lima entfernt im Landesinneren liegt.

Im Jahr 1857 brechen deutschsprachige Siedler und Siedlerinnen aus dem Rheinland und Tirol in ein neues Leben auf. Als sie in Antwerpen ein Schiff Richtung Südamerika besteigen, ahnen sie nicht, was für ein beschwerlicher und enttäuschender Weg vor ihnen liegt. Enttäuschend, weil sich die Versprechungen, mit denen sie der Forschungsreisende und Kolonist Kuno Damian Freiherr von Schütz zu Holzhausen für die Auswanderung anwirbt, als leere Worte entpuppen. Und beschwerlich, weil sie mehr als zwei Jahre unterwegs sind, bis sie an ihrem Ziel ankommen. Am Ende erreichen nur 150 Auswandernde Pozuzo, das ist etwas mehr als die Hälfte derer, die die Reise antraten. Einige sind auf dem Weg über die Anden gestorben, und wer konnte, hat sich längst abgesetzt, um in Lima oder einer anderen Stadt Arbeit zu finden.

Dabei hat das Auswanderungsprojekt vielversprechend begonnen. Kuno Damian Freiherr von Schütz zu Holzhausen wurde 1825 im Herzogtum Nassau geboren und wandert 1846 nach Texas in die USA aus, wo er aber nicht lange bleibt. Er lässt sich ein wenig durchs Land treiben und gelangt unter anderem nach Kalifornien, wo gerade der erste Goldrausch zahlreiche Auswandernde anzieht. Im Jahr 1852 landet er schließlich in Peru. Der Freiherr kommt in ein Land, das sich zu der Zeit in einer großen Umbruchphase befindet. Erst wenige Jahrzehnte zuvor, 1824, ist es Peru gelungen, sich im Rahmen der südamerikanischen Unabhängigkeitskriege von der spanischen Herrschaft zu lösen, worauf ein großer wirtschaftlicher Aufschwung des Landes folgte.

Die Hauptstadt des noch jungen Staats, Lima, befindet sich an der Pazifikküste im Westen Südamerikas. Im östlichen Teil des Landes, hinter den Anden, beginnt der Amazonas. Ein riesiger, zur Zeit unserer Geschichte noch kaum erschlossener tropischer Regenwald, der sich über den ganzen Kontinent bis zur Atlantikküste erstreckt. Mitten hindurch fließt mit dem Fluss Amazonas der wasserreichste Strom der Erde, der seinen Ursprung in den peruanischen Anden hat. Und genau dorthin verschlägt es nun Schütz-Holzhausen, denn er schließt sich einer Expedition zur Erkundung der Quellflüsse des Amazonas an.

Beweggrund dieser Expedition ist nämlich die Hoffnung der peruanischen Regierung, den Amazonas künftig als schiffbare Handelsroute zum Atlantik nutzen zu können. Denn unter weltwirtschaftlichen Gesichtspunkten betrachtet hat Peru einen gewaltigen Nachteil: Wer nach Lima will, muss einmal Kap Hoorn umfahren, die Südspitze des Kontinents. Das dauert nicht nur entsprechend lange – Segelschiffe brauchen für diese Fahrt mehrere Wochen –, es ist auch eine der gefährlichsten Schiffspassagen der Welt. Da ist es kaum verwunderlich, dass sich am Kap Hoorn auch einer der bekanntesten

Schiffsfriedhöfe unserer Ozeane befindet. Die Windverhältnisse stellen selbst für erfahrene Seeleute eine große Herausforderung dar, zumal parallel die Gefahr besteht, mit Eisbergen zu kollidieren. Nach dem kalifornischen Goldrausch 1848 erlebt die Route um Kap Hoorn einen letzten Höhepunkt, auch wenn die Reise mit dem Schiff für die Goldsuchenden von New York bis San Francisco mehrere Monate dauert. Der Landweg quer durch die USA ist zu der Zeit aber auch nicht bequemer – oder sicherer. Erst ab 1855 führt die Panama-Eisenbahn, eine Zugstrecke, die Atlantik- und Pazifikküste miteinander verbindet, zu einem massiven Einbruch des Passagierverkehrs um Kap Hoorn.

Doch die Abkürzung, die den Weg um das Kap auch für den Güterverkehr überflüssig macht, wird mit dem Panamakanal erst 1914 fertiggestellt. Wäre ein schiffbarer Weg durch den Amazonas von Peru bis zum Atlantik da nicht eine großartige Alternative? Womit wir zum Plan der peruanischen Regierung zurückkehren. Denn seit den 1840er-Jahren setzt das lateinamerikanische Land vor allem auf den Export eines Guts, von dem Europa nicht genug bekommen kann: Guano. Als Vogelkot ursprünglich buchstäblich Mist, eignet es sich hervorragend als Dünger in der Landwirtschaft und sorgt für deutlich bessere Erträge.

Hier kommt nun auch unser sich auf Expedition in den Anden befindender Freiherr wieder ins Spiel. Er schließt mit der peruanischen Regierung 1853 nämlich einen Vertrag über die Ansiedlung von 10 000 Deutschen in der Amazonas-Region Perus. Die Einwanderer sollen dazu beitragen, die Gegend zu erschließen, sie sollen Dörfer bauen und Landwirtschaft betreiben. Im Gegenzug stellt der Staat den Siedlern neue Straßen und den Bau eines Binnenhafens mit Verbindung zum Amazonas in Aussicht.

Doch Peru ist nicht das einzige Land, das solche Kolonieprojekte in Südamerika ins Leben ruft. Auch die Nachbarstaaten Brasilien und

Chile forcieren die Einwanderung durch Europäer. In Peru gibt es seit 1850 sogar eine Prämie von der Regierung für alle, die neue Arbeitskräfte ins Land holen. Um den Anreiz zu erhöhen, nach Südamerika zu kommen, müssen die Einwanderer nichts für die Überfahrt zahlen, sie sind vom Militärdienst befreit und erhalten nach zwei Jahren das Land, das sie bewirtschaften, als Eigentum zugesprochen. Mithilfe von Einwanderungsagenten, wie Schütz-Holzhausen einer ist, kommen im Rahmen dieser Kolonieprojekte Tausende Deutsche nach Peru.

Das Anwerben deutscher Einwanderer durch Schütz-Holzhausen verzögert sich aber, sodass er 1855 einen neuen Vertrag schließen muss. In der Zwischenzeit ergaben sich nämlich einige Probleme mit Kolonisten, die nur die Kopfprämie kassieren wollten und die Siedler direkt nach der Anwerbung im Stich ließen. Deshalb zahlt die peruanische Regierung nicht mehr einfach nur für jeden angeworbenen Neuankömmling, sondern fordert von den Einwanderungsagenten auch, sich um die Integration der Siedler zu kümmern. Schütz-Holzhausen wird daher nicht mehr mit einer »Prämie pro Person« vergütet, sondern erhält eine jährliche Zahlung bei erfolgreicher Ansiedlung. 10.000 Menschen sollen in den nächsten sechs Jahren ins Land kommen – was sich im Nachhinein als völlig utopisch herausstellt.

Schütz-Holzhausen begibt sich nun also auf der Suche nach Auswanderwilligen nach Deutschland. In seiner Heimat, im preußischen Herzogtum Nassau, ist seine Erfolgsquote überschaubar, im habsburgischen Tirol hingegen stößt der Einwanderungsagent auf deutlich mehr Interesse. Dabei kommt Tirol eher zufällig ins Spiel, eben weil Schütz-Holzhausen im Rheinland nicht genügend Menschen für die peruanischen Kolonien findet. Als zu gefährlich und unsicher gilt die Reise. Wer es sich leisten kann, versucht eher, im Zwischendeck eines Dampfers nach New York zu gelangen. Aber Südamerika? Im Herzogtum Nassau wird die Anwerbung schließlich sogar untersagt. Die *Augsburger Allgemeine Zeitung* nennt Pozuzo ein »sicheres Grab für deutsche Auswanderer«. Am Ende finden sich nur 120 Personen im Rheinland. Auf dem Dreimaster für die Überfahrt gibt es allerdings Platz für 300.

Schütz-Holzhausen schwebt eine katholische Kolonie vor, so ist er also nicht nur auf der Suche nach weiteren Reisewilligen, sondern auch nach einem Priester für die neu zu gründende Kolonie. Er gerät an den Benediktinerpater Augustin Scherer, der ihm von der wirtschaftlichen Not in Tirol erzählt. Dort ist es für die verarmten Bauernfamilien üblich, ihre Kinder über den Sommer nach Württemberg zu schicken. Die »Schwabenkinder« werden dann auf Märkten den dortigen Bauern vermittelt, um als Mägde oder Knechte zu arbeiten. Zum Martinstag im November kommen sie wieder nach Hause – meist neu eingekleidet und mit etwas Geld in der Tasche.

Schütz-Holzhausen wittert in diesen Umständen eine Chance; er wirbt daher auch in Tirol mit fruchtbarem Ackerland und den generell paradiesischen Zuständen in Peru und hat schnell eine Gruppe von 184 weiteren Auswanderwilligen zusammen. Anfang 1857 kann es losgehen. Die Fraktionen »Rheinland« und »Tirol« machen sich auf den Weg nach Antwerpen, wo schließlich gut 304 Auswandernde im Zwischendeck des Dreimasters Platz finden. Ende März 1857 stechen sie in See. Die nun folgende Reise auf dem Schiff ist nicht nur unbequem eng, sondern es stinkt auch noch fürchterlich nach Vogelmist. Normalerweise transportiert der Frachtsegler »Norton«, in dem die Auswandernden untergebracht sind, nämlich Guano von Peru nach Europa, was ihm den Spitznamen »Guanokasten« beschert.

Die Überfahrt dauert über hundert Tage. Schließlich erreichen die freiwilligen Neu-Kolonisten und -Kolonistinnen endlich wieder das Festland – aber lange nicht ihr Ziel, denn es liegen noch mehr als 400 Kilometer vor ihnen, für die sie die Anden queren müssen. Geplant ist die Ankunft in Pozuzo Ende Juli 1857. Es ist dann auch tatsächlich Ende Juli, als die Kolonie offiziell gegründet wird – allerdings nicht 1857, sondern zwei Jahre später, 1859. Der 25. Juli wird seither als »Día del Colono« oder »Kolonischtntåg« gefeiert.

Nach ihrer Ankunft in Lima – wobei sie die Hauptstadt selbst aufgrund von Quarantänebestimmungen letztendlich gar nicht betreten dürfen – werden sie mit einem Dampfschiff nach Huacho gebracht, von wo aus sie am 29. Juli 1857 den letzten, längsten und wohl auch anstrengendsten Teil der Reise antreten. Der Weg ins Landesinnere führt sie auf 4800 Metern über die Kordilleren, die einige Jahrzehnte später eine deutsche Rennfahrerin mit einem Auto überqueren sollte.

In Peru, fernab der Heimat, offenbaren sich den mutigen Auswandernden spätestens jetzt die großen Organisationsmängel des Kolonieprojekts. Nicht nur die Versorgungslage ist unzureichend; Schütz-Holzhausen erfährt, dass der von der peruanischen Regierung zugesicherte Weg von der Bergbaustadt Cerro de Pasco zu dem Ort, an dem die Kolonie am Rande des Amazonas entstehen soll, noch gar nicht existiert. Extreme Strapazen durch hochalpines Gelände liegen also vor ihnen. Schwer bepackt und unter höchsten Anstrengungen findet die Gruppe dennoch immer wieder Kraft und Motivation in den Versprechungen auf eigenen, fruchtbaren Landbesitz.

Der Weg endet vorerst in Acobamba. Obwohl der Freiherr weiß, dass sie von dort nicht weiterkommen, führt er die Auswanderer in das Andendorf, wo sie erst einmal festsitzen. Das sei aber kein Problem, versichert Schütz-Holzhausen den Auswandernden, denn ganz in der Nähe befinde sich die »Pampa Hermosa«, die sich ebenfalls bestens dazu eigne, um eine Kolonie aufzubauen. Er selbst habe sich die Gegend bereits angesehen und sich von den fruchtbaren Böden überzeugt.

Weil sie ohnehin keine Alternative haben, schlagen sie sich bis dahin durch. Aber was sie schließlich vorfinden, sind alles andere als paradiesische Zustände. Sie stehen auf einer kleinen, kargen Bergterrasse. War Schütz-Holzhausen vorher jemals wirklich vor Ort? Viele der Kolonisten und Kolonistinnen zweifeln an seiner Glaubwürdigkeit und setzen sich von der Gruppe ab, die jetzt um mehr als ein Drittel schrumpft. Ein Teil kehrt zurück nach Cerro de Pasco; in der Bergbaustadt sind tatkräftige Männer und Frauen immer gern gesehen.

Für die, die noch am Traum von der Kolonie festhalten, kommt nach der Enttäuschung der Hunger. Denn der einzige Weg zur Pampa Hermosa ist in der Regenzeit nicht passierbar, und so harrt ein Teil der Auswandernden abgeschnitten von Lebensmittelnachschub auf der Bergterrasse aus. Schütz-Holzhausen muss einsehen, dass die Pampa Hermosa nicht der richtige Ort für die Koloniegründung ist, und drängt nun doch darauf, weiter Richtung Pozuzo zu gehen. Es ist ein kritischer Moment der Unternehmung; die Auflösung der Gruppe droht, es kommt zu einigen Todesfällen, und der Freiherr wird kurzfristig von der peruanischen Regierung entlassen und nach Lima zitiert.

Als die Regenzeit vorbei ist, machen sich die völlig erschöpften Freiwilligen – nun unter der inoffiziellen Leitung des Tiroler Pfarrers Josef Egg – daran, den Weg nach Pozuzo selbst freizulegen. Egg ist es, dem es durch sein gutes Gespür für die Ängste und Sorgen seiner Mitreisenden gelingt, ihr Vertrauen in das Auswanderprojekt zurückzugewinnen, und der die Gruppe jetzt zusammenhält. Am Ende entsteht zwar keine befahrbare Straße, aber immerhin ein kleiner Saumpfad. Ein Provisorium, das allerdings für den globalen Handel völlig unbrauchbar ist.

Es dauert ein weiteres Jahr, bis der Weg fertig ist und sie ihr Ziel endlich erreichen. Über zwei Jahre nachdem sie Europa verlassen haben, wird die Kolonie am 25. Juli 1859 nun offiziell gegründet. Von den

304 Europäerinnen und Europäern, die in Antwerpen die »Norton« bestiegen haben, kommen etwa 160 in der neuen Kolonie an. 16 Todesfälle sind auf der Reise zu verzeichnen, und fast die Hälfte hat die Gruppe auf dem Weg über die Anden verlassen. Übrig geblieben sind vor allem die Familien mit ihren Kindern. Die jungen, ledigen Leute und handwerklich Begabte haben sich abgesetzt, was für den Aufbau der Kolonie natürlich entsprechend problematisch ist. Denn jetzt beginnt die eigentliche Arbeit: Auf die Neuankömmlinge wartet eine unerschlossene Ebene, die erst gerodet werden muss, auf der Wohnhäuser gebaut und Äcker angelegt werden müssen.

Und dafür können nicht einmal Landmaschinen eingesetzt werden, denn sie lassen sich über den unbefestigten Weg nicht nach Pozuzo transportieren. Die Gruppe ist zwar endlich angekommen, lebt jetzt allerdings mehr oder weniger von der Außenwelt isoliert – verbunden lediglich durch den provisorischen Saumpfad. Zum nächstgelegenen Markt in der Stadt Huánuco sind sie eine Woche lang unterwegs. Eine befahrbare Straße nach Pozuzo bleibt lange Zeit ein unerfüllter Wunsch. Sie wird erst 1975 fertiggestellt. Ein Siedler beschreibt nach der Ankunft die Lage der Kolonie als so unglücklich gewählt wie nur irgend möglich.

Die Gruppe um den Tiroler Pfarrer Egg hat zwar gemeinsam viel erlebt und durchstehen müssen auf dem Weg über die Anden, dennoch teilen sie sich sofort nach ihrer Ankunft auf und errichten getrennte Siedlungen mit einigen Kilometern Abstand: Tirol, heute Pozuzo-Zentrum, und Rheinland, heute Prusia. Die Kolonisten und Kolonistinnen sind jedoch nicht die Ersten, die hier ankommen. Die Besiedlungsgeschichte der Gegend reicht viele Jahrhunderte zurück. Beim Aufbau des Dorfes stoßen die Siedler und Siedlerinnen auf archäologische Fundstücke aus der Zeit vor den Inka. Abgesehen davon errichtete der Franziskanische Orden im 17. Jahrhundert eine längst verlassene Missionsstation in der Region.

Die Isolation über viele Jahrzehnte in den neuen Siedlungen sorgt für eine Besonderheit im peruanischen Amazonasgebiet: Es entsteht eine deutsche Sprachinsel mit eigenem Dialekt, dem Tirolés. Ein Siedlerdialekt, der sowohl spanische Ausdrücke als auch Wörter aus dem Quechua, einer indigenen Sprache und gleichzeitig zweite Amtssprache Perus, integriert.

Es ist beinahe unfassbar, wie unerschütterlich der Glaube der Auswandernden an die große Zukunft ihrer Kolonie auch Jahre nach ihrer Ankunft noch ist. Pfarrer Egg schreibt 1868, nach über zehn Jahren in Peru, dass bald eine Straße gebaut werde, von der aus sie innerhalb eines Tages die Dampfschiffe erreichen würden, mit denen sie den Kontinent queren würden und in kürzester Zeit wieder in Europa wären. Sie fordern jetzt sogar die peruanische Regierung auf, weitere europäische Freiwillige nach Pozuzo zu holen. Ihre Hoffnung ist, dass damit endlich der Straßenbau und die Schifffahrt in Gang kommen. Diese zweite Gruppe soll zunächst wieder Freiherr Schütz-Holzhausen in Tirol anwerben. Der lehnt jedoch ab. Er ist mittlerweile zurück in Deutschland und frisch verheiratet – seine Zeiten als Einwanderungsagent sind vorbei. Der peruanische Außenminister unterstützt dennoch die Einwanderung von weiteren 5000 Personen. Und tatsächlich, im Jahr 1868 erreicht eine weitere Gruppe aus Tirol die Siedlung.

Deren Anreise erfolgt immerhin deutlich schneller. Sie verlassen nämlich im März 1868 von Antwerpen aus Europa und erreichen bereits im Oktober Pozuzo. Der Plan ist nun, dass sie im Amazonasbecken einen Binnenhafen erschließen, nachdem dort erfolgreiche Testfahrten mit Dampfschiffen durchgeführt worden sind. Im Rahmen dieser Testfahrten stellt sich aber heraus, dass der Fluss an der Stelle nicht ganzjährig befahrbar ist, sondern nur während der Regenzeit. Die peruanische Regierung legt die Pläne also wieder auf Eis und versucht stattdessen, in der Region um Perené am gleichnamigen Fluss die Amazonas-Dampfschifffahrt zu etablieren. Das ist eine Gegend südlich von Pozuzo, für die viele italienische Einwanderer angeworben werden.

Am Ende scheitern die Bauprojekte jedoch allesamt: Es gibt keine Eisenbahnanbindung, eine Straße wird nicht gebaut, und aus der Amazonasschifffahrt mit Anbindung zum Atlantik wird auch nichts. Trotz des kargen und beschwerlichen Lebens am Rande des Amazonas bleiben die Siedler auch über die Generationen hinweg vor Ort und bilden heute ein Unikum: die einzige deutsch-österreichische Kolonie der Welt.

Es ist das Tiroler Erbe, das bis heute Pozuzo prägt, das inzwischen wieder vom Staat gefördert wird. In den 1940er-Jahren hingegen wurde das Tirolés zunehmend verdrängt und teilweise verboten, so auch im Schulunterricht. Immer mehr Familien sprechen seither vor allem Spanisch, sodass es gegenwärtig nur mehr wenige Dialektsprechende gibt. Nachdem die Kolonie am Rande des peruanischen Amazonas viele Jahrzehnte in Vergessenheit geraten ist, wird die Erinnerung an diese außergewöhnliche Siedlungsgeschichte heute wieder hochgehalten. Seit 2007 erinnert zum Beispiel ein Gedenkstein am Hafen von Lima an die Eingewanderten. Wer also mal mit »Pfiat enk« begrüßt werden will, muss nicht unbedingt nach Innsbruck, sondern kann auch zum peruanischen Amazonas reisen.

ZUR VERTIEFUNG

Wilfried Schabus: *Pozuzo. Auswanderer aus Tirol und Deutschland am Rand Amazoniens in Peru*. Innsbruck 2016.

GESCHICHTEN AUS DER GESCHICHTE
Folge 106: Das Darién-Projekt und seine Folgen.

Hurra für das letzte große Abenteuer!

Im April 1928 wird Amelia Earhart ans Telefon gerufen. Sie arbeitet gerade als Sozialarbeiterin im Denison House in Boston und kümmert sich dort überwiegend um Einwandererfamilien. Zuvor hat sie sich mit etlichen Jobs durchgeschlagen, um sich ihren Traum vom Fliegen zu erfüllen. Auch ihr Medizinstudium an der Columbia University in New York gibt sie dafür auf. Sie ist Anfang der 1920er-Jahre eine der wenigen Frauen mit einer Flugerlaubnis in den USA. Ab 1923 verfügt sie als 16. Pilotin weltweit sogar über eine internationale Lizenz. Aber der Anruf, der sie nun erreicht, stellt ihr komplettes Leben auf den Kopf, und kurze Zeit später ist sie eine der bekanntesten Persönlichkeiten des Landes. Der Mann am anderen Ende der Leitung stellt ihr nämlich die Frage: »Würden Sie gerne über den Atlantik fliegen?«

Für ihre Antwort muss Earhart nicht lange überlegen. Wir befinden uns mitten im Goldenen Zeitalter des Fliegens, Langstreckenflüge sind noch lebensgefährliche Abenteuer, und zahlreiche Piloten sowie wenige Pilotinnen sind auf der Jagd nach Rekorden und Erstflügen. So auch Earhart, die 1922 etwa für einige Zeit den Höhenrekord unter Pilotinnen innehat. 4300 Meter ist sie mit »The Canary«, ihrem ersten eigenen – quietschgelben – Flieger, aufgestiegen.

Der Flug über den Atlantik ist allerdings eine besondere Herausforderung. Ein Jahr bevor jener schicksalhafte Anruf Earhart erreicht, wird Charles Lindbergh zum großen Star der Luftfahrt, als ihm im Mai 1927 die erste Alleinüberquerung des Atlantiks gelingt – fast 6000 Kilometer von New York nach Paris. Es ist eine Sensation. Die Medien sind voll von Berichten über den Flug des ehemaligen Postfliegers. Sein Buch *Wir Zwei* – gemeint sind Lindbergh und seine Maschine – über den Flug mit der »Spirit of St. Louis« wird zum Bestseller und Lindbergh zum Nationalhelden. Er ist plötzlich weltberühmt; zwar nicht als erster Mensch, der nonstop von den USA nach Europa fliegt, aber ohne Begleitung hat es vor ihm noch niemand geschafft. Immerhin muss man dafür mehr als 33 Stunden wach bleiben.

Bislang haben allerdings nur Männer den Atlantik fliegend überquert. Amy Guest, die Tochter des steinreichen Stahlunternehmers Henry Phipps Jr. möchte das ändern. Sie finanziert das Projekt – selbst zu fliegen schien ihrer Familie doch zu gefährlich –, für das eine dreimotorige Fokker gekauft wird. Ein typischer Hochdecker, bei dem der Tragflügel über dem Rumpf angebracht ist. Benannt nach dem Flugzeugkonstrukteur Anton Fokker, wurde dieser Flugzeugtypus entwickelt, um Langstrecken zu fliegen. Regelmäßige Zwischenlandungen wären mit der »Friendship« getauften Maschine aber notwendig, denn der Flieger hat nur eine Reichweite von ca. 1200 Kilometern – viel zu wenig für die geplante Ozeanüberquerung. Daher wird die Maschine für den Transatlantikflug noch umgebaut; dort, wo eigentlich acht bis zehn Passagiere Platz finden sollen, werden zusätzliche Treibstofftanks montiert.

Organisiert wird das Vorhaben von George Palmer Putnam. Dieser ist nicht nur begeistert vom Fliegen, sondern auch ein geschäftstüchtiger Verleger, der bereits für die Veröffentlichung von Lindberghs Reisebericht gesorgt hat. Und mit dem Buch zum ersten Atlantikflug einer Frau sieht er bereits den nächsten Bestseller in den Auslagen der Buchhandlungen liegen. Also macht er sich auf die Suche nach einer

Pilotin. Von einem Bekannten bekommt er den Tipp, einmal in Boston bei der Sozialarbeiterin Amelia Earhart nachzufragen. Sie ist dort längst eine lokale Bekanntheit und nimmt an zahlreichen Flugshows teil. Am Tag nach dem Anruf trifft sich Earhart zum ersten Mal mit Putnam.

Einen Haken hat die Sache allerdings: Earhart wird nicht als Pilotin engagiert, obwohl sie mit mehreren Hundert Flugstunden bereits eine erfahrene Fliegerin ist, sondern als erste Transatlantikpassagierin. Die Steuerung der Maschine übernehmen der Pilot Wilmer Stultz und der Mechaniker und Co-Pilot Louis Gordon. Die Rolle von Amelia Earhart hingegen besteht darin, eingepfercht zwischen den Treibstofftanks im hinteren Teil des Flugzeugs das Logbuch zu führen und Besonderheiten zu notieren. Für ihre Angehörigen hat sie Briefe hinterlegt, falls sie den Flug nicht überleben wird. Ihrem Vater schreibt sie: »Liebster Vater, ein Hurra für das letzte große Abenteuer! Ich wollte, ich hätte gewonnen, aber es war das Leben wert. Du weißt das.«

Am 17. Juni 1928 geht es los. Die Maschine startet von der kanadischen Insel Neufundland aus Richtung Europa. Nach 20 Stunden und 40 Minuten erreichen sie die Alte Welt. Im Süden von Wales landet Stultz die »Friendship«, an der Küste des kleinen Orts Pwll.

Earhart ist ab jetzt ein Medienstar und ständig umringt von zahlreichen Reportern. Aber sie wird nicht müde, zu erklären, dass sie nur als Gepäckstück mitgeflogen ist, »wie ein Sack Kartoffeln«. Als »Lady Lindy« wird sie gefeiert aufgrund ihrer optischen Ähnlichkeit zu Lindbergh, und auf zahllosen Empfängen und Partys taucht sie nun ein in die Welt der High Society. Sie trifft Politiker und Politikerinnen, Stars und Industrielle und tritt als Rednerin bei Veranstaltungen auf. Die treibende Kraft hinter Earharts Öffentlichkeit ist der Verleger Putnam, der alles unternimmt, um ihren Bekanntheitsgrad zu steigern. Als er ihr verkündet, eine Tour durch 32 Städte in den USA geplant zu haben, weigert sie sich und sagt nur Empfänge in New York, Chicago und Boston zu.

Nachdem die Termine erledigt sind, lädt Putnam sie für drei Wochen zu sich ein, um ein Buch zu schreiben. *20 Hrs., 40 Min.* avanciert zu genau dem Bestseller, den sich Putnam erhofft hat. Mit dem Flug über den Atlantik erfüllt sich für Earhart ein Traum, der bislang unerreichbar schien – jedoch nicht der Traum vom Fliegen, sondern der Traum, ihren Lebensunterhalt durch die Fliegerei zu bestreiten. Viele Jahre lang hat sie einen Job nach dem anderen angenommen, um sich erst die Flugstunden und die Fluglizenz zu finanzieren, später mit »The Canary« dann sogar eine eigene Maschine. Von ihren Eltern ist für das lebensgefährliche Hobby keine finanzielle Unterstützung zu erwarten, das zeichnet sich schon früh ab. Wobei sie das Fliegen erst im Erwachsenenalter für sich entdeckt.

Am 24. Juli 1897 kommt Amelia Mary Earhart in der Nähe von Kansas City zur Welt, wird aber im Laufe ihres Lebens viele Wohnsitze quer über die USA verteilt haben. 1915 verlässt ihre Mutter, Amy Otis Earhart, erstmals ihren Vater, Edwin Stanton Earhart, und zieht mit Amelia und ihrer Schwester Grace Muriel nach Chicago. Fliegen spielt in diesen Jahren für die junge Amelia noch keine Rolle. Sie will Erfahrungen sammeln und arbeitet unter anderem als Schwesternhelferin im kanadischen Toronto, wo sie verwundete Soldaten pflegt, die auf den Schlachtfeldern des Ersten Weltkriegs gekämpft haben.

Sie schreibt sich zwar 1919 an der Columbia University in New York ein, um Medizin zu studieren, lässt das Studium allerdings ein Jahr später wieder sein. Stattdessen macht sie sich auf den Weg auf die andere Seite des Kontinents, nach Kalifornien. Dort leben nämlich ihre Eltern, inzwischen wieder vereint. Ihr Vater betreibt in Los Angeles ein kleines Anwaltsbüro. Und seine Idee ist es wohl auch, mit Amelia einen Ausflug zu einem Flugplatz in Long Beach zu unternehmen.

Einen Ausflug, der ihrem Leben eine entscheidende Wendung gibt. Denn im Dezember 1920 fliegt die inzwischen 23-Jährige das erste Mal überhaupt. 10 Minuten für 10 Dollar. Ab diesem Moment hat sie nur noch einen Wunsch: Pilotin zu werden.

Schon einen Monat später nimmt sie die ersten Flugstunden und verbringt bald jede freie Minute auf dem Flugplatz Kinner Field im Süden von Los Angeles County. Um sich die Flugstunden und die Ausrüstung leisten zu können, nimmt sie jeden Job an, den sie bekommen kann. Nach einem Jahr erhält sie die nationale und kurz darauf auch die internationale Fluglizenz der Fédération Aéronautique Internationale. Inzwischen trägt die Fliegerei auch zu ihrem Einkommen bei, weil sie regelmäßig bei Schauflügen auftritt.

Doch 1924 trennen sich Earharts Eltern erneut, und ihre Mutter beschließt, wieder zurück an die Ostküste zu ziehen. Die Jungpilotin begleitet sie und tauscht ihre gelbe Zweisitzer-Maschine gegen einen ebenso gelben Sportwagen, mit dem sie gemeinsam eine wochenlange Tour Richtung Ostküste machen. Earhart landet schließlich in Boston, wo sie im Denison House als Sozialarbeiterin arbeitet und ihre Freizeit auf den Flugplätzen der Umgebung verbringt – bis zu jenem Anruf im April 1928.

Nach dem Atlantikflug ist an eine Rückkehr in den Beruf als Sozialarbeiterin nicht mehr zu denken. Es gibt viel zu viel Rummel um ihre Person. In Earharts Leben ändert sich plötzlich alles, und sie macht etwas, was sie für sich eigentlich ausgeschlossen hat. Sie heiratet – trotz großer Bedenken. Ihr Verleger und Manager Putnam macht ihr wohl mehrere Anträge, und 1931 gibt sie seinem Werben schließlich nach. Allerdings macht sie ihrem frischgebackenen Gemahl klar, dass sie sich beruflich verwirklichen will, ohne auf ihn Rücksicht nehmen zu müssen.

Aber was bedeutet »beruflich verwirklichen«? Earhart ist zwar die bekannteste Pilotin in den USA und unternimmt einige (Rekord-)

Langstreckenflüge, aber so richtig zufrieden ist sie noch nicht. Sie möchte den Atlantik überqueren und diesmal selbst am Steuer sitzen. Seit Lindberghs historischem Erfolg hat niemand mehr diesen Alleinflug gemeistert. Auf den Tag genau fünf Jahre nach Lindbergh startet Earhart mit einer Lockheed Vega. Die einmotorige, auffällig rote Maschine wird zu ihrem Markenzeichen und erreicht Höchstgeschwindigkeiten von über 200 Kilometern pro Stunde. Am 20. Mai 1932 geht es los Richtung Europa mit dem Ziel Paris, wo auch Lindberghs Rekordflug endete.

Nur kurz nach dem Start bahnen sich jedoch bereits die ersten Probleme an: Ein Sturm und die Kälte machen den Instrumenten schwer zu schaffen; der Höhen- und der Geschwindigkeitsmesser fallen aus. Und es wird nicht besser: Während sie sich umdreht, erkennt Earhart Flammen am Auspuffrohr aufgrund einer undichten Benzinleitung, und als wäre das nicht schon beunruhigend genug, gerät die Maschine wegen des Eises auf den Tragflächen ins Trudeln und stürzt einige Hundert Meter in die Tiefe, ehe Earhart die Vega wieder in den Griff bekommt.

Für Earhart ist es kaum noch möglich, ihre Position korrekt zu bestimmen, und aufgrund des Lecks an einem der Treibstofftanks weiß sie nicht, wie lange sie überhaupt noch in der Luft bleiben kann. An einen Flug bis Paris ist jetzt nicht mehr zu denken. Wird sie es überhaupt bis zu den Britischen Inseln schaffen? Nach fünfzehn Stunden erblickt sie einen Küstenstreifen am Horizont und sucht nach einem Flugplatz. Da sie keinen findet, entscheidet sie sich für eine Landung auf einer Wiese. Eine Kuhweide, wie sich herausstellt. Earhart erreicht Europa deutlich nördlicher als geplant und sorgt dafür, dass Culmore in Nordirland in den Annalen der Fliegerei einen zentralen Platz einnimmt. Und zwar als der Ort, an dem der erste Nonstop-Flug einer Frau über den Atlantik endete.

Jetzt ist Amelia Earhart endgültig zum Superstar der Fliegerei avanciert. Ihr Leben spielt sich vor allem in der Öffentlichkeit ab. Glückwunschtelegramme aus aller Welt erreichen sie, und bevor sie wieder mit dem Dampfer in die USA übersetzt, folgt noch eine Rundreise durch Europa. Sie wird von Tausenden Fans in den Straßen von Paris begeistert empfangen, tanzt mit dem zukünftigen englischen König Eduard VIII. und schüttelt dem Papst in Rom die Hände.

Zurück in den USA, geht es ebenso weiter. Auf eine Konfettiparade in New York folgt der Besuch bei Präsident Hoover im Weißen Haus. Earhart ist jetzt nicht nur eine der bekanntesten Frauen des Landes, sondern auch eine Nationalheldin, die für junge Frauen zum Vorbild wird. Eine Rolle, die sie gerne übernimmt, etwa als Gastdozentin an der Purdue University in Lafayette (Indiana), wo sie Studentinnen bei der Berufswahl berät. Sie will zeigen, dass Frauen Männern in keinem Feld nachstehen. Als sie einmal nach ihrer Motivation für die Langstreckenrekorde gefragt wird, antwortet sie: »Die Flüge unternehme ich nur, weil ich es so will, und glaube, dass Frauen hin und wieder zeigen müssen, wozu Frauen in der Lage sind.« Sie ist außerdem an der Gründung einer Vereinigung von Pilotinnen beteiligt, den »Ninety Nines«, deren erste Präsidentin sie auch wird.

In dieser Zeit genießt Earhart eine ungeheure Aufmerksamkeit. Es gibt nicht nur jede Menge Zeitungen und Magazine, die ständig über sie berichten, auch auf den Litfaßsäulen der Städte ist sie aufgrund zahlreicher Werbedeals zu sehen. Darüber hinaus reist sie ständig durch das Land, geht auf Empfänge, hält Vorträge und gibt Interviews und Autogrammstunden.

Doch das Goldene Zeitalter der Fliegerei geht langsam zu Ende. Es gibt schon zahlreiche Langstreckenrekorde, und das Publikum verliert allmählich das Interesse für Glanztaten in der Höhe. Fliegen wird alltäglich in dieser Zeit und büßt seinen Charakter als Spektakel und verwegenes Abenteuer ein.

Earhart lässt sich davon jedoch nicht beeinflussen und ist weiterhin auf Rekordjagd. Als Nächstes widmet sie sich dem Pazifik. Ein Alleinflug von Hawaii zum US-Festland steht noch aus.

Im Januar 1935 meistert sie auch diese Hürde. Erstmals gelingt ein Direktflug von Hawaii nach Kalifornien. Auch auf dieser Bestmarke ruht Earhart sich nicht aus und nimmt sich direkt im Anschluss die Strecken Los Angeles–Mexiko-Stadt und Mexiko-Stadt–New Jersey vor. Bilder, auf denen sie mit ihrer roten Vega von Menschenmassen umringt ist, werden zum gewohnten Anblick; sie ist ein echter Publikumsmagnet.

Eine Herausforderung hat jedoch auch Earhart noch nicht gemeistert. Es soll die Krönung ihrer Karriere als Pilotin werden, ihr letztes großes Abenteuer: ein Flug um die Welt am Äquator entlang. Das Unternehmen erfordert allerdings einen gewaltigen Organisationsaufwand, der einiges an Vorbereitungszeit und Geld beansprucht. Es werden unzählige Visa, Lande- und Überflugerlaubnisse benötigt, und auf allen Zwischenlandeplätzen werden Treibstoff und Ersatzteile bereitgestellt.

Das größte Problem, was das Fliegen betrifft, ist die Strecke von Südostasien nach Hawaii. Die Entfernung ist einfach zu weit für einen Direktflug. Daran ändert sich auch durch das neue Flugzeug nichts, das für die Weltumrundung zur Verfügung steht: eine Lockheed Electra. Ein zweimotoriges Ganzmetallflugzeug, das bereits bei zahlreichen Fluglinien im Einsatz ist. Die US-Marine bietet zwar an, eine Betankung in der Luft durchführen zu können, allerdings müsste Earhart die Kosten dafür selbst tragen. Da das Projekt ohnehin schon immense Summen an Geld verschlingt, muss eine andere Lösung her. So beschließen sie und ihr Ehemann eine Zwischenlandung auf der Howlandinsel, um die Vega zu betanken.

Die kleine Insel liegt tatsächlich ziemlich genau auf halber Strecke zwischen Honolulu und Lae (Papua-Neuguinea), allerdings existiert auf dem unbewohnten Atoll noch keine Landebahn, und mit einer

Länge von weniger als drei Kilometern ist es nur ein winziger Punkt mitten im größten Meer der Welt. Lange Zeit interessiert sich niemand für die Insel, die zwar aufgrund des Guano Islands Act seit 1856 zu den USA gehört, rasch aber nach dem Guanoabbau wieder aufgegeben wird und in Vergessenheit gerät.

Erst ab 1935 erwacht das Interesse der Vereinigten Staaten an der Insel erneut. Sie soll besiedelt werden. Mit Blick auf die Expansion Japans wollen die USA dadurch unter anderem ihre militärische Präsenz im Pazifikraum verstärken. So bringt 1935 ein Schiff der US Coast Guard, die »USCGC Itasca«, die ersten Siedler zur Howlandinsel. Diese Siedler sind es auch, die 1937 ein 730 Meter langes Flugfeld anlegen, um Earhart die notwendige Zwischenlandung auf ihrer Weltumrundung zu ermöglichen. Heute ist die Insel übrigens wieder unbewohnt.

Am 17. März 1937 soll es losgehen. Earhart macht sich auf, als erste Frau die Welt in einem Flugzeug zu umrunden und als erster Mensch um den Äquator zu fliegen. Geplant ist, in Oakland (Kalifornien) zu starten und dann über den Pazifik zu fliegen. Erst Hawaii, dann die Howlandinsel, dann Australien. Auf diesem Abenteuer ist Amelia Earhart nicht allein im Flugzeug, zunächst hat sie zwei Navigatoren, Captain Harry Manning und Fred Noonan, sowie ihren technischen Berater, den Hollywood-Stuntflieger Paul Mantz, mit an Bord. Fred Noonan soll lediglich bis zur Howlandinsel mitfliegen. Die Etappe zwischen Hawaii und der Howlandinsel ist nämlich der heikelste Teil der Reise, den sie gleich zu Beginn hinter sich bringen will. Harry Manning soll bis Australien an Bord bleiben.

Den ersten Teil der Strecke bis Hawaii absolvieren sie problemlos. Doch in Honolulu entgehen sie nur knapp einer Katastrophe. Als Earhart gemeinsam mit Manning und Noonan am 20. März starten will, bricht das rechte Fahrgestell, und die Electra – bis obenhin voller Treibstoff – schlittert unkontrolliert über die Startbahn. Sie haben

Glück, sie enden nicht als Feuerball, aber die Weltumrundung ist erst einmal abgesagt.

Wie soll es jetzt weitergehen? Vorrangig muss das Flugzeug repariert werden, was zwei Monate dauert. Das Netzwerk mit den Versorgungsstationen entlang der Route muss neu organisiert werden, und außerdem ändert sich die Wetterlage, wenn sie zu einem späteren Zeitpunkt starten. Sprich: Der ganze Terminplan muss umgeworfen und neu konzipiert werden. Sie entscheiden sich dafür, die Route umzukehren. Statt über den Pazifik geht es erst über den Atlantik. Manning ist nicht mehr dabei, aber gemeinsam mit Noonan als Navigator startet Earhart am 1. Juni 1937 erneut zur Weltumrundung.

Der zweite Anlauf verläuft recht reibungslos; Ende Juni haben sie es schon fast geschafft. Am 29. Juni erreichen sie Lae in Papua-Neuguinea. Nur der Pazifik liegt noch zwischen Earhart und dem Flugrekord. Es ist aber, wie bereits gesagt, auch die schwierigste und längste Etappe der Reise. Gut 4000 Kilometer ist die Howlandinsel von Lae entfernt, etwa 20 Stunden Flug sind angepeilt. Die Electra ist vollgetankt, darf die kleine Insel jedoch auf keinen Fall verpassen. Am 2. Juli 1937 geht es los, pünktlich zum Nationalfeiertag wollen sie die USA erreichen.

Noonan hat drei Chronometer mit an Bord, um ihre Position bestimmen zu können. Außerdem ist ein regelmäßiger Funkkontakt vereinbart: Immer zur vollen und halben Stunde sollen sie auf Empfang gehen, und nach fünfzehn und fünfundvierzig Minuten jeder Stunde sollen sie ihre Position durchgeben. Die »USCGC Itasca« der US-Küstenwache hat sich in die Nähe der Howlandinsel begeben, um der Weltumrunderin die Orientierung zu erleichtern.

Nach 14 Stunden Flug ist auf der »USCGC Itasca« erstmals die Stimme von Amelia Earhart zu hören. Vier Stunden später meldet die Pilotin, dass sie noch 100 Meilen entfernt sind. Aber das Peilgerät an Bord der »USCGC Itasca« kann die Position der Electra nicht ermitteln.

Nach über 19 Stunden Flug, sie müssten jetzt eigentlich da sein, funkt Earhart, dass sie die »USCGC Itasca« und die Howlandinsel nicht finden können und der Treibstoff langsam knapp wird. Das Marineschiff bläst schwarze Rauchwolken, an denen sich die Fliegenden orientieren sollen, in die Luft, aber von der Electra fehlt jede Spur, obwohl sie längst zu sehen sein müsste. Eine Stunde später dann der letzte Funkkontakt: »We are running on line north and south.« Sie versuchen offenbar verzweifelt, die rettende Insel zu finden, und fliegen Suchschleifen.

Seither fehlt jede Spur von Earhart und Noonan. Bis heute gehen regelmäßig Sensationsmeldungen oder Verschwörungstheorien durch die Medien, in denen behauptet wird, das Schicksal der Flugpionierin sei jetzt geklärt. Doch trotz der bis dahin größten Rettungsaktion in der US-Geschichte wissen wir nicht, was nach diesem letzten Funkspruch passiert ist. US-Präsident Franklin D. Roosevelt schickt sogar einen Flugzeugträger, um bei der Suche zu helfen. Über 60 Flugzeuge und mehrere Schiffe durchkämmen in den nächsten Tagen die Gegend, aber die Electra und ihre Besatzung bleibt verschollen.

Am 5. Januar 1939 wird Amelia Earhart offiziell für tot erklärt. Was war die Ursache für die Katastrophe? Vermutlich die Erschöpfung nach knapp fünf Wochen Flugreise und eine mangelhafte Funkausrüstung, die keine Peilung ermöglichte. Es ist keine ganze Reise um die Welt geworden, ansonsten wäre es vermutlich die längste zurückgelegte Strecke in diesem Buch. Ihr Ehemann und Verleger Putnam, der natürlich das nächste Buch zum Rekordflug schon in Vorbereitung hat, muss kurzerhand den Titel noch ändern. Statt »World Flight« wird »Last Flight« zum Bestseller.

ZUR VERTIEFUNG

Ronald Gerste: *Amelia Earhart: Der Traum von grenzenloser Freiheit: 1897–1937*. Regensburg 2009.

GESCHICHTEN AUS DER GESCHICHTE
Folge 287: Eine kurze Geschichte des Ballonfahrens und Fallschirmspringens.

Wie das Floß der Medusa entstand

Wir schreiben das Jahr 1818, und Théodore Géricault hat soeben begonnen, an seinem größten Meisterwerk zu arbeiten; einem Werk, das im aufkeimenden romantischen Stil eine historische Szene darstellen soll.

Es ist allerdings keine historische Szene, wie sie üblicherweise auf Leinwand gebannt wird: Zum einen ist das Motiv für seine Zeit erstaunlich modern, wir sehen weder siegreiche Feldherrn am Schlachtfeld, noch finden wir eine Darstellung aus der Bibel. Stattdessen soll das Gemälde eine Gruppe ausgemergelter Personen auf einem behelfsmäßig erbauten Floß zeigen. Zum anderen ist diese historische Szene nicht historisch, sondern zeitgenössisch. Sie soll nämlich den Schlusspunkt einer Katastrophe zeigen, die sich nur zwei Jahre zuvor ereignet hat und die französische Öffentlichkeit seither in Atem gehalten hat.

Es ist die Geschichte des 1816 vor der afrikanischen Küste auf Grund gelaufenen Schiffs »Medusa«, deren weiterer Verlauf die Untiefen des menschlichen Wesens offenbaren wird.

Aber von Anfang an.

Die Geschichte beginnt eigentlich schon im Jahr 1814, und zwar in Wien. Dort findet nämlich gerade der Wiener Kongress statt, diese mehrmonatige Zusammenkunft europäischer Mächte, die Europa

nun, nach den langen Jahren der napoleonischen Herrschaft, neu strukturieren wollen. Davon betroffen sind auch die europäischen Kolonien, und eine dieser Kolonien liegt im heutigen Senegal. Seit Langem mehr oder weniger unter der Kontrolle Frankreichs, ist die Herrschaft über die Region im Zuge der napoleonischen Kriege in die Hände Großbritanniens gefallen.

Eine offizielle Übergabe dieser Kolonie zurück an Frankreich wird noch etwas dauern. Nicht zuletzt, weil Napoleon zwischenzeitlich sein Exil verlässt, nochmals für »Hundert Tage« die Macht übernimmt, dann aber schließlich doch in der Schlacht bei Waterloo besiegt wird.

Nicht ganz ein Jahr nach dieser finalen Niederlage, am 17. Juni 1816, sticht ein Konvoi aus mehreren Schiffen in See, um im Senegal wieder eine französisch verwaltete Kolonie zu errichten. Obwohl kurzzeitig von Napoleon verboten, ist der Sklavenhandel, der vor allem über die westafrikanischen Länder an der Küste betrieben wird, für Frankreich weiterhin ein lukratives Geschäft.

Der Konvoi besteht aus vier Schiffen: der Korvette »Echo«, dem Transportschiff »Loire«, der Brigg »Argus« und dem Flaggschiff, der Fregatte »Medusa«. An Bord der »Medusa« befinden sich beinahe 400 Personen, und zwar recht unterschiedliche, sowohl was Charakter als auch Herkunft angeht.

Den Großteil der Passagiere machen Soldaten aus. Sie gehören zu einem Bataillon, das von einem alternden Offizier befehligt wird, und sind nicht gerade das, was man als Crème de la Crème bezeichnen würde. An Bord sind aber auch Buchhalter, Bäcker, Abenteurer, medizinisches Personal, Offiziersfrauen und Ingenieure. Einer dieser Ingenieure ist ein Mann, der später noch eine wichtige Rolle spielen wird: der Geograf Alexandre Corréard.

Jetzt ist es so, dass viele Expeditionen im Laufe der Zeit deshalb schiefgingen, weil jene, die das Sagen hatten, völlig ungeeignet und inkompetent waren. Ein Umstand, der auch auf diese Geschichte zutrifft.

Der Kapitän der »Medusa« ist nämlich jemand, der unter normalen Umständen niemals die Kontrolle über ein Schiff, geschweige denn einen ganzen Schiffsverband hätte erhalten sollen. Die Umstände im Jahr 1816 sind aber nicht normal. Die napoleonischen Kriege inklusive der Herrschaft der Hundert Tage sind gerade mal ein knappes Jahr vorbei. Im Zuge der sogenannten Restauration sind die Bourbonen wieder auf den Thron gehoben worden, und wie es sich für Frankreich gehört, war der neue Monarch wieder ein Ludwig, diesmal Ludwig XVIII. Ein Versuch, dem von Kriegen gebeutelten Land eine gewisse Stabilität zurückzugeben. Das gestaltet sich allerdings nicht so einfach, insbesondere, weil Frankreich Personal fehlt. Obwohl ein Aspekt der Restauration auch eine Art Versöhnung der unterschiedlichen Lager ist – das Militär etwa ist bis zu einem gewissen Grad mit den ehemaligen Anhängern Napoleons besetzt –, fehlen für die höheren Positionen fähige Menschen. Was allerdings nicht bedeutet, dass diese Positionen nicht mit unfähigen Menschen besetzt werden. Auftritt Hugues Duroy de Chaumareys.

Es lässt sich nicht leugnen, dass de Chaumareys Erfahrung in der Marine hatte, er diente zum Beispiel unter Admiral Louis Guillouet d'Orvilliers, der wiederum einer der besten Marinestrategen Ludwigs XVI. und, nebenbei, mit de Chaumareys entfernt verwandt war. Er schafft es sogar zum Kapitän eines Transportschiffs, und wäre ihm die Französische Revolution nicht dazwischengekommen, hätte er wohl eine ganz passable Karriere in der Marine gemacht.

De Chaumareys ist nämlich überzeugter Royalist, und als die Revolution das Land ereilt, muss er ebenjenes verlassen. Im Jahr 1790 flieht er nach England, beteiligt sich noch an einem glücklosen Versuch anderer geflohener Royalisten, auf Paris zu marschieren, und veröffentlicht schließlich eine – großteils zurechtgebogene – Version seiner Heldentaten. 1804 nach Frankreich zurückgekehrt, verbringt er die nächsten zehn Jahre auf dem Landsitz seiner Familie. Die erste Restauration nutzt er geschickt, um sich endlich wieder einen Posten in der Marine zu besorgen.

Als er schließlich am 22. April 1816 seinen Posten als Kapitän der »Medusa« erhält, ist klar, dass seine Bestellung nicht auf seiner Erfahrung oder seinen tatsächlichen Heldentaten beruht. Es ist eine rein politische Entscheidung.

Und jetzt, im Juni 1816, befehligt de Chaumareys also die »Medusa« auf dem Weg nach Senegal. Eine Route, die bisher nur schlecht kartografiert und außerdem voll tückischer Strömungen und noch tückischerer Sandbänke ist. Für einen erfahrenen Kapitän eine Herausforderung, für einen Mann wie de Chaumareys so gut wie nicht zu bewältigen. Da ist es auch nicht gerade hilfreich, dass ein Großteil der höheren Offiziere an Bord keine Royalisten sind, sondern Seeleute, die in den letzten Jahrzehnten für Napoleon und das Kaiserreich gekämpft haben. Alles in allem also schlechte Voraussetzungen, als sich der Konvoi von Rochefort aus in Richtung Westafrika aufmacht.

Es dauert schließlich nur ein paar Tage, bis die Fassade zu bröckeln beginnt. Als ein Schiffsjunge der »Medusa« versehentlich durch eine der Geschützluken von Bord rutscht, zeigt sich anhand der Reaktionen der Offiziere, vor allem auch des Kapitäns, dass statt Professionalität eher Chaos herrscht. Es werden zwar Anstalten gemacht, den Jungen zu finden, allerdings zu spät – und das, obwohl das Unglück an sich sofort bemerkt wird. Ein Omen für das, was nicht viel später vor der Küste Senegals passieren wird.

Es kommen jetzt nämlich zwei Dinge zusammen: zum einen die Unerfahrenheit des Kapitäns de Chaumareys und zum anderen der

Druck, den der sich an Bord befindliche designierte Gouverneur der Kolonie, Julien-Désiré Schmaltz, macht, Senegal schnell zu erreichen.

Die Eile, die de Chaumareys daher an den Tag legt, sorgt nun nämlich dafür, dass die kleine Flotte bald nicht mehr im Verband reist. Während die anderen Schiffe die gefährlichen Abschnitte der Küste sicherheitshalber großräumig umfahren, ist de Chaumareys weit weniger vorsichtig.

Auf Beistand seines Ersten Offiziers braucht der Kapitän nicht zu hoffen, denn dieser gehört zu den bereits erwähnten Offizieren des Kaiserreichs, die de Chaumareys gegenüber mehr als unfreundlich gestimmt sind. Er hat sich daher schon bald auf die Ratschläge eines gewissen Antoine Richefort verlassen, der ihm zwar freundlich gesinnt ist, allerdings ebenfalls über wenig bis gar keine Erfahrung auf See verfügt und obendrein nicht mal Teil der Besatzung, sondern einfacher Passagier ist.

Richefort, von de Chaumareys mittlerweile zum Steuermann erhoben, ist schließlich auch jener Mann, der den Kurs einschlägt, der die »Medusa« direkt auf die Arguin-Sandbank führen wird. Diese Sandbank vor der Küste des heutigen Mauretaniens war und ist ein weltweit beinahe einzigartiger Naturschauplatz. Mit einem Ökosystem, in dem viele Meereslebewesen wie beispielsweise Schildkröten, Wale oder Delfine leben, ist sie heute eine Touristenattraktion. Für die »Medusa« und ihre Passagiere wird sie sich hingegen als unüberwindbares Hindernis herausstellen.

Der 2. Juli wird das Ende der Reise der »Medusa« markieren und gleichzeitig den Anfang einer Odyssee für 150 Mitglieder der Passagiere und der Besatzung.

Es wird zwar zunächst versucht, das Schiff mittels mehrerer Manöver wieder freizubekommen, das Chaos in der Befehlskette sorgt aber dafür, dass zum Beispiel das Abwerfen von Ballast nur halbherzig geschieht, weil Gouverneur Schmaltz – der nun sowohl Richefort als auch de Chaumareys als Befehlshaber ersetzt hat – Einspruch erhebt. Er will die Ladung, die für die Kolonie gedacht ist, nicht verlieren.

Als sich herausstellt, dass die »Medusa« nicht freizubekommen ist und evakuiert werden muss, wird ein weiteres Problem offensichtlich: Wie nicht unüblich zu jener Zeit, ist das Schiff mit zu wenig Rettungsbooten ausgestattet. Also plant Schmaltz, ein Floß zu bauen. Anfangs wird es zwar so geschildert, als wäre es einzig dazu gedacht, Proviant und andere Ladung zu tragen, es stellt sich aber recht schnell heraus, dass dieses schwimmende Hilfsmittel eigentlich dazu benötigt wird, jene Menschen zu tragen, die keinen Platz in den Rettungsbooten finden.

Das Floß wird nun aus den Segeln und Masten der »Medusa« gebaut. Es ist keine triviale Konstruktion, deren Umsetzung in die Hände eines erfahrenen Mitglieds der Besatzung, Leutnant Jean-Baptiste Espiaux, gelegt wird. Neben einem Bugspriet und einer Segelstange, die die Navigation erleichtern soll, wird aus Ersatzplanken sogar ein kleines erhöhtes Deck gebaut.

Nach der Fertigstellung des Floßes verkündet Schmaltz auch sogleich den eigentlichen Plan. Während er gemeinsam mit dem entmachteten de Chaumareys vor der weißen Flagge der Bourbonen steht, wird verkündet, dass das Floß von den sechs Beibooten an Land gezogen werden soll. Von dort aus, bewaffnet und mit Proviant versorgt, sollen sich alle weiter auf den Weg zur neuen alten Kolonie machen.

Dieser Plan, der im Nachhinein betrachtet etwas tollkühn wirkt, ergab zumindest in der Theorie Sinn. Da die Arguin-Sandbank relativ nahe an der Küste liegt, wäre es schon möglich gewesen, diese Strecke mit Beibooten und Floß zurückzulegen.

Aber natürlich kommt alles ganz anders.

Am Morgen des 5. Juli füllen sich die Beiboote schnell mit der Führungsriege der Besatzung und den höhergestellten Passagieren. Weniger ranghohen Soldaten und »weniger wichtigen« Passagieren – wie dem zu Beginn erwähnten Geografen Corréard – wird befohlen, sich auf dem Floß zu versammeln.

Als sich alle Personen verteilt haben, befinden sich beinahe 150 Menschen auf dem Floß, während siebzehn Menschen beschließen, auf der »Medusa« zu bleiben, trotz der drohenden Gefahr, dass das Schiff unter Wind und Wetter auseinanderbricht. Wasser und Proviant werden übrigens nur spärlich verladen. Einerseits, damit auch alle Menschen auf dem Floß Platz haben – es ist ohnehin schon sehr gedrängt –, andererseits, weil davon ausgegangen wird, dass die Fahrt bis ans Land doch recht kurz sein würde.

Von kurzer Dauer ist aber nur eine Sache, nämlich der Plan, das Floß auch tatsächlich mit den Beibooten zu ziehen. Denn die sind genauso überfüllt wie das Floß, und nach mehreren Stunden wird klar, dass die Boote es nicht werden ziehen können. Kurzerhand werden die Leinen gekappt, und während sich die Beiboote nun in Richtung Land begeben, wird das Floß sich selbst überlassen.

Für die 147 Personen an Bord dieses Notgefährts beginnt damit eine Odyssee, die für fünfzehn von ihnen dreizehn Tage dauern wird, für den großen Rest aber weit weniger lang. Der vorhin erwähnte Platzmangel macht ihnen schnell zu schaffen. Während die wenigen höheren Offiziere in der Mitte des Floßes kauern, ist für viele andere so wenig Platz auf dem Floß, dass sie teilweise bis zur Hüfte im Wasser hängen.

Die leitenden Offiziere an Bord machen sich auf die Suche nach Karten, einem Kompass oder Anker, von denen es hieß, sie seien auf das Floß gebracht worden. Doch sie finden nichts dergleichen.

Die Stimmung, die verständlicherweise ohnehin nicht gut war, verschlechtert sich von Minute zu Minute. Dabei hilft es auch nicht, dass die Menschen an Bord aus den verschiedensten Bereichen kommen. Neben nur zwanzig Matrosen der Marine befinden sich dort unter anderem ein Bäcker, ein Schmied, ein Fassmacher, ein Steuermann, Mitglieder der Philanthropischen Gesellschaft und auch des Afrika-Bataillons, Männer aus Italien, Indien, Polen, den beiden Amerikas und Irland. Dieses Bataillon, wenngleich diszipliniert und abgehärtet, gilt als überaus brutal und grausam und rekrutiert nicht selten unter ehemaligen Sträflingen oder Verbannten.

Als die Nacht hereinbricht, wird das Wetter stürmischer und die See rauer. Trotz Leinen, die nun von einigen Personen am Floß angebracht werden, um den Schiffbrüchigen die Möglichkeit zu geben, sich irgendwo festzubinden, werden am nächsten Morgen mindestens zwölf Seelen weniger gezählt.

Mit dem neuen Tag folgt die unbarmherzige Hitze der Sonne. Eine Hitze, der die mageren Wasserrationen nicht gewachsen sind. Ein Bäcker und seine zwei Lehrlinge, von der Situation heillos überfordert, werfen sich in selbstmörderischer Absicht über Bord und werden nicht mehr gesehen.

Es brechen Kämpfe aus, zuerst zwischen den leitenden Offizieren und einfachen Soldaten, später schließen sich auch Passagiere der Meuterei an. Dutzende Menschen werden dabei erschossen, Schwache werden von Bord geworfen.

Sturm, Hitze und Wassermangel tun das Ihrige, und so sinkt in den nächsten Tagen die Anzahl der Menschen rapide, der Hunger treibt Einzelne auch schon dazu, Körperteile gestorbener Mitleidender zu essen. Am fünften Tag nach der Evakuierung der »Medusa« befinden sich nur noch fünfzehn Menschen auf dem Floß. Unter ihnen Corréard, der Geograf, und Jean-Baptiste-Henri Savigny, ein Chirurg.

Es sind die Aufzeichnungen dieser beiden Männer, denen wir es zu verdanken haben, dass wir überhaupt so viel über den Hergang dieser Katastrophe wissen. Beide werden die Odyssee nämlich überleben, allerdings wird es noch eine ganze Woche dauern, bis es so weit ist.

Am 17. Juli, nach einer weiteren Woche auf See, die Männer teilen sich gerade eine magere Ration Wein, erspäht einer von ihnen ein winziges Segel am Horizont. In panischer Eile werden farbige Taschentücher zusammengeknotet, ein Mann klettert auf die Spitze des Masts. Sie winken und schreien bis zur Erschöpfung und oszillieren zwischen wahnsinniger Freude und Verzweiflung. Einmal scheint es, als würde das Schiff näher kommen, dann wieder, als würde es in eine andere Richtung fortsegeln. Als es dann tatsächlich aus ihrem Blickfeld verschwindet, ist die Verzweiflung am Höhepunkt. Kann es sein, dass sie tatsächlich nicht gesehen wurden?

Die Männer verkriechen sich wieder in der behelfsmäßig gezimmerten Kajüte, und erst als ein Mann zum Luftschnappen »an Deck« geht, sieht er, dass ein Schiff direkt auf sie zusteuert. Das unter französischer Flagge segelnde Schiff ist kein anderes als die »Argus«, die Teil der ursprünglichen Flotte war.

Ihr Kapitän, Léon Henri de Parnajon, hat durch den mittlerweile in Senegal gelandeten Kapitän de Chaumareys vom Schiffbruch erfahren und ist mit der Suche nach dem Floß beauftragt worden. Eine Suche, die eigentlich schon eingestellt worden ist. Das Schiff befand sich tatsächlich schon wieder auf dem Rückweg zur senegalesischen Hafenstadt St. Louis.

»Ich fand auf diesem Floß fünfzehn Personen. Diese Unglücklichen waren gezwungen gewesen, gegen eine große Anzahl ihrer Kameraden zu kämpfen und die zu töten, die sich auflehnten, um die Vorräte an sich zu reißen. Andere wurden vom Meer mitgerissen oder starben vor Hunger oder Wahnsinn«, wie de Parnajon einige Tage später an Gouverneur Schmaltz schreiben wird.

Die Geschichte des katastrophalen Schiffbruchs der »Medusa«, inklusive der schändlichen Art und Weise, wie de Chaumareys dieselbe handhabte, wird in den nächsten Jahren Frankreich erschüttern.

Anfangs wird versucht, den Skandal zu vertuschen, doch die Aussagen vor allem Savignys, des Chirurgen, und seines Leidensgenossen Corréard machen das unmöglich.

Eine Kommission wird eingesetzt und Kapitän de Chaumareys vor ein Militärgericht gestellt. Am Ende des Prozesses wird er zu drei Jahren Haft verurteilt. Eine niedrige Strafe, wenn man das Ausmaß seines eklatanten Fehlverhaltens bedenkt.

Savigny und Corréard veröffentlichen schließlich im Jahr 1818 gemeinsam einen Bericht unter dem Titel *Naufrage de la frégate la Méduse faisant partie de l'expédition du Sénégal en 1816*, übersetzt *Schiffbruch der Fregatte Medusa, Teil der Senegal-Expedition im Jahr 1816*.

Die darin enthaltenen Details erschüttern nicht nur die französische Öffentlichkeit, zusammen mit den davor bereits veröffentlichten Zeitungsartikeln erregen sie auch die Aufmerksamkeit eines jungen Künstlers: Théodore Géricault.

Ab 1818 beginnt der 26-Jährige, die Hintergründe der Geschichte zu recherchieren, spricht mit Savigny und Corréard und lässt sich alles haargenau erzählen. Er besucht Krankenhäuser, um sich die Leiber dahinsiechender Männer anzusehen, leiht sich Körperteile von Leichenhallen aus, um sie in seinem Atelier zu skizzieren.

Es dauert eine Weile, bis Géricault sich entscheiden kann, welchen Teil der tragischen Geschichte er auf seine Leinwand bannen will. Welcher Moment könnte jener sein, der am sinnbildlichsten sowohl für Fort- als auch Ausgang der Tragödie steht?

Wie wir heute im Louvre noch immer sehen können, wird es jener Moment sein, in dem die Männer der »Argus« gewahr wurden und versuchten, die Aufmerksamkeit der Retter auf sich zu ziehen.

Géricaults Werk zeigt eine Gruppe von Überlebenden auf dem Floß, die sich inmitten tiefster Verzweiflung und Elend gegen den Tod auflehnen. Die sorgfältig arrangierte Komposition porträtiert die Überlebenden in den unterschiedlichen Stadien ihrer Verzweiflung, des Todes und aufkeimender Hoffnung. Im Hintergrund ist winzig klein das Segel eines Schiffes am Horizont erkennbar.

Ausgestellt wird das Gemälde schließlich beim Pariser Salon, einer einflussreichen Kunstausstellung, die seit dem 17. Jahrhundert existiert, Künstlern eine Plattform zur Präsentation ihrer Werke bietet und als zentrale Anlaufstelle für Kunstliebhaber dient.

Das Bild löst gemischte Reaktionen aus. Die Betrachtenden sind von der gewaltigen Größe und den lebensechten Details des Gemäldes tief beeindruckt – trotz der Tatsache, dass es zu hoch aufgehängt wurde, um seine volle Wirkung entfalten zu können.

Géricault wird einerseits dafür gelobt, welche Emotionen die ausgemergelten Figuren und ihre zur Schau gestellte Verzweiflung auslösen. Das Gemälde eignet sich als hervorragendes Beispiel für die aufblühende Kunstrichtung der Romantik, die sich vor allem durch die Darstellung dramatischer Szenen und die Betonung des Individuums auszeichnet.

Auf der anderen Seite gibt es Kritiker, die einfach nur schockiert und empört darüber sind, dass es jemand wagt, Leid und Tod so direkt darzustellen. Kunst soll erbaulich sein, vor allem wenn sie in Form eines historischen Gemäldes daherkommt!

Und natürlich ist das Werk auch sofort ein Politikum, obwohl Géricault es anfangs nicht mal unter seinem heute bekannten Titel ausstellt. »Szene eines Schiffbruchs« nennt er es, aber natürlich wird schnell klar, dass es sich um das Floß der »Medusa« handelt.

Die Ausstellung des Gemäldes befeuert nochmals ein ohnehin schon seit Bekanntwerden des Skandals schwelendes Feuer der Unzufriedenheit mit der Bourbonen-Monarchie. Denn diese wird zu Recht für die zur Schau gestellte Inkompetenz, ausgelöst durch politische Besetzungen wie mit de Chaumareys, verantwortlich gemacht.

Auch in einem anderen Bereich wird die Geschichte um die »Medusa« einen gewissen Einfluss haben. Der Skandal und die damit verbundenen Ereignisse üben einen beträchtlichen Einfluss auf die öffentliche Meinung und die politischen Debatten hinsichtlich des französischen Sklavenhandels aus. Die Berichte von Corréard und Savigny, in denen auch indirekt Bezug auf den Sklavenhandel genommen wird, sorgen maßgeblich dafür, das Bewusstsein für die Problematik zu schärfen und die öffentliche Aufmerksamkeit darauf zu lenken.

Und auch Géricault trägt seinen Teil dazu bei. Zum einen sind drei der dargestellten Überlebenden schwarz, obwohl sich laut Corréard nur noch ein schwarzer Soldat, Jean-Charles, unter ihnen befand. Zusätzlich ist genau jene Gestalt, die auf den Schultern ihrer Leidensgenossen dem Schiff in der Ferne winkt, schwarz. Sie soll wohl ebenjenen Soldaten Jean-Charles darstellen, der tatsächlich einer der Überlebenden war.

Die Darstellung unterstreicht die Universalität des menschlichen Leids und die Gleichheit aller Menschen, unabhängig von ihrer Herkunft oder Hautfarbe. Géricault vermittelt damit auch eine Botschaft der Solidarität und der gemeinsamen Menschlichkeit, die im Kontext der Sklaverei und des Sklavenhandels von großer Bedeutung ist.

Der Skandal um die »Medusa« und die künstlerische und literarische Auseinandersetzung mit den Ereignissen wirken somit als eine Art Katalysator für die französische Abolitionistenbewegung. Das öffentliche Bewusstsein für die Ungerechtigkeiten und Grausamkeiten des Sklavenhandels wird zunehmend geschärft, und die Forderungen nach dessen Abschaffung werden verstärkt. In der Folge gewinnt die Debatte in Frankreich immer mehr an Bedeutung, was dafür sorgt, dass der eigentlich im Jahr 1818 bereits verbotene Sklavenhandel schließlich durch rigorosere Maßnahmen im Jahr 1831 endgültig zum Erliegen kommt. Die Sklaverei in den französischen Kolonien wird im Jahr 1848 verboten.

Géricault wird all das jedoch nicht mehr erleben. Die Spätfolgen eines Reitunfalls und seine fortschreitende Tuberkulose töten ihn am 26. Januar 1824. Er wird nur 32 Jahre alt.

Seinem Gemälde wurde im Rahmen des Pariser Salons nicht die Anerkennung zuteil, die er sich erhofft hatte. Er erhält zwar eine Goldmedaille, für die Sammlung des Louvre wird es aber trotz der Unterstützung des Kurators Auguste de Forbin nicht angekauft. Als das Gemälde 1820 in London ausgestellt wird, ist die Rezeption weitaus positiver. Es wird allerdings bis nach Géricaults Tod dauern, bis Forbin schließlich doch noch Erfolg hat und den Kauf des Gemäldes durchsetzen kann.

Heute ist es nach der Mona Lisa das berühmteste Gemälde des Louvre.

ZUR VERTIEFUNG

Jonathan Miles: *The Wreck of the Medusa. The Most Famous Sea Disaster of the Nineteenth Century.* New York 2008.

GESCHICHTEN AUS DER GESCHICHTE

Folge 100: Der Fall der »Mignonette« und seine Folgen.

Unsinkbar, wer alle Schiffe der Olympic-Klasse überlebt

Am 23. Dezember 1866 besteigt der Seemann Tjark Evers ein Boot, um seine Familie zu besuchen. Er will mit ihnen auf Baltrum Weihnachten feiern. Baltrum liegt im Wattenmeer, in der Mitte der sieben bewohnten Ostfriesischen Inseln, und wird also täglich aufs Neue durch die Gezeiten vom Meer überspült. Das kleine Boot, in dem Evers nun sitzt, bricht von der Nordseeküste aus auf und liefert zuerst einen anderen Seereisenden auf der Nachbarinsel Langeoog ab. Die Sicht ist äußerst schlecht an diesem Wintertag. Von Langeoog geht es nun zum Baltrumer Strand, wo Tjark Evers abgesetzt wird. Seine Kollegen rudern weiter.

Als das Boot im Nebel verschwindet, bemerkt er, dass sie den Strand von Baltrum noch gar nicht erreicht hatten; Evers steht auf einer Sandbank zwischen den beiden Inseln. Schnell realisiert er, dass er nicht mehr lange leben wird. Denn schon bald wird die Sandbank überflutet – und er im eiskalten Wasser der Nordsee ertrinken.

In dieser ausweglosen Situation holt der Gestrandete ein Notizbuch aus seiner Tasche und schreibt einen Abschiedsbrief an seine Familie. »Liebe Eltern, Gebrüder und Schwestern, ich stehe hier auf einer Plat und muß ertrinken, ich bekomme euch nicht wieder zu sehen und ihr mich nicht. Gott erbarme sich über mich und tröste euch. Ich stecke dieses Buch in eine Zigarrenkiste. Gott gebe, daß Ihr die Zeilen von meiner Hand erhaltet. Ich grüße euch zum letzten Mal.

Gott vergebe mir meine Sünden und nehme mich zu sich in sein Himmelreich. Amen.«

Evers legt das Notizbuch in die besagte Zigarrenkiste, die eigentlich ein Weihnachtsgeschenk werden sollte, und wickelt noch ein Taschentuch darum. Wir wissen von seinem tragischen Schicksal nur, weil die Zigarrenkiste tatsächlich ein paar Tage später gefunden wird. Am 3. Januar 1867 wird sie an den Strand von Wangerooge gespült, einer weiteren Ostfriesischen Insel. Der Text auf dem Papier ist noch lesbar. Der Leichnam Tjark Evers' wird allerdings nie gefunden.

Es ist nicht der einzige tragische Seereisende in diesem Buch, der dem Meer zum Opfer fällt. Das Schicksal von Tjark Evers ist jedoch besonders bewegend, weil er selbst eine Spur hinterlassen konnte, in der seine Verzweiflung und sein Leid überliefert sind. Während Evers einen kleinen Irrtum, einen kurzen Moment der Unachtsamkeit mit dem Leben bezahlt, bekommen andere eine zweite Chance. Oder eine dritte. Oder sogar eine vierte. Wie zum Beispiel Violet Jessop.

Violet Jessop ist als Stewardess an Bord der »Olympic«, als das Schiff den Kreuzer »Hawke« der britischen Royal Navy überholt – oder es zumindest versucht. Denn vermutlich ist es der Sog der »Olympic«, der das Kriegsschiff vom Kurs abbringt, sodass es zur Kollision kommt.

Die »Olympic«, ein Schiff der Reederei White Star Line, stellt alles in den Schatten, was an Dampfschiffen auf den Meeren bislang so unterwegs ist. Mit einer Länge von 269 Metern und einer Breite von fast 30 Metern ist sie das größte bis dahin gebaute Schiff der Welt. Insgesamt ist die Konstruktion dreier solcher gigantischer Schiffe geplant, um Post und Passagiere über den Atlantik zu befördern. Der Flugverkehr ist noch keine Alternative für die transatlantische Strecke, das wird sich erst gegen Ende der 1920er-Jahre ändern, nach den Erstflügen von Charles Lindbergh und Amelia Earhart.

Die »Olympic«, das erste Schiff der Olympic-Klasse, bricht im Juni 1911 zur Jungfernfahrt von Southampton nach New York auf, unter dem Kommando des Kapitäns Edward John Smith, der zu den erfahrensten und bestbezahlten Seeleuten der Welt zählt. Kurze Zeit später, am 20. September 1911, kommt es fast zur Katastrophe: Der Ozeandampfer startet gerade zur fünften Reise in Richtung USA und durchfährt die Meerenge Solent zwischen der britischen Insel und der Isle of Wight. Parallel zum neuen Superliner befindet sich das Kriegsschiff »Hawke«. Bei der Vorbeifahrt bohrt sich dessen Rammbug in den Rumpf der »Olympic« und hinterlässt dort zwei tiefe Risse. Einer der Risse ist unterhalb der Wasserlinie, weshalb zwei der wasserdichten Abteile überflutet werden. Durch den Aufprall wird außerdem einer der Propeller beschädigt.

Die gute Nachricht: Niemand stirbt bei dem Unfall, und die »Olympic« hält sogar der Kollision mit dem Kriegsschiff stand, das hingegen schwere Schäden davonträgt und mit dem völlig zerstörten Rammbug fast kentert. Sind die neuen Superliner der Olympic-Klasse am Ende unsinkbar? Nicht wirklich, wie Violet Jessop bald erfahren wird.

Für die White Star Line ist der Zwischenfall ein finanzielles Desaster. Das Schiff muss für einige Monate zurück in die Werft nach Belfast und steht nicht für weitere Überfahrten zur Verfügung. Außerdem verzögert sich durch das Unglück auch die Fertigstellung des fast baugleichen Schwesterschiffs um mehrere Wochen, an dem gerade mit Hochdruck nebenan geschraubt wird, unter anderem, weil es einen seiner Propeller an die »Olympic« abtreten muss.

Dieses Schwesterschiff, die »Titanic«, ist schließlich am 2. April 1912 fahrbereit. Sie ist der wohl bekannteste Dampfer der Welt, zu ihrer Zeit auch der größte, und es folgt – das überrascht jetzt sicher niemanden – bereits auf der Jungfernfahrt eine der bis dahin schlimmsten Schiffskatastrophen der Geschichte. Am 10. April legt die »Titanic« in Southampton ab, unter dem Kommando des Kapitäns Edward John Smith, der bereits auf der »Olympic« Erfahrung mit den neuen riesigen Schiffen (und Kollisionen) sammeln konnte. Ebenfalls mit an Bord ist wieder Violet Jessop, die als eine von 23 Stewardessen auf See den Dienst antritt.

Jessop wird 1887 in Argentinien geboren, nahe der Stadt Bahía Blanca an der Atlantikküste. Ihre Familie stammt ursprünglich aus Irland, doch um der dortigen Armut zu entkommen, wandern ihre Mutter und ihr Vater nach Südamerika aus. In ihrem Geburtsland bleibt Jessop dann allerdings nicht lange. Ihr Vater stirbt, als sie 16 Jahre alt ist, und ihre Mutter beschließt daraufhin, wieder nach Europa zurückzukehren und als Stewardess bei einer Reederei anzuheuern. Als älteste Tochter kümmert sich Jessop in London während der langen Abwesenheiten ihrer Mutter um die Geschwister. Nachdem die Mutter jedoch erkrankt ist und nicht weiterarbeiten kann, entscheidet sich Jessop dafür, in ihre Fußstapfen zu treten und ebenfalls als Stewardess auf den Ozeanen der Welt zu arbeiten.

Ihre erste Stelle tritt sie bei der Reederei Royal Mail Line an, für die auch ihre Mutter im Dienst war und die bekannt ist für ihren Linienbetrieb von Europa nach Südamerika und in die Karibik. Dorthin führt sie auch ihr erster Einsatz 1908 auf der *Orinoco,* benannt nach einem der wasserreichsten Flüsse der Welt, der in Venezuela in den Atlantik mündet.

Bleibt es hinsichtlich des Unfalls der »Olympic« bei einer Beinahe-Katastrophe, verläuft der Zusammenstoß mit einem Eisberg auf der Jungfernfahrt des Schwesterschiffs nicht so glimpflich. Am 14. April 1912 kommt es zur Kollision, und nicht einmal drei Stunden später versinkt die »Titanic« in den eisigen Fluten des Nordatlantiks. Jessop wird während der Evakuierung des Schiffs an Deck beordert. Dort sorgt sie dafür, dass Passagiere ihre Schwimmwesten anlegen und zu den Rettungsbooten gehen. Die »Titanic« wirkt noch für einige Zeit völlig stabil, auch die Kapelle spielt weiter, sodass viele Passagiere gar nicht glauben können, dass sie wirklich sinken wird.

Mehr als 1500 Menschen sterben beim Untergang, weil am Ende nicht genügend Rettungsboote zur Verfügung stehen. Unter ihnen ist auch Kapitän Smith, der mit Jessop schon an Bord der »Olympic« war. Die Mannschaft beginnt eine Stunde nach der Kollision damit, die Rettungsboote zu besetzen. Jessop hat Glück, sie ergattert einen Platz im Rettungsboot 16, wo sie mit 52 weiteren Passagieren darauf hofft, dass jemand auf den Hilferuf reagieren und sie finden wird. Als sie ins Wasser gelassen werden, schreit ihr jemand von einem oberen Deck zu, sie solle sich um das Baby kümmern, das ihr anschließend in die Arme geworfen wird. Mehrere Stunden treiben sie auf offener See, ehe sie durch die »Carpathia« gerettet werden.

Jessop kehrt anschließend wieder zurück nach England und hängt jetzt aber nicht, wie vielleicht zu erwarten wäre, ihren Job als Stewardess an den Nagel. Sie fährt weiter zur See, und es gibt ja noch ein drittes Schiff der Olympic-Klasse: die »Britannic«. Nach dem Untergang der »Titanic« kommt es aber erst mal zu einem Konstruktionsstopp und die Fertigstellung verzögert sich, weil diverse Umbaumaßnahmen, zur Verbesserung der Sicherheit durchgeführt werden. Unter anderem wird die Anzahl der Rettungsboote mehr als verdoppelt, sodass für alle Reisenden im Notfall ein Platz zur Verfügung steht.

Die »Britannic« übersteht zwar ihre Jungfernfahrt, wird allerdings nie als Passagierdampfer einen Liniendienst übernehmen. Denn nach Ausbruch des Ersten Weltkriegs beschließt die Royal Navy, den letzten der drei Olympic-Dampfer als Hospitalschiff einzusetzen. Der Großteil der prachtvollen Inneneinrichtung wird eingelagert, und auch ein neuer Anstrich muss her: weiß mit großen roten Kreuzen und grünen Längsstreifen. Seit Dezember 1915 ist die »Britannic« im Kriegsdienst und bietet 3309 Betten für verwundete Soldaten. Sie ist das am besten ausgestattete Lazarettschiff der Royal Navy und wird meist im Mittelmeer eingesetzt. Und Violet Jessop? Sie arbeitet als Krankenschwester für das Britische Rote Kreuz – an Bord ebendieses Schiffs.

Am 21. November 1916, die »Britannic« ist gerade in der Ägäis unterwegs, kommt es um acht Uhr morgens zu einer gewaltigen Explosion unterhalb des Schiffs. Die Ursache ist zunächst unklar, später stellt sich heraus, dass die »Britannic« auf eine Seemine gelaufen ist, ausgelegt von einem deutschen U-Boot. Zu dem Zeitpunkt befinden sich 1.036 Menschen an Bord, die schnellstmöglich evakuiert werden müssen. Zum Glück sind noch keine Patienten auf dem Lazarettschiff, denn es ist gerade erst auf dem Weg, um Soldaten abzuholen, die in den Kämpfen um die Dardanellen verwundet wurden. 58 Minuten nach der Explosion ist der dritte Olympic-Dampfer das größte versenkte Schiff des Ersten Weltkriegs. 30 Passagiere verlieren bei dem Unglück ihr Leben, und 40 werden verletzt – auch Violet Jessop.

Zwei Rettungsboote werden nämlich zu früh ins Wasser gelassen. In einem davon sitzt Jessop. Noch laufen die Maschinen; die riesigen, scharfkantigen Propeller drehen sich und zerschlagen die Boote und alle, die sich darin befinden. Der Kapitän hat sie nicht abgestellt, in der Hoffnung, noch in flacheres Gewässer fahren zu können. Jessop, die die Gefahr durch die rotierenden Schiffsschrauben erkennt, springt im letzten Moment heraus ins Wasser. »Ich hatte meine Augen fest geschlossen und hielt instinktiv den Atem an, obwohl ich zum ersten Mal in meinem Leben unter Wasser war«, schreibt sie später in ihrer Biografie. Denn schwimmen kann Jessop nicht, das hat sie nie gelernt.

Was folgt, ist ein dramatischer Kampf ums Überleben. Sie versucht vergeblich aufzutauchen, denn mit dem Kopf stößt sie von unten gegen den Kiel der Rettungsboote. Nach mehreren Versuchen tut sich plötzlich eine Lücke auf, und es gelingt ihr, an die Wasseroberfläche zu gelangen, bevor ihr die Luft ausgeht. Um sie herum ein Bild des Grauens: Überall treiben von der Schiffsschraube zerfetzte Leichenteile. Schließlich wird sie von Überlebenden entdeckt und in eines der Boote gezogen. Sie hat sich zwar am Kopf und am Bein verletzt, überlebt aber letztendlich auch den Untergang der »Britannic«. Jahre später wird sie erfahren, dass sie bei der Rettungsaktion eine Schädelfraktur davontrug.

Die »Britannic« ist das letzte Schiff der Olympic-Klasse und das zweite, das sich auf dem Grund des Meeres befindet – wenn auch mit nur 120 Metern nicht annähernd so tief wie die »Titanic«. Das erste der drei Schiffe, die »Olympic«, bekommt später tatsächlich den Spitznamen »Old Reliable«, weil sie nie gesunken ist und ab 1919 wieder im Linienbetrieb eingesetzt wird. Bis zur Verschrottung 1935 ist das Schiff mehr als 250-mal über den Atlantik gefahren.

Ähnlich viele Schiffsreisen werden es bis zum Ende ihrer Karriere bei Violet Jessop, die sich bald ebenfalls wieder im Liniendienst befindet und den Spitznamen »Miss Unsinkable« bekommt, weil sie Unglücke auf allen drei Schiffen der Olympic-Klasse überlebt hat – den größten Dampfern ihrer Zeit. Nachdem sie sich von den Verletzungen des letzten Unglücks erholt hat, tritt sie bereits 1920 wieder ihren Dienst auf hoher See an – bis sie schließlich 1950 in Rente geht und 1971 im Alter von 83 Jahren stirbt.

Den Text ihrer Memoiren stellt Jessop bereits 1934 fertig, unter dem Pseudonym Constance Ransom. Doch das Manuskript wird erst 1997 veröffentlicht, viele Jahre nach ihrem Tod. Sie selbst hat ihre bewegende Geschichte nie in die Welt hinausgetragen. Und die Kollision der »Olympic« mit dem britischen Kriegsschiff erwähnt sie nicht einmal. »Ertrinken war mein ganzes Leben lang meine einzige irrationale Angst«, schreibt Violet Jessop, und das, obwohl sie den größten Teil ihres Lebens auf dem Wasser verbracht hat, mehrfach um die Welt gefahren ist und vor dem Tod einmal ins Rettungsboot und einmal aus ihm herausgesprungen ist. Anders als Evers, dessen einzige

Rettungsmöglichkeit vor Baltrum im Nebel verschwindet, ihn verzweifelt zurücklässt und Jessops irrationale Angst für ihn zur Wirklichkeit werden lässt.

ZUR VERTIEFUNG

Violet Jessop: *Titanic Survivor: The Newly Discovered Memoirs of Violet Jessop who Survived Both the Titanic and Britannic Disasters*, 2004.

GESCHICHTEN AUS DER GESCHICHTE

Folge 384: Flaschenpost und die Erforschung der Ozeane.

Dank

Vielen Dank an Lene, Lu, Max, unsere Eltern und all jene, die uns über die Jahre unterstützt und immer wieder auf spannende Themen hingewiesen haben – einige davon haben ihren Weg in dieses Buch gefunden.

Bildnachweis

DIE JAGD NACH DER EXAKTEN UHRZEIT: Volgi archive/Alamy Stock Photo
MIT DEM FAHRRAD IN DIE FREIHEIT: GL Archive/Alamy Stock Foto
XUANZANG UND SEINE REISE NACH WESTEN: Ivy Close Images/Alamy Stock Photo
VON DER WARTESCHLEIFE IN DEN TOD: CPA Media Pte Ltd/Alamy Stock Foto
ÜBER VOGELKOT UND BROT AUS DER LUFT: Sunny Celeste/Alamy Stock Photo
AUF BRATKUR UND PINGUINDITÄT MIT AMUNDSEN: Royal Geographical Society/Kontributor
ADA BLACKJACK – EINSAME HELDIN DER ARKTIS: Smith Archive/Alamy Stock Foto
TÖDLICHE ABKÜRZUNG: NSA Digital Archive
KLEINE GESCHICHTE EINES KAISERLICHEN AUSSTEIGERS: Zuri Swimmer/Alamy Stock Foto
EINE WELTREISE AUF VIER RÄDERN, MIT DREI GÄNGEN, FÜNFZIG PS UND 128 EIERN: ullstein bild Dtl./Kontributor
DIE SEEKUH, DIE KAM UND VERSCHWAND: INTERFOTO/Bildarchiv Hansmann
INSELVERZWERGUNG IM DINOSAURIERLAND UND ALBANISCHE ABENTEUER: Historic Collection/Alamy Stock Foto
DIE PIRATIN, DIE IN DEN RUHESTAND GING: IanDagnall Computing/Alamy Stock Foto
ZAR UND ZIMMERMANN: GRANGER – Historical Picture Archive/Alamy Stock Photo
MIT DEM FINGER AUF DER LANDKARTE: CPA Media Pte Ltd/Alamy Stock Foto
DER MEISTGEREISTE MANN DES MITTELALTERS: Classic Image/Alamy Stock Foto
RHEINLAND ODER TIROL, HAUPTSACHE, PERU: Maidun Collection/Alamy Stock Foto
HURRA FÜR DAS LETZTE GROSSE ABENTEUER!: GRANGER – Historical Picture Archive/Alamy Stock Foto
WIE DAS FLOSS DER MEDUSA ENTSTAND: UtCon Collection/Alamy Stock Foto
UNSINKBAR, WER ALLE SCHIFFE DER OLYMPIC-KLASSE ÜBERLEBT: The Print Collector/Alamy Stock Foto